Omnímodo
manumiso
olenvedo

1ª edición: octubre 2007
1ª reimpresión: diciembre 2007
2ª reimpresión: mayo 2008
2ª edición: marzo 2009
1ª reimpresión: diciembre 2011
2ª reimpresión: marzo 2013
3ª reimpresión: octubre 2014

Editorial Alfa
Apartado 50304, Caracas 1050, Venezuela
Telf.: [+58-2] 762.30.36 / Fax: [+58-2] 762.02.10
e-mail: contacto@editorial-alfa.com
www.editorial-alfa.com

ISBN: 978-980-354-272-6
Depósito legal: lf5042009900670

Diseño de colección
Ulises Milla Lacurcia

Diagramación
Rocío Jaimes

Corrección
Isabel González Ruiz

Fotografía de solapa
Vasco Szinetar

Imagen de portada
Santander. Tipo africano y mestizo, de Carmelo Fernández
Acuarela sobre papel, *circa* 1851.
Colección Biblioteca Nacional de Colombia
Archivo de la Galería de Arte Nacional

Impresión
Editorial Melvin, S.A.

Printed in Venezuela

Venezuela: 1830 a nuestros días. Breve historia política

Rafael Arráiz Lucca

EDITORIAL
ALFA

ÍNDICE

INTRODUCCIÓN

Esta breve historia política comienza con la fundación de la República de Venezuela en 1830 y culmina con los furores de nuestros días, de modo que no estudiaremos el período de la Guerra de Independencia, ni la dilatada etapa de la conquista y colonización del territorio por parte de los españoles. Conviene, entonces, que nos detengamos someramente en la época anterior a la que abordaremos en este trabajo, de modo de auxiliarnos con un mínimo panorama, previo al período que nos disponemos trabajar.

Los españoles que navegaron el océano Atlántico para llegar hasta nuestras costas, penetraron por los extremos oriental y occidental de nuestro territorio. Posteriormente, desde tierra firme o por vía marítima, fueron explorando y conquistando el centro del país. A algunos de estos españoles del siglo XVI los movía el afán de la riqueza, por eso mordieron fácilmente el anzuelo del mito de Manoa, o El Dorado, como también se le conoció; pero a otros los movía el propósito de echar raíces, de fundar ciudades, de establecerse para siempre. Como es natural, encontraron la resistencia de los indígenas que habitaban esta tierra, y que les pertenecía, sin la menor duda, pero la resistencia en Maracapana o Paria, que era como denominaban estos territorios los aborígenes, aunque férrea y valiente, no fue suficiente ante los recursos con que contaban los europeos.

En el caso de nuestras tierras, las etnias originales no habían llegado a un grado de desarrollo suficiente como para haber construido entornos urbanos. Por el contrario, los rasgos nómadas de su cultura pesaban singularmente, lo que facilitó y complicó la tarea de los conquistadores. La facilitó porque no fue necesario sepultar la cultura aborigen urbana por otra, de naturaleza europea y católica, como ocurrió en Centro América y Perú, donde los templos de adoración a unos dioses fueron tapiados por otros; y la complicó porque la versatilidad guerrera de los habitantes originales hizo ardua la tarea del establecimiento español. Sin embargo, es un hecho incontestable que durante el siglo XVI se fundaron casi todas de las ciudades principales de nuestros días, y que durante el XVII la tarea pobladora continuó e, incluso, se prolongó hacia el XVIII. A lo largo de la centuria del XVI los conquistadores establecieron la cuadrícula urbana de 24 ciudades (Nueva Cádiz, Coro, El Tocuyo, Borburata, Barquisimeto, Valencia, Nirgua, Trujillo, Mérida, San Cristóbal, La Asunción, Caracas, Caraballeda, Maracaibo, Cumaná, Carora, La Grita, Barinas, La Guaira, Guanare, Gibraltar, San Tomé, La Victoria, Mucuchíes), en el XVII de cerca de 120, y durante el XVIII alrededor de 240, con lo que para el momento de la independencia la trama urbana venezolana, en sus bases fundamentales, estaba constituida. Como vemos, no puede afirmarse que los conquistadores venían exclusivamente a expoliar a los aborígenes y a buscar El Dorado, otros llegaron para quedarse y establecerse *sine die*.

A la par que echaban raíces fue dándose un proceso conocido como «mestizaje», que no es otro que la unión amorosa entre blancos europeos, indígenas y negros africanos, que fueron traídos como esclavos y «mano de obra» para las plantaciones. Ese proceso de mestizaje, que va a extenderse por tres siglos, fue conformando una sociedad con cuatro estamentos distintos. En el vértice de la pirámide se ubicaban los blancos peninsulares, para quienes estaba destinado el Poder Político; luego los blancos criollos, que llegaron a detentar el Poder Económico, y algo del Poder Político en la institución del Cabildo; y en la base, los pardos y los esclavos que, naturalmente, conformaban la mayoría de la población. Como vemos, la sociedad colonial venezolana fue «pluricultural y multiétnica».

Desde el punto de vista jurídico-administrativo, las provincias que conformaban el futuro territorio de la República de Venezuela dependieron en muchos aspectos del Virreinato de Santa Fe de Bogotá hasta 1777, año en que la Corona española le confirió el rango de Capitanía General de Venezuela, designando un Gobernador para tal fin. De modo que aquella provincia de integración territorial tardía, sin embargo, fue conociendo la prosperidad económica a lo largo del siglo XVIII, cuando los cultivos del cacao, añil, algodón, café y caña de azúcar fueron arrojando considerables excedentes para la exportación. Entonces Venezuela llegó a ser la tercera provincia productora de todas las españolas de América. Tan sólo la antecedían México y Perú. Coinciden estos años con los del establecimiento de la Compañía Guipuzcoana, empresa de los vascos y la Corona Española, que tuvo vigencia entre 1730 y 1784, y que fue favorecida con un monopolio comercial por parte del Rey. Por otra parte, esta sociedad se desenvolvía dentro de un marco jurídico claramente establecido, que no sólo arbitraba las diferencias entre la gente, y entre los súbditos y la Corona, a través de la Audiencia de Santo Domingo, sino que consagraba un sistema de Deberes y Derechos, con todas sus bondades e imperfecciones.

Es esta sociedad estable y contradictoria a la vez y, como vimos, próspera, la que recibirá con asombro la rebelión de Gual y España en 1797, y la que ignorará a Francisco de Miranda en 1806, cuando el precursor se allegue hasta las costas de Coro, buscando un respaldo que brilló por su ausencia. En esta sociedad, rica en un sentido y pobre en otros, se funda en 1725 el primer centro de educación superior, y no será hasta 1810 que de una imprenta salga el primer libro editado en Venezuela. En otras provincias españolas en América las universidades se fundaron casi dos siglos antes que la nuestra, y la imprenta funcionó con centurias de anticipación a la primera que se instaló entre nosotros. Es esta sociedad contradictoria la que desconocerá el mando de José Bonaparte en España, y forme una Junta Defensora de los Derechos de Fernando VII en Caracas el 19 de abril de 1810, y de la que emergerá una generación que liberará a casi toda la América del Sur del dominio imperial español.

La sociedad colonial venezolana irá configurándose sobre la base de una lengua que termina por imponerse sobre las precedentes: el español. Esta lengua nos vincula con un universo de grandes proporciones geográficas, y nos hace partícipes de una comunidad lingüística y cultural de vastas dimensiones. El saldo más importante del período de conquista y colonización es la instauración de una lengua común, que nos permite integrar una comunidad histórica con las naciones hermanas del continente, con quienes mantenemos lazos indestructibles, fundados en la consagración de experiencias y pasados comunes e, incluso, nos vincula para siempre con España, con quienes formamos una comunidad cultural e histórica evidente. Esa sociedad multiétnica y pluricultural, en donde se hallaron juntas la cultura precolombina, la europea y la africana, fue perfilando una combinatoria singular, que nos identifica.

Fue el estamento dirigente de esta sociedad el que a partir del 19 de abril de 1810 dio los pasos necesarios para que se declarara la independencia de la Corona Española el 5 de julio de 1811, y se creara la República de Venezuela. Entonces comenzó el período más sangriento y difícil de nuestra historia, aquel que se inicia en esta fecha y concluye con la Batalla de Carabobo el 24 de junio de 1821. Además, la fuerza libertadora comandada por Simón Bolívar no se satisfizo con la independencia de Venezuela sino que se consagró a la liberación de Colombia, Ecuador y Perú e, incluso, se esmeró en la creación de una nueva República: Bolivia.

LA SEPARACIÓN DE LA GRAN COLOMBIA

El 15 de febrero de 1819 se constituye en la ciudad de Angostura, a orillas del Orinoco, el Congreso de la República de Venezuela, allí Bolívar pronuncia el discurso inaugural y presenta su proyecto de Constitución Nacional. Entonces, afirma:

> La continuación de la autoridad en un mismo individuo, frecuentemente ha sido el término de los gobiernos democráticos. Las repetidas elecciones son esenciales en los sistemas populares, porque nada es tan peligroso como dejar permanecer largo tiempo en un mismo ciudadano el poder. El pueblo se acostumbra a obedecerle y él se acostumbra a mandarlo, de donde se origina la usurpación y la tiranía. Un justo celo es la garantía de la libertad republicana, y nuestros ciudadanos deben temer con sobrada justicia que el mismo magistrado que los ha mandado mucho tiempo, los mande perpetuamente.

El joven caraqueño es electo Presidente de Venezuela y de inmediato prepara su ejército para invadir el territorio de Nueva Granada y liberarlo de la dominación española. Así lo hace, y el 7 de agosto destroza al ejército español en la batalla de Boyacá, con lo que queda sellada la independencia de Colombia. De inmediato toma cuerpo en la mente del Libertador la idea de crear una sola República, y así lo plantea ante el Congreso reunido en Angostura el 11 de diciembre. Este Congreso, seducido por la proposición bolivariana, dicta la *Ley Fundamental de la República de Colombia*, el 17 de diciembre de 1819, creándose así una sola República de Colombia con los departamentos de Venezuela, Quito y Cundinamarca, cuyas capitales serán Caracas, Quito y Bogotá. La *Ley Fundamental* ordena la reunión de un Congreso en Cúcuta en enero de 1821. A este Congreso se le encarga la redacción de la Constitución Nacional de Colombia, señalándole el camino la ya promulgada Constitución Nacional de la República de Venezuela en Angostura, el 15 de agosto de 1819.

El Congreso Constituyente reunido en Cúcuta, con 57 diputados, redacta la nueva Constitución Nacional y es sancionada el 30 de agosto de 1821. La capital de la República será Bogotá, hasta tanto se construya la prevista capital que se denominaría Bolívar, proyecto que nunca se adelantó. Entre los que concebían la nueva Constitución con un criterio federalista y los que la soñaban con criterio centralista, se impusieron los últimos, que contaban con el aval de Bolívar. Se designó vicepresidente de la República al general neogranadino Francisco de Paula Santander, con el entendido de que durante las campañas militares que adelantaría el presidente Bolívar en procura de la libertad de otros pueblos, el gobierno quedaría en sus manos.

El descontento de importantes sectores venezolanos con las decisiones tomadas por el Congreso Constituyente de Cúcuta se hizo sentir de inmediato. De modo que el rosario de dificultades que experimentará la República de Colombia será creciente. El 29 de diciembre de 1821 la Municipalidad de Caracas al pronunciarse sobre la nueva Carta Magna, la aprobó condicionalmente ya que, según los integrantes del cuerpo colegiado:

> No había sido sancionada por los mismos representantes que la formaron, que no podían imponer a los pueblos de Venezuela el deber de su observancia cuando no habían tenido parte en su formación, ni creían adaptables al territorio venezolano algunas de las disposiciones de aquel código.

Se refería el Cabildo al hecho cierto de haber estado Caracas bajo dominio español para el momento de la celebración del Congreso Constituyente de Cúcuta, aunque ello no fue óbice para que caraqueños formaran parte del Congreso. El 3 de enero de 1822 se insistió sobre el tema, y luego la prensa recogió el hecho, con lo que el proyecto grancolombiano de Bolívar experimentó entonces sus primeras resistencias.

En los meses sucesivos las desavenencias entre el vicepresidente Santander y el Jefe del Departamento de Venezuela, el general José Antonio Páez, siguieron su curso, con lo que fueron formándose partidos contrarios entre los neogranadinos y los venezolanos. Abundan las cartas de Santander a Bolívar en las que mal pone a los venezolanos con el Libertador, informándole a éste de las acciones de éstos como si de una facción se tratara. La situación no era fácil: Bolívar había designado al general Carlos Soublette como Intendente del Departamento de Venezuela, pero el Jefe Militar y líder supremo era el general Páez. Luego, se designa Intendente al general Francisco Rodríguez del Toro, quien también tuvo dificultades para hacer valer su autoridad y fue sustituido por un nuevo Intendente, el general Juan Escalona, quien también tuvo escollos para hacer valer su autoridad frente al indiscutido liderazgo militar del general Páez, héroe fundamental de la batalla de Carabobo y caudillo sobre el que gravitaba la mayoría de la nación.

En diciembre de 1824 un grupo de hombres armados intenta hacerse del armamento que estaba en Petare. De inmediato el general Páez interviene y los dispersa, mientras ordena juzgar militarmente a algunos prisioneros, cosa que al intendente Escalona le pareció impropia, ya que Páez no dio aviso al Intendente ni a la Corte Superior de Justicia. Así se lo reclamó Escalona al gobierno en Bogotá y éste le dio la razón, ordenándole al poder militar entregar al civil a los imputados, pero cuando ésta comunicación llegó, ya Páez había indultado a los del intento de Petare. El vicepresidente Santander pide autorización del Senado para un Decreto sobre Conspiradores y éste lo autoriza, sancionándose el Decreto el 17 de marzo de 1825. Casi de inmediato, la Municipalidad de Caracas le encarga al doctor Alejo Fortique un alegato jurídico reclamando la inconstitucionalidad del Decreto, circunstancia que viene a avivar aún más las diferencias entre el Poder Ejecutivo radicado en Bogotá y el de la municipalidad caraqueña, que trabajaba a favor de su autonomía.

Otras expresiones de resistencia al mando bogotano se manifestarán en lo sucesivo. El comandante general Páez convoca el 29 de diciembre de 1825 a la población de Caracas para un alistamiento militar solicitado por el Poder Ejecutivo desde Bogotá, y pocos acuden a la cita, cosa que enervó a Páez, que terminó increpando a la escasa audiencia. De esta circunstancia se valió el Intendente Escalona para solicitar ante el Ejecutivo la investigación de los hechos y sus posteriores sanciones. Esto hace el Ejecutivo ante el Senado y éste suspende a Páez de sus funciones, y le ordena comparecer ante el Poder Legislativo reunido en Bogotá. Páez no acata la orden, mientras tanto es sustituido por el general Escalona, lo que fue tenido por muchos venezolanos como una ofensa a su máximo líder militar.

LA COSIATA

La Municipalidad de Valencia, reunida el 30 de abril de 1826, argumentando que el pueblo había caído en un disgusto supremo como consecuencia de la separación del general Páez de sus funciones, y que esta circunstancia estaba por crear una crisis nacional, acuerda restituirle el mando a Páez. Éste acepta el mando el 3 de mayo por medio de una proclama, y el 5 de mayo la Municipalidad de Caracas reconoce la restitución del general Páez. Estos hechos, que el pueblo denominó como «La cosiata», aludiendo a una obra de teatro que entonces se presentaba en Valencia en la que un actor declinaba el vocablo «cosa», fueron de suma importancia, ya que en la práctica significaban el desconocimiento del Poder Ejecutivo radicado en Bogotá, y el comienzo de lo que con el tiempo terminó por consagrarse: la separación de Venezuela del proyecto bolivariano de Colombia, la grande.

El 14 de mayo de 1826 el general Páez jura ante la Municipalidad de Valencia cumplir las leyes y hacerlas cumplir, así como «no obedecer las nuevas órdenes del Gobierno de Bogotá». El 29 de mayo en sesión solemne de la Municipalidad de Caracas, juran ante Páez, ahora Jefe Civil y Militar, las nuevas autoridades del Departamento de Venezuela. El general Santiago Mariño, segundo jefe militar; el doctor Cristóbal Mendoza, intendente; el doctor Suárez Aguado, provisor y vicario capitular, y el doctor Francisco Javier Yanes, presidente de la Corte Superior de Justicia.

La autonomía del Departamento de Venezuela siguió manifestándose, y una Asamblea Popular reunida el 5 de noviembre de 1826 en la Iglesia de San Francisco, en Caracas, solicita, mediante voto popular, que se instaure:

> El Sistema Popular Representativo Federal, como se halla establecido en los Estados Unidos de la América del Norte, en cuanto sea compatible con las costumbres, climas y particulares circunstancias de los pueblos que forman la República de Colombia.

Se solicita la remisión del Acta al Libertador, a quien invocan como mediador de la solicitud. Luego, a solicitud de Páez se reúne otra Asamblea Popular el 7 de noviembre donde se asume una posición más radical en contra del Gobierno de Bogotá. El 10 de noviembre se reúne otra Asamblea Popular en Valencia, y el 13 del mismo mes Páez señala por decreto la constitución de los colegios electorales el 10 de diciembre, y para el 10 de enero de 1827, la fecha de integración del Congreso Constituyente. Estas posiciones extremas del general Páez tuvieron resistencia, y muchos temían que se avanzara rápidamente hacia una guerra civil, hasta que Bolívar anuncia su llegada, con lo que los ánimos se calmaron.

Bolívar hace su entrada triunfal en Caracas el 10 de enero en compañía de Páez. Estuvo en Caracas hasta el 4 de julio de 1827, dedicado a la organización de asuntos de importancia para el funcionamiento del Estado. Ignoraba entonces que ya no regresaría jamás a su ciudad natal. Al irse, deja al general Páez como jefe y comandante superior de los Departamentos de Venezuela, Maturín y Orinoco, con lo que reconoce el liderazgo del llanero. En verdad, la otra alternativa que tenía era permitir que Venezuela se enfrascara en una guerra civil o, algo todavía peor, intentar él mismo imponerse sobre la autoridad del general Páez, el héroe de Carabobo, cosa que lo alejaría de Bogotá, donde también se requería su presencia, no sólo para atender las conspiraciones en su contra, sino para hacer frente a la tendencia separatista del Departamento de Quito, que tampoco estaba conforme con la Constitución de Cúcuta. En otras palabras: Bolívar no tuvo alternativa ante la situación venezolana y reconoció el liderazgo de Páez,

por más que al hacerlo desautorizaba al Congreso de la República de
Colombia, reunido en Bogotá.

LA CONVENCIÓN DE OCAÑA

Todos los acontecimientos hacían urgente el llamado a reunir la
Convención de Ocaña, pequeña población en el norte de Colombia,
cosa que hace el Congreso de Bogotá en agosto de 1827, y la Convención comienza sus sesiones, previa elección de los diputados, el 2 de
abril de 1828. A esta asamblea asistían los centralistas y los federalistas,
los bolivarianos y los santanderistas y, estos últimos, estimulados por
su líder, no desaprovecharon oportunidad alguna para desprestigiar al
Libertador. El enfrentamiento fue tal que los bolivarianos terminaron
por abandonar la Convención, lo que colocó el punto final a la misma
el 10 de junio de 1828. Se ahondaba aún más el desacuerdo entre las
partes en conflicto.

EL PRINCIPIO DEL FIN

En Bogotá una Asamblea General integrada por el pueblo y
las autoridades acordó el 13 de junio ignorar todo lo decidido en la
Convención de Ocaña, y llamar al Libertador para que se encargase
del mando supremo de la República. Lo mismo hace Páez en Venezuela, y así es como Bolívar llega a Bogotá el 24 de junio con poderes
supra-constitucionales para, paradójicamente, impedir la disolución
de la República. De inmediato deroga y modifica leyes y gobierna en
dictadura. Los meses que vienen, los conspiradores antibolivarianos
intentarán matarlo, mientras Bolívar arreciará en sus prácticas auto-
ritarias. Entre otras, en noviembre de 1828 suspende a las municipalidades, dejándolas sin objeto ni autonomía hasta nuevo aviso. En
diciembre, organiza su gobierno, apoyándose en la institución de las
prefecturas y dejando de lado la de las intendencias. Se inicia en paralelo una discusión pública acerca de la conveniencia de la instauración de una monarquía, dados los ingentes problemas que ha traído

la República, pero Bolívar no comulga con la proposición, aunque respalda la idea de un Presidente de la República vitalicio lo que, en la práctica, es lo mismo que la coronación de un Rey. Mientras tanto, las fuerzas separatistas de Ecuador, Venezuela, y las conspiradoras de la propia Colombia, no descansan.

El 29 de agosto de 1829, Bolívar enciende de nuevo las pasiones al convocar a los pueblos a manifestarse acerca de la forma de gobierno que se desea, sobre la Constitución que debe servir de base al Congreso y sobre la elección del Presidente de la República. Centralistas y federalistas desenvainan de nuevo sus espadas conceptuales. El 2 de enero de 1830 los diputados en Bogotá eligen al mariscal Sucre presidente del Congreso Constituyente, mientras Páez en Caracas convoca otro Congreso Constituyente, exclusivamente venezolano, que deberá instalarse en Valencia. Entonces Bolívar comprende que su proyecto está herido de muerte y declina ante el Congreso de Bogotá el encargo de la Presidencia de la República, dejando el Poder Ejecutivo en manos del general Domingo Caicedo el 1 de marzo de 1830. Decide viajar a Europa y ausentarse para siempre, pero la muerte le salió al paso el 17 de diciembre de 1830. Entre 1819 y 1830 Bolívar nadó contra la corriente: se empeñaba en una integración imposible.

La relación de los hechos que acabo de entregar hace evidente que el proyecto integracionista de Bolívar estaba lejos de gozar de unanimidad. En muchos sentidos se trataba de una construcción ideal, perfectamente concebida sobre la base de la anticipación de los hechos. Es decir, Bolívar veía con claridad que una sola República integrada por tres departamentos tendría mayores posibilidades de crecer que manteniéndose las tres independientes, pero la realidad social señalaba que la integración no era un asunto de arquitectura constitucional, sino que atañía a aspectos sociológicos inevitables, así como a factores de poder que no se avendrían a sacrificios que afectarían a alguna de las partes. Este mar de fondo se expresaba subrepticiamente, ya que la *auctoritas* de Bolívar era de tal magnitud que no se voceaba la inconformidad a los cuatro vientos.

Como todo proyecto no basado en la constatación de las posibilidades reales, más cercano a la utopía que a la factibilidad, el grancolombiano se vino abajo paulatinamente. No se precipitó desde un comienzo porque Bolívar operaba como apagafuegos. En verdad, muy pocos actores políticos estaban convencidos de su viabilidad, aunque muchos si lo estaban de su conveniencia. Proyectos históricos similares, como el de los primeros trece estados que formaron los Estados Unidos de Norteamérica, se dieron en contextos culturales distintos al nuestro. Todo este empeño tomó cuerpo de tragedia en el alma de Bolívar, ya que comprendía que de no lograrse la unidad, las posibilidades de grandeza eran lejanas, mientras el vecino del norte avanzaba en su proyecto unitario. Bolívar murió en el desengaño: sabía que se había propuesto una empresa imposible.

LOS CONSERVADORES (1830-1846)

Este período de nuestra historia republicana está signado por la pre-eminencia nacional del general José Antonio Páez y el grupo que lo acompañó en el mando. Corresponde, además, con la etapa en la que Venezuela comienza su travesía independiente del proyecto bolivariano de integración colombiana, y experimenta los desafíos de la fundación de una República.

A esta élite, y al período de 1830-1846, varios autores los presentan como el de La Oligarquía Conservadora. Aquí preferimos denominarlo como el período de Los Conservadores, ya que no estamos seguros de que se trató exactamente de una oligarquía, en los términos clásicos de este vocablo. En estos años gobernaron Páez, Vargas, Soublette, Carreño y Narvarte.

EL CONGRESO CONSTITUYENTE

El Congreso Constituyente se reunió en la casa La Estrella en la ciudad de Valencia, a partir del 6 de mayo de 1830. Su integración estuvo de acuerdo con el Decreto del 13 de enero del mismo año, en el que el general Páez instaba a las Provincias a elegir a sus diputados. Dos días después de instalado el Congreso se convino en que una comisión integrada por un diputado por cada una de las Provincias, redactara la nueva Constitución Nacional. Esta comisión cumplió con su trabajo y presentó el texto el 19 de junio, luego de varios meses de discusión, en los que se ventilaron de nuevo las tesis centralistas y federalistas; el texto se aprobó el 22 de septiembre. Los redactores de la Constitución fueron

Antonio José Soublette (Guayana), José Grau (Cumaná), Eduardo Antonio Hurtado (Barcelona), Andrés Narvarte (Caracas), Juan José Osío (Carabobo), José Tellería (Coro), José Eusebio Gallegos (Maracaibo), Juan de Dios Picón (Mérida) y Juan José Pulido (Barinas).

Mientras se perfeccionaba el texto constitucional, el Congreso Constituyente, presidido por el doctor Miguel Peña, sancionó un Reglamento el 10 de julio mediante el cual el Poder Ejecutivo Provisional recaía sobre la figura del general Páez, con la denominación de Presidente del Estado de Venezuela, a su vez, Diego Bautista Urbaneja era designado Vicepresidente. Así, venía a perfeccionarse un mando de facto que detentaba Páez desde 1829, cuando la separación de Venezuela de la República de Colombia ya era un hecho de fuerza jurídica; aunque ya hemos visto que a partir de 1826, con los acontecimientos de La Cosiata, la incorporación de Venezuela al proyecto grancolombiano estaba resquebrajada severamente.

LA CONSTITUCIÓN NACIONAL DE 1830

El constituyente equilibró entre las tendencias federalistas y centralistas en pugna y logró redactar una carta magna centro-federal, que tomaba en cuenta la autonomía de las municipalidades, así como reconocía el impulso central. Consagró el principio de la Separación de los Poderes, y definió en su artículo 6 la naturaleza del Estado:

El Gobierno de Venezuela es y será siempre republicano, popular, representativo, responsable y alternativo.

Fijó el período presidencial en cuatro años y estableció la no reelección inmediata, contemplando un período, como mínimo, para presentarse a otra elección presidencial. Estableció quiénes gozaban de los derechos de ciudadano, los mismos que les permitían ser elegidos y elegir los destinos públicos.

Art. 13º. Todos los venezolanos pueden elegir y ser elegidos para los destinos públicos y si está en el goce de sus derechos de ciudadano.

Art. 14º. Para gozar de los derechos de ciudadano se necesita: (1) Ser venezolano. (2) Ser casado o mayor de veintiún años. (3) Saber leer y escribir. (4) Ser dueño de una propiedad raíz cuya renta anual sea de 50 pesos, o tener una profesión, oficio o industria útil que produzca cien pesos anuales sin dependencia de otro en clase de sirviente.

Como vemos, el constituyente acogió la costumbre de su tiempo, al conferirles la facultad del voto a los propietarios, dejando de lado el voto universal y directo, ya que las elecciones establecidas eran de segundo grado. Le colocó una camisa de fuerza al propio Congreso al señalarle una imposibilidad:

Art. 228º. La autoridad que tiene el Congreso para reformar la Constitución no se extiende a la forma del Gobierno que será siempre republicano, popular representativo, responsable y alternativo.

En cuanto al culto religioso, el texto constitucional no expresó ningún precepto, con lo que la religión católica no fue consagrada como la del Estado. Esto fue la base de algunos enfrentamientos entre el Estado y la Iglesia Católica. Algo similar ocurrirá con los privilegios militares que la carta magna no consagró. La verdad es que el constituyente, de mayoría liberal en los términos clásicos de la filosofía política, actuó como tal, acogiendo muchos de los preceptos del Liberalismo. Conviene recordar que quienes mandaban entonces formaban parte del Partido Conservador que, a los efectos venezolanos, era un grupo que abrazaba las ideas de la filosofía liberal. Lo mismo ocurre con el Partido Liberal venezolano, cuyas ideas eran más cercanas al conservadurismo, en términos clásicos.

En enero de 1831 el general José Tadeo Monagas, en oriente, reaccionó contra la Constitución Nacional, proclamando la integridad de Colombia y la autoridad máxima del Libertador, pero cuando se alzó ignoraba que Bolívar había muerto. Consideraba que la Constitución promulgada no respetaba suficientemente los fueros militares. Luego se alzó en mayo, en Aragua de Barcelona, proponiendo la constitución del Estado de Oriente, integrado por cuatro Provincias y que llevaría el nombre de República de Colombia. El general Páez envía al general Santiago Mariño a disuadir al general Monagas y, en vez de lograr su cometido, Mariño termina encabezando el proyecto inicial de Monagas, desplazándolo; dando así una de las piruetas más extrañas de las que se tenga noticia entre nosotros. El Congreso Nacional destituye a Mariño, lógicamente, y queda encargado de la Presidencia de la República el Vicepresidente Diego Bautista Urbaneja, ya que el general Páez se dirige, al frente de su tropa, a Valle de la Pascua a dialogar con Monagas. El 23 de junio Páez logra que Monagas deponga las armas y lo favorece con un indulto. Como vemos, al no más comenzar el camino republicano, el caudillismo mostró su rostro, como si se tratara de una seña presagiante de lo que sería todo el siglo XIX. De hecho, ésta será la primera desavenencia entre dos caudillos que se enfrentarán luego, y que también intentarán entenderse en torno a la detentación del mando supremo, como veremos después.

Entre el primer levantamiento de Monagas, en enero, y su acuerdo con Páez, en julio, el Congreso se reúne de nuevo en Valencia el 18 de marzo de 1831 y convoca a elecciones para el 24 del mismo mes. Páez es electo con 136 votos de los 158 sufragios; comenzó entonces el período presidencial de cuatro años, que culminaría en 1835, y el general empezó a desempeñar su primera presidencia, dentro del marco de la Constitución Nacional de 1830.

PRIMERA PRESIDENCIA DEL GENERAL JOSÉ ANTONIO PÁEZ (1831-1835)

El general José Antonio Páez es elegido por el Congreso de la República el 24 de marzo de 1831, dentro de los parámetros fijados por la Constitución Nacional de 1830. El 24 de junio de 1831 el presidente Páez, en Valle de la Pascua, alcanza un acuerdo con el general José Tadeo Monagas, y éste se somete al imperio de la ley. A partir de entonces Páez comienza a gobernar con menos presiones. La capital de la República pasa de Valencia a Caracas, con lo que muchos autores interpretan que la asesoría del doctor Miguel Peña a Páez deja de ejercer su influjo. Entonces, se señala, que la influencia del general Carlos Soublette será cada vez mayor en el ánimo de Páez. No cabe la menor duda acerca del peso del doctor Peña en el ánimo de Páez, peso que provenía de su autoridad jurídica y de su conocimiento del mundo civil, ámbito que le era menos familiar a Páez, naturalmente. Sin embargo, sería exagerado señalar que su influencia fue tan determinante como para desplazar las cavilaciones del propio caudillo llanero, que sin duda las tenía. Así como tampoco los consejos de Soublette fueron acogidos en su totalidad por éste. No hay que olvidar que Páez, que a sus cuarenta y dos años se acercaba a la madurez, ya contaba con años de entrenamiento en los asuntos de la política.

Según el censo oficial de 1825, en Venezuela vivían 659.000 personas, lo que hacía evidente que uno de los problemas centrales que enfrentaba la República era el de la despoblación. Por ello el gobierno de Páez promovió la iniciativa de ofrecerles facilidades a los canarios que quisieran radicarse en el país, pero esto no trajo grandes contingentes migratorios como para cambiar el panorama nacional en lo inmediato. Años después, en 1837, una ley general de inmigración abriría puertas para inmigrantes de otras nacionalidades. Llegaron entre 1832 y 1859 algunos franceses, alemanes, portugueses e italianos, además de los canarios y españoles de otras regiones. Este flujo migratorio se detuvo en 1859, por efecto de la Guerra Federal, para renovarse varios años después.

El gobierno elimina los derechos de exportación, logrando un incremento inmediato en los rubros que para entonces se cultivaban en Venezuela. El tabaco, que fue cultivo principal durante el período colonial, desde hace años venía descendiendo su importancia, al punto que las exportaciones eran mínimas para la fecha. Algo similar ocurrió con el algodón, que durante la Colonia llegó a exportarse en significativas cantidades (25.000 quintales en 1803), ya para entonces su cultivo era muy reducido. El añil, que era el tinte natural conocido en el mundo, se cultivó en Venezuela con énfasis hasta que hacia 1830 fue desplazado en sus funciones por el prusiato de hierro, que hacía sus veces. Así como el cacao había sido el fruto príncipe del siglo XVIII, el café comenzó a despuntar como el principal producto a partir de 1830, ya que entre 1810 y esta fecha no experimentó ningún crecimiento. Las cifras son elocuentes: en 1836, 127.000 sacos, el doble de los 60.000 que produjo en los veinte años anteriores; en 1840, cerca de 200.000 sacos; en 1848, por encima de los 300.000 sacos. Como vemos, el crecimiento fue de alrededor del 500 por ciento en menos de veinte años. La más alta producción se alcanza en 1915, cuando en el país se produjeron 1.373.000 sacos de café, pero ya entonces el petróleo comenzaba a explotarse en Venezuela. En cuanto a los censos de ganado, las cifras con las que se cuenta no son las más exactas. En todo caso, no fue durante el siglo XIX la ganadería una actividad que se distinguiera particularmente en Venezuela. Es de recordar que no hallaron ganado de manera natural los primeros colonizadores, y que será a lo largo del siglo XX cuando se desarrolle una ganadería venezolana moderna.

En lo político, Páez enfrentará los delitos de un famoso bandido que actuaba, sin autorización, en nombre del Rey de España: Dionisio Cisneros, hasta que mediante las artes de la negociación logra pacificarlo en 1831. El gobierno hace esfuerzos internacionales para reestablecer el comercio que, dado el cambio que trajo la independencia, se resintió severamente. A su vez, Santos Michelena, representante de Venezuela, y Lino de Pombo, representante por Colombia, avanzaron en 1833 hacia la redacción de un Tratado que estableciera los límites entre Colombia y Venezuela, pero el texto nunca entró en vigencia, ya que el Congreso de la República no lo sancionó.

En 1834 el Congreso de la República aprueba la llamada Ley del 10 de abril de 1834, que favorece la relación entre los particulares en el momento de fijar intereses por préstamos. Esta ley, de corte liberal, trajo, según unos autores un repunte de la economía, y según otros, todo lo contrario. En verdad, al dejar en manos de los particulares la fijación de los intereses, éstos bajaron, y se produjo una recuperación de los cultivos. Esta ley, junto con la organización de la recaudación fiscal, la eliminación del diezmo que se le exigía a los agricultores entregar a la Iglesia Católica, y la paz política alcanzada alrededor de Páez, condujo a que las cifras económicas del primer gobierno del llanero fuesen muy favorables.

En este primer ejercicio de gobierno constitucional del general Páez se condujo la Hacienda Pública con rigor, la deuda externa descendió y las exportaciones subieron durante los cuatro años de su gobierno. Con todo y el éxito alcanzado por el héroe de la independencia, el candidato que respaldó para las elecciones de 1835, el general Carlos Soublette, perdió frente al doctor José María Vargas. No obstante, Páez se retiró a su hacienda y entregó pacíficamente el poder, haciendo honor a la palabra empeñada cuando juró sobre la Constitución de 1830. Esta conducta indica que Páez y sus seguidores se tomaban en serio el principio de la alternabilidad republicana, consagrado en la carta magna de 1830. De lo contrario, no habría entregado al doctor Vargas. Esto, es justo señalarlo.

EL GOBIERNO DEL DOCTOR JOSÉ MARÍA VARGAS (1835-1836)

A lo largo del segundo semestre de 1834 tiene lugar la campaña electoral para la selección del Presidente de la República. Se presenta la candidatura del general Carlos Soublette, apoyado por Páez; la del general Santiago Mariño, respaldado por José Tadeo Monagas y otros caudillos orientales y, también, la del médico José María Vargas, apoyado por los comerciantes que han visto crecer sus negocios durante los años de Páez, y bajo el espíritu de la libertad de contratos consagrado en la ley del 10 de abril. El resultado fue favorable a Vargas con 103 votos, seguido por Soublette con 45, Mariño 27, Diego Bautista Urbaneja 10 y Bartolomé Salom 10 sufragios.

El doctor Vargas asumió la Presidencia de la República el 9 de febrero de 1835. Por dos años más, según disposición constitucional, continuaría a su lado Andrés Narvarte como Vicepresidente. Su gabinete estuvo integrado de la siguiente manera: Antonio Leocadio Guzmán en la Secretaría de Interior y Justicia; general Francisco Conde, en la Secretaría de Guerra y Marina; Santos Michelena, en Hacienda y Relaciones Exteriores.

Desde el momento mismo de la victoria de Vargas se va creando una suerte de conjura en su contra por parte de los seguidores de Santiago Mariño, no hace lo mismo Soublette, que se va a Europa, ni Páez, que se retira a sus haciendas. Muy pronto, Vargas entra en diatriba con el Congreso de la República cuando este último propone una Ley de Impuesto Subsidiario del 1 por ciento, recabado en las aduanas, con destino a la Hacienda Pública. El Presidente objeta el proyecto de ley, pero las Cámaras lo aprueban, a lo que Vargas responde invocando la violación de la Constitución por parte del Senado. Esta prueba de fuerza condujo a que el doctor Vargas presentara su renuncia el 29 de abril de 1835, pero no le fue aceptada, aunque alegaba no disponer de la suficiente fuerza para mantener la paz de la República entre las facciones en pugna.

La renuncia de Vargas fue interpretada por sus adversarios como una muestra de debilidad, aunque no le hubiese sido aceptada. Así fue como se estructuró una conjura en su contra que se denominó «La Revolución de las Reformas», integrada por Mariño, Diego Ibarra, Luis Perú de Lacroix, Pedro Briceño Méndez, José Tadeo Monagas, Estanislao Rendón, Andrés Level de Goda y Pedro Carujo. Esta asonada se expresó el 8 de julio en Caracas, cuando Carujo penetró en casa del doctor Vargas para detenerlo y se produjo un intercambio de palabras que la historia ha recogido insistentemente. Dijo Carujo: «Doctor Vargas, el mundo es de los valientes», y Vargas le respondió: «El mundo es del hombre justo». Después de la detención del Presidente y del Vicepresidente Narvarte, fueron embarcados ambos con rumbo a Saint Thomas en la misma tarde del día fatídico.

Al no más conocerse la asonada, acompañada de un texto de nueve puntos en el que los conjurados querían el mando de las Fuerzas Armadas para el general Mariño, el entonces Jefe de esas mismas fuerzas, designado por Vargas para tal efecto, José Antonio Páez, se puso en marcha para dominar la situación y reestablecer el hilo constitucional. Páez entra triunfante a Caracas el 28 de julio de 1835, y el 20 de agosto está de nuevo Vargas en la Presidencia de la República. El movimiento insurreccional, sin embargo, no terminó de ser derrotado sino el 1 de marzo de 1836, en Puerto Cabello.

Lo que debía hacerse con los derrotados fue la piedra de tranca entre Vargas y Páez. El primero, y sus seguidores, exigían que sobre ellos cayera todo el peso de la ley, mientras Páez abogaba por la clemencia y el indulto. La estrategia conciliadora le había servido en el pasado a Páez en distintas circunstancias, pero Vargas exigía castigos ejemplares. Por otra parte, era evidente que la figura del general Páez había crecido mucho más con esta situación, ya que se había convertido en suerte de árbitro mayor y absoluto de la República, de modo que las posibilidades de Vargas de imponer sus criterios por encima de los del caudillo llanero, eran improbables. A Vargas le fue aceptada la renuncia el 24 de abril de 1836. A partir de entonces se dedicaría exclusivamente a la docencia y a la investigación científica y su consecuente escritura.

No fue propicia la señal que quedó en el ambiente nacional después de la Presidencia de Vargas, no porque el doctor no fuese el hombre excepcional que fue, sino porque al no más asumir el poder un civil, el hervidero de los caudillos regionales comenzó a alborotarse, y tuvo que venir el caudillo mayor, Páez, a aplacarlo. Con esto, además, por más que el general Páez se comportaba con apego a la Separación de los Poderes, y estaba verdaderamente comprometido con la creación de una República, se reforzaba la ascendencia de un hombre de armas, sobre la mayoría de la población civil. ¿Comenzaba entonces el caudillismo en Venezuela? Quizás la respuesta sea otra pregunta: ¿Podía no ser el caudillismo el signo de la Venezuela republicana, cuando lo había sido durante la Venezuela colonial?

Todo indica que no, que el caudillismo emergería de inmediato enfrentando la sindéresis republicana, buscando imponer su propia gramática, empuñando para ello una espada, y cobrando los servicios prestados durante la Guerra de Independencia. Esto último, como veremos, será tema recurrente a lo largo de casi todo el siglo XIX, incluso hasta cuando llegue al poder Antonio Guzmán Blanco, ya que muchas de sus actuaciones fueron tributarias de la gesta de su padre. Toda una generación de próceres de la independencia, pasando por encima de las instituciones republicanas, buscó el poder para sí, como si se tratara de una deuda que la nación había contraído con ellos.

PRESIDENCIAS PROVISIONALES DE ANDRÉS NARVARTE Y JOSÉ MARÍA CARREÑO (1836-1837)

Una vez aceptada la renuncia de Vargas, Narvarte toma posesión de la Presidencia de la República, gracias a su condición de Vicepresidente, el 24 de abril de 1836. Contemporáneamente con estos cambios de mando, el coronel José Francisco Farfán se alza en Apure por motivos distintos a los «Revolucionarios de las Reformas»; de inmediato el general Páez le ordena al general José Cornelio Muñoz entrar en negociaciones con Farfán, y éstas fueron exitosas, logrando que los alzados entregaran las armas el 6 de junio de 1836. Otros intentos de alzamientos se tejieron durante este año, pero fueron abortados a tiempo. Los alzados de diversos bandos, derrotados, arreciaron sus invectivas en contra de Páez, pero éste continuó impertérrito. Por esos días se iniciaron los acercamientos al caudillo en busca de la futura designación como Vicepresidente de la República, ya que sería el designado el que completaría el período constitucional que concluiría en 1839. Los aspirantes encontraron al general Páez con una decisión tomada: sería el mismo candidato que respaldó en las elecciones que condujeron a Vargas a la Presidencia: el general Carlos Soublette.

El período de Andrés Narvarte vence el 20 de enero de 1837, cuando es reemplazado por el entonces Vicepresidente, el general José María Carreño, que se desempeñó como Presidente de la República entre esta fecha y la de la entrega del poder al general Soublette, el 11 de abril de 1837.

PRIMERA PRESIDENCIA DEL GENERAL CARLOS SOUBLETTE (1837-1839)

El general Soublette se juramenta como Vicepresidente de la República para el lapso 1837-1841, por un período de cuatro años, de los cuales los dos últimos sería Vicepresidente de un Presidente de la República electo para el período 1839-1843. Cuando asume el gobierno cuenta con 47 años y una ya larga participación en la vida pública venezolana. Se inició como secretario del generalísimo Francisco de Miranda, en 1811, cuando apenas contaba 21 años. Integraba una de las familias principales de Caracas, por parte de su madre, Teresa Jeréz de Aristeguieta, una de las llamadas «nueve musas», y era primo de Simón Bolívar. Venía de desempeñarse como Ministro Plenipotenciario en Europa, negociando el «Tratado de Independencia de Venezuela, Paz y Amistad con España», que llegaría a firmarse varios años después, en 1845. En estas funciones se encontraba desde 1835, cuando el gobierno lo envió a Madrid. No sólo Páez veía condiciones civilistas y militares excepcionales en Soublette, como para llevar el timón de la Venezuela de entonces, muchos otros también veían en este hombre de facultades para el diálogo, las virtudes necesarias.

Soublette llega a La Guaira el 10 de abril de 1837, y al día siguiente es investido de su cargo. De inmediato el general Páez se traslada desde su hato San Pablo hasta Caracas para ayudar a Soublette a formar gobierno. Elige a Ramón Yépes y José Luis Ramos Secretarios de Estado, mientras al coronel Guillermo Smith lo designa en la cartera de Guerra y Marina. Afirma Francisco González Guinán en su *Historia Contemporánea de Venezuela* que la presidencia de Soublette es recibida con alegría y esperanzas, dadas sus reconocidas virtudes personales.

La paz política de aquel tiempo era inestable. No sólo corrían rumores de que Santiago Mariño armaba una escuadra en Haití para invadir a Venezuela, sino que el coronel José Francisco Farfán, que ya había sido indultado por Páez, se alza de nuevo. Esta vez lo hace en Guayana, y solicita el poder máximo para Mariño y la resurrección de la Gran Colombia. Los primeros encuentros bélicos fueron favorables a Farfán, quien derrotó fuerzas enviadas por el general José Cornelio Muñoz para someterlo. El Congreso de la República designa al general Páez la tarea de enfrentarlo, cosa que hace a partir del 25 de abril, en desventaja para sus fuerzas, ya que las de Farfán se estimaban en cerca de mil hombres, mientras Páez contaba con menos. Cerca del pueblo de San Juan de Payara ocurrió un hecho inesperado. La batalla iban a perderla las fuerzas de Páez, pero una bala rompió las riendas del caballo de Farfán y éste comenzó a trotar sin gobierno, saliéndose de su curso. Sus tropas lo siguieron equivocadamente, creyendo que daba la retirada, cosa que Páez aprovechó para atacarlos hasta vencerlos. Este episodio le valió el mote de «León de Payara» al general Páez, sumándose así un nuevo triunfo a su abultada memoria de éxitos militares. Farfán huyó a Colombia mal herido, y desde allá comenzó a preparar otra revuelta contra el gobierno.

Soublette, buscando pacificar el país, y siguiendo la política del general Páez, decretó una amnistía a favor de los insurrectos de la «Revolución de las Reformas» y a favor de los alzados con Farfán, a excepción de los cabecillas de la asonada. Esto le creó una fuerte oposición en un sector de la vida política del país, y respaldo en otra, aunque minoritaria. Los que adversaban la medida se quejaban de la impunidad que reinaba en Venezuela, mientras Soublette buscaba la paz a toda costa.

En enero de 1838 el coronel Francisco María Faría se alza en Maracaibo. Soublette le ordena al Ministro de Guerra y Marina que vaya sobre los hechos en el Zulia, pero cuando llega a Maracaibo las fuerzas leales al gobierno ya han derrotado a Faría, y después de perseguirlo, fue hecho preso. La sentencia de condena a muerte fue sellada en abril y, por más que distinguidos venezolanos pidieron clemencia, el gobierno de Soublette no intervino a su favor, siendo ejecutado Faría, con lo que se advierte un cambio de actitud por parte del gobierno para con quienes se alzaban en su contra. El año concluye con la entrega de la espada de oro al general Páez por parte de Soublette. Ésta lleva impresa la frase: «Al ciudadano Esclarecido General José Antonio Páez». No cabe la menor duda acerca de quién es el venezolano de mayor ascendencia sobre sus compatriotas.

El año 1838 será de elecciones para el período constitucional 1839-1843, y la candidatura del general Páez no tenía oposición, de modo que obtuvo 212 votos de los 222 existentes.

SEGUNDA PRESIDENCIA DEL GENERAL JOSÉ ANTONIO PÁEZ (1839-1843)

El escrutinio de los votos tuvo lugar el 26 de enero de 1839 en el Congreso Nacional, y el 1 de febrero asumía la Presidencia de la República, a los 49 años de edad, el general José Antonio Páez. Continuaba de Vicepresidente el general Soublette, y se designaba a Diego Bautista Urbaneja en la cartera de Interior y Justicia; en Hacienda y Relaciones Exteriores al coronel Guillermo Smith, y en Guerra y Marina al general Rafael Urdaneta.

El manejo de la deuda contraída con Inglaterra en tiempos de la Gran Colombia, que fue prorrateada entre los tres países integrantes de la República, fue asunto de gran interés en estos tiempos.

Tanto Santos Michelena como Alejo Fortique trabajaron arduamente en estos menesteres, y la patria supo agradecérselos. En estos años de 1839 y 1840 los venezolanos que querían participar en la vida pública comenzaron a ensayar con énfasis el camino civil, probablemente como consecuencia de los intentos militares fallidos, de los años anteriores. Esto quizás fue estimulado por la decisión del general Páez de irse a su hato y dejar encargado de la Presidencia de la República al Vicepresidente Soublette, no sin antes incorporar a su gabinete al doctor Ángel Quintero en calidad de Ministro del Interior y Justicia. Buscaba Páez que la reciedumbre de carácter de Quintero impusiera una política distinta a la conciliatoria con los sublevados, que había practicado antes. Es decir, Quintero tenía el encargo de no permitir el regreso a Venezuela de los conjurados de distintas intentonas, sin que le temblara el pulso. Pero el carácter de Quintero también trajo como consecuencia que no se entendiera con un funcionario de su ministerio: Antonio Leocadio Guzmán, y así fue como el padre de Antonio Guzmán Blanco inició una nueva etapa en su vida.

Fundación del Partido Liberal y del periódico *El Venezolano*

Alrededor del periódico semanal *El Venezolano*, fundado por Guzmán e impreso por primera vez el 24 de agosto de 1840, se reunía un grupo de venezolanos con voluntad para la vida pública: Tomás Sanabria, Jacinto Gutiérrez, Tomás Lander y el propio Guzmán, entre otros, llegaron a redactar un programa de trabajo para la nación, compuesto por dieciséis puntos, a saber: 1) Cumplimiento de la Constitución y las leyes. 2) Alternabilidad en el desempeño de las funciones públicas. 3) Respeto del poder electoral. 4) Creación de dos grandes partidos nacionales. 5) Difusión de prácticas republicanas. 6) Reprobación de los crímenes individuales y de la apelación de la fuerza para la solución de los asuntos públicos. 7) Fortalecer los partidos para llevar a cabo elecciones. 8) Énfasis en llevar a las Cámaras Legislativas a hombres ilustrados y de bien. 9) Disminución de las contribuciones públicas. 10) Independencia de la Iglesia, del Poder Judicial, de la Universidad y los Colegios. 11) Responsabilidad de los empleados. 12) Auxilio a las industrias. 13) Abolición de la Ley del 10 de abril de 1834. 14) Guerra al banco por sus monopolios y privilegios. 15) Leyes de retiro para los próceres y de montepío para sus viudas e hijos. 16) Ley para organizar la milicia nacional.

Como vemos, la aparición del periódico y el lanzamiento del programa constituyeron un acontecimiento político de gran importancia, así como una manifestación significativa de oposición al gobierno. En el encabezado del periódico se leía en latín: *Malo periculosam libertatem quam quietum servitium* (Más quiero una libertad peligrosa que una esclavitud tranquila) y, además, los puntos del programa traen consigo una crítica de la situación política de entonces, ya que lo que se propone es lo que falta, lo que no se encuentra. Prácticamente de inmediato, *El Venezolano* se colocó al frente de la oposición al gobierno y contribuyó a consolidar el Partido Liberal de Venezuela, institución para la que la mente de Tomás Lander fue pródiga y eficaz. El sacudimiento político que trajo la aparición del periódico incitó al general Páez, quien se había hecho sustituir temporalmente por Soublette, a encargarse de nuevo de la Presidencia de la República, en septiembre de 1840.

Para la elección del Vicepresidente de la República comenzaron a escucharse distintos nombres. El período del general Soublette concluía y se oían los nombres de Santos Michelena, Diego Bautista Urbaneja, Francisco Aranda, entre otros. Desde *El Venezolano*, Guzmán apoyaba la candidatura de Urbaneja, pero salió electo Michelena, quizás precisamente por ello. El 29 de enero de 1841 asumió Michelena, mientras el general Páez nombraba a Soublette, hombre de su absoluta confianza, ministro de Guerra y Marina. Ya para esta fecha los dos grandes partidos políticos del siglo XIX estaban delineados en sus características y figuras principales. Los conservadores gobernaban, y los liberales hacían oposición.

Las críticas de Guzmán a Páez y su gobierno desde *El Venezolano* seguían produciéndose, cada vez con mayor carga y, la verdad, es que si bien es cierto que muchas de ellas tenían fundamento, lo cierto es que Páez daba un ejemplo de respeto por las libertades públicas, tolerándolas. Por otra parte, regresaron al país Agustín Codazzi, Rafael María Baralt y Ramón Díaz de París, ciudad en la que se habían publicado sendos trabajos encargados por el gobierno de Páez a estos

→ ¡Interesante!

autores. *Resumen de la geografía de Venezuela* de Codazzi y *Resumen de la Historia de Venezuela* de Baralt y Díaz siguen siendo dos aportes fundamentales para el mejor conocimiento del país.

Inglaterra desconoce al río Esequibo como frontera

Fue en junio cuando Robert H. Schomburgk, comisionado de la corona de Inglaterra para la fijación de límites en Guayana, rindió su primer informe, y en agosto de 1841 el segundo, y fijó la bandera inglesa en Barima, en Amacuro y Cuyuní, con lo que desconocía territorios que pertenecían a Venezuela y se los atribuía a la Guayana inglesa. Estos informes de Schomburgk, entregados entre 1841 y 1843, fueron la base documental que presentó Inglaterra ante el Tribunal Arbitral de París en 1898 y 1899, tribunal que instituyó el despojo por parte de Inglaterra de territorios venezolanos. Más adelante volveremos sobre este tema.

El Congreso de la República decreta el 30 de abril de 1842 los «Honores correspondientes al Libertador», allí se ordena el traslado de sus restos desde Santa Marta, Colombia, a Caracas, y que sean depositados en la Santa Iglesia Metropolitana (la Catedral de Caracas). Estos honores a Bolívar, por parte del gobierno de Páez, venían a desmentir la animadversión que le atribuían sus adversarios. Por otra parte, era un desagravio a su memoria, ya que era cierto que Páez y sus seguidores se habían opuesto al plan integracionista de Bolívar y lo habían dejado solo en el proyecto utópico de sus últimos años. De modo que ésta fue, pues, la oportunidad de honrar su memoria y de quedar en paz, cada quien, con su conciencia.

El 13 de diciembre llegaron los restos del Libertador al puerto de La Guaira, pero fueron desembarcados con los honores correspondientes el 15. Provenían de la apoteosis que se le prodigó en Santa Marta, y comenzaba la que se tenía prevista en Caracas. El 16 llegaron a la capital, después de los honores rendidos por el doctor José María Vargas en La Guaira. Los actos solemnes tuvieron lugar el 17, coincidiendo con el día de su muerte. Los restos fueron devotamente depositados en la Catedral de Caracas. Años después, cuando Antonio Guzmán Blanco cree el Panteón Nacional, serán trasladados hasta este

destino definitivo. Entonces, en diciembre de 1842, el general Páez
pronunció estas palabras:

> Ayer ha recibido Venezuela los restos mortales de su Grande Hijo,
> y los ha recibido en triunfo y duelo: aplaudiendo su vuelta al suelo
> natal, ha llorado también sobre su sepulcro.
> Ya hemos asistido al funeral; allí hemos cumplido con Bolívar muer-
> to. Yo invito ahora a ustedes a que saludemos a Bolívar restituido a
> la patria con todas sus glorias, con todos sus grandes hechos, con la
> memoria de sus inmortales servicios.

En paralelo a la programación de los actos del traslado de los
restos del Libertador a Caracas, la oposición liberal asoma concordar
con las candidaturas a la Presidencia de la República de Santos Michelena y Diego Bautista Urbaneja para el período 1843-1847, pero el
general Páez piensa distinto y respalda la del general Soublette, que se
impone sin resistencia. El poder del partido Conservador es de grandes proporciones. El prestigio del general Páez, y en consecuencia la
expresión de su voluntad, se impone sobre los liberales. Concluía así
la segunda presidencia constitucional del general Páez, quien influía
de manera determinante sobre los destinos del país desde 1821, con
lo que ya pasaban de veinte los años de su preeminencia.

SEGUNDA PRESIDENCIA DEL GENERAL CARLOS SOUBLETTE (1843-1847)

El cuarto período constitucional de la era republicana va a iniciarse
el 28 de enero de 1843, cuando el Congreso de la República formalice las
elecciones ganadas por el general Soublette. Entonces el doctor Vargas,
presidente del cuerpo legislativo, invistió al presidente electo de su cargo.
Éste, de inmediato se dirigió a la casa de gobierno, donde lo esperaba el
vicepresidente Santos Michelena, y los integrantes del Poder Ejecutivo.
El 30 de enero Soublette designó su gabinete. En el ministerio
del Interior y Justicia Juan Manuel Manrique, en Hacienda y Relaciones Exteriores Francisco Aranda, en Guerra y Marina el general Rafael

Urdaneta. El general Páez, por su parte, se retiró a su hato, habiendo demostrado estar dotado de tolerancia, hasta entonces, ante los ataques de la prensa liberal, cada vez más enconada en su contra.

Para la administración de Soublette era necesario continuar con la construcción de las carreteras, emprendidas por el gobierno anterior. En particular las de Caracas al litoral y la de Valencia hacia el mar. Se hacía indispensable para el desarrollo de la agricultura contar con caminos propicios para alcanzar los puertos y poder exportar los productos con diligencia. En enero de 1845 se inauguró la carretera Caracas-La Guaira, con gran alegría para los usuarios. En materia fiscal, Soublette buscó ordenar las cuentas de la República, honrando el pago puntual de las deudas tanto nacionales como exteriores y, además, ordenó una rebaja de los sueldos de los empleados públicos, mientras reducía el monto del presupuesto de la cartera de Guerra y Marina, al tiempo que subía el de Hacienda. El crédito de Venezuela, gracias a gestiones anteriores y a ésta de Soublette, se había recuperado notablemente. No obstante y estas noticias favorables, en 1842 la economía del mundo occidental experimentó una caída estrepitosa, con lo que los precios de muchos productos se vinieron abajo, entre ellos los del café y el cacao, motivo por el cual los ingresos por exportaciones cayeron sensiblemente. No sólo porque los precios bajaron sino porque debido a la crisis, la demanda fue menor. Esta caída se nota, particularmente, al revisar las cifras de 1842 en comparación con 1843 y 1844. A su vez, la Colonia Tovar, fundada por Agustín Codazzi con el apoyo de Martín Tovar, progresaba en sus propósitos, aunque no sin grandes dificultades dado el entorno macroeconómico. Ésta fue creada con el norte de hallarle destino agrícola a los contingentes de inmigrantes que se invitaban a venir al país, dada la urgencia que implicaba un territorio despoblado, que requería de mano de obra calificada para su crecimiento. La crisis mundial también afectó el proyecto en sus inicios, y tuvo que ser retomado con bríos en años posteriores.

En lo político, el general Soublette se proponía adelantar un gobierno respetuoso del Principio de la Separación de los Poderes y de las libertades públicas, entre ellas, la de expresión, a través de la prensa. Además, dictó un decreto en abril de 1843 que permitía el regreso al país de los conjurados de los años 1830 a 1835, con lo que daba señales de querer ejercer la primera magistratura con arreglo a los principios del liberalismo político y económico. Esta plausible liberalidad, junto con el incremento de la oposición a través del periódico guzmancista *El Venezolano*, y de otros medios impresos que se enfrentaban al gobierno, fue adentrando al país en un clima de diatriba política, que tomaba oxígeno de la necesidad de cambios en las esferas del poder, reclamados por la oposición del Partido Liberal. Eran ya demasiados años de gobierno del Partido Conservador, se quejaban los liberales, abiertamente.

En materia internacional el acontecimiento más importante de este período presidencial fue la firma del «Tratado de Reconocimiento de la Independencia, Paz y Amistad con España», rubricado en Madrid el 30 de marzo de 1845 por el designado por la República de Venezuela para hacerlo: Alejo Fortique. Las conversaciones fueron iniciadas años antes por Santos Michelena y concluidas por Fortique, exitosamente.

Los sucesos de 1846

El clima de efervescencia política se exacerbó todavía más en 1846, ya que era año de elecciones, y Antonio Leocadio Guzmán buscaba la Presidencia de la República, en competencia con José Félix Blanco, Bartolomé Salom y José Tadeo Monagas. Guzmán agitaba a sus seguidores, al punto que los hacendados y los comerciantes le quitaron su apoyo, cosa que enardeció a muchos de sus partidarios, quienes optaron por levantarse, entre ellos Francisco Rangel y Ezequiel Zamora, saqueando las poblaciones de los Valles del Tuy, Barlovento y Villa de Cura, al grito de «¡Viva Guzmán, mueran los godos!». El gobierno de Soublette encomendó a dos jefes militares el control de los insurrectos, y así fue como los generales Páez y José Tadeo Monagas, primero y segundo comandante del Ejército, aplacaron los ánimos. A Guzmán se le neutralizó mediante una inhabilitación política, fundamentada en procedimientos judiciales, y luego se le propuso una entrevista de avenimiento con el general Páez, que no tuvo lugar, mientras la persecución del gobierno de Soublette contra los periodistas y los partidarios liberales en armas arreció, al punto que las cárceles se llenaron de presos políticos, con lo que el clima de la vida pública se enrareció sensiblemente. Hay que señalar, además, que buena parte de los alzamientos de los liberales se debieron a los hostigamientos de que eran víctimas en sus campañas electorales. Esto recrudeció a partir de que los conservadores advertían el crecimiento de los liberales, después de años de prédica en su contra y de críticas al personalismo de Páez y a su fortuna personal.

Todo este cuadro indica que el general Páez pasó de una política de paz a otra de hostigamiento, cerrándole el paso a la candidatura de Guzmán, en primera instancia, y a la de Salom, en segunda; decidiendo apoyar al general José Tadeo Monagas, que no pertenecía en rigor a sus filas y que había advertido que gobernaría de acuerdo con su conciencia, y sin seguir dictados de otra persona, por más influyente que fuera.

Fuertemente golpeadas las fuerzas de Zamora, a las que se sumaron las de Rangel, los insurrectos no fueron apresados entonces, ni siguieron representando una amenaza ostensible para el gobierno en lo inmediato. Del triunfo de las fuerzas leales al gobierno se hacían acreedores tanto el general Páez como Monagas, en su condición de segundo al mando del Ejército. Mientras estos hechos tenían lugar, a Guzmán no le quedó otra alternativa que vivir escondido, ya que el gobierno inició una persecución acuciosa en su contra.

Las elecciones organizadas por los Colegios Electorales de las provincias ocurrieron el 1 de octubre de 1846 y, por primera vez, se presentó un universo completamente fraccionado. Los conservadores que apoyaron a Monagas obtuvieron 107 votos, mientras que los liberales divididos, el doble: 207, distribuidos así: Guzmán 57 electores, Salom 97, Blanco 46, José Gregorio Monagas 6 y Mariño 1. ¿Habría ganado las elecciones Guzmán de no haberse iniciado la persecución en su contra? Es probable. En todo caso, los números probaban que la política opositora de los liberales había surtido efecto, y que el desgaste en tantos años de poder de Páez y los conservadores era un hecho evidente. También se ha señalado que Páez articuló una política en busca de fraccionar el conjunto liberal y, con métodos ruines, lo logró, con lo que creía que podría continuar detentando el poder a través del general Monagas.

La segunda Presidencia de la República del general Soublette, como vemos, culminó en medio de severas convulsiones políticas, que supusieron la asunción del Ejército en campaña, de nuevo, por parte del general Páez, que enfrentó a Rangel y a Zamora alzados en armas, mientras el destino de Guzmán era incierto, víctima de persecuciones judiciales junto a centenares de ciudadanos que se expresaban por intermedio de la prensa escrita. El año de 1846 fue terrible, sin duda. El general Soublette entrega la Presidencia de la República el 20 de enero de 1847 al Vicepresidente Diego Bautista Urbaneja, y se retira a su hato en Chaguaramas. Intentó durante su gobierno conciliar entre las fuerzas en pugna y al comienzo lo logró, luego la diatriba pasó del plano civil al militar y se hizo presente lo que el propio Soublette quiso evitar: la escaramuza guerrera, con lo que los asuntos militares pasaron a manos del general Páez, y la influencia de Soublette se opacó. En cierto sentido esta segunda presidencia del discreto y conciliador general Soublette es una ironía: desarrolló la conducta de un civil liberal, en el sentido clásico, y los sables se le alzaron sin clemencia. Retumbaba el eco de lo ocurrido con el doctor Vargas, que también se vio entre el fuego cruzado de factores armados en pugna. También es cierto que esta presidencia fue la última de un largo período conservador, antes de que los liberales iniciaran sus tiempos de mando. Puede decirse que en este período se produjo el cambio, y en tal sentido fue una Presidencia de transición.

Es un hecho evidente que dentro de la dialéctica nacional el período de Páez y el partido Conservador se extendió demasiado, llevando las expectativas de gobierno por parte del partido Liberal hasta la desesperación. Finalmente, la presión halló escape en la aceptación por parte de Páez y los suyos de la candidatura del general José Tadeo Monagas. En verdad, no había mayor comunión entre los conservadores y Monagas, pero ya era insoportable la presión de los orientales, comandados por el caudillo Monagas, para que le entregaran el mando del que se sentían legítimos acreedores.

Por otra parte, el período Conservador fue propicio para el crecimiento de la economía. Se siguió un orden constitucional de alternabilidad en el poder, aunque sólo lo compartieron Páez y Soublette, con la breve excepción de Vargas. Se alcanzó cierta estabilidad, no porque no hubiese habido alzamientos, que los hubo en cantidad apreciable, sino porque las facultades militares y políticas de Páez se impusieron siempre, incluso ayudado por el azar, como fue el caso de Farfán. Muy pronto va a arrepentirse Páez de haber apoyado a Monagas, pero ya el cambio estaba en marcha, y la etapa de cierta estabilidad y prosperidad había concluido.

LOS LIBERALES (1847-1858)

Los once años que se inician en marzo de 1847 y concluyen en marzo de 1858 están signados por la presencia de la única dinastía que ha habido entre nosotros. Los hermanos José Tadeo y José Gregorio Monagas detentaron el poder alternativamente, sobre la base de períodos constitucionales de cuatro años, como los pautaba la Constitución Nacional de 1830, hasta que José Tadeo en su segundo período impulsó la promulgación de la Constitución de 1857, que fijaba el período en seis años y permitía la reelección inmediata. Era evidente que no quería deshacerse del poder, y esto activó la reacción en su contra, que lo condujo a renunciar a la Presidencia de la República. Un sector de la historiografía suele denominar a este período como «el monagato», haciendo alusión al carácter familiar que tuvieron estos gobiernos del Partido Liberal.

PRIMERA PRESIDENCIA DEL GENERAL JOSÉ TADEO MONAGAS (1847-1851)

El general José Tadeo Monagas asume la Presidencia de la República el 1 de marzo de 1847, a los sesenta y dos años de edad. Era el hombre más influyente, y uno de los más ricos, del oriente del país. Gozaba, como Páez y Soublette, del prestigio de haber integrado el Ejército Libertador en sus primeras filas. Llegaba al poder de la mano del general Páez, quien equivocadamente creyó que mantendría su influencia determinante en el país a través de Monagas. Al principio del gobierno del oriental así pareció que iba a suceder, ya que nombró como su primer Ministro de Interior y Justicia al hombre de confianza de Páez: Ángel Quintero, mientras designaba a Miguel Herrera en Hacienda y Relaciones Exteriores, y a José María Carreño en Guerra y Marina. Muy pronto, el oriental fue enseñando sus cartas.

Monagas conmutó la pena de muerte que pesaba sobre Guzmán por la del extrañamiento perpetuo del país. Ésta fue la primera señal para el general Páez. Luego nombró en cargos menores a gente de su confianza, sin consultarles previamente a los ministros, con lo que buscaba la renuncia de éstos, cosa que ocurrió, siendo sucesivamente sustituidos. El liberal José Félix Blanco sustituyó a Herrera en Hacienda y Relaciones Exteriores; Rafael Acevedo a Quintero en Interiores y Justicia y, finalmente, el general Carreño renunció ante la conmutación de la pena de Guzmán y fue sustituido por el coronel Francisco Mejía. Esto ocurrió en muy pocos meses desde su asunción del mando. El general Páez, sin embargo, permaneció en silencio, hasta que el 5 de agosto de 1847 Monagas le participó, a través de su Ministro de Guerra y Marina que sus funciones como Jefe del Ejército Nacional habían cesado. Esta estocada final dejó en claro que Monagas se proponía gobernar solo, creando su propia red de poder, al margen de la trama paecista. La ocupación de la totalidad de los cargos de la administración pública por parte de Monagas y sus seguidores seguía en marcha.

A Ezequiel Zamora, que al igual que Guzmán había sido condenado a muerte por los tribunales, le conmuta la pena por presidio, pero éste se fuga de la cárcel sin mayores dificultades y al cabo de un tiempo el propio Monagas lo designa al frente del batallón de Villa de Cura, al servicio del gobierno. Algo similar ocurrirá luego con Guzmán, quien al regresar del exilio, Monagas lo nombra Ministro de Relaciones Interiores y Justicia, pero esto será en 1849.

El asalto al Congreso Nacional 1848

El año 1847 transcurrió con el empeño de Monagas de ir copando todos los espacios de poder, ante el desconcierto del general Páez. El año de 1848 se inicia con uno de los hechos más lamentables de nuestra historia republicana: los acontecimientos ocurridos en la sede del Congreso Nacional. El 24 de enero de 1848 el ministro de Rela-

¿bayoneta?

ciones Interiores y Justicia, Martín Sanabria, se trasladó a la sede del
Poder Legislativo a rendir el informe anual del Poder Ejecutivo. Estando
dentro del recinto se corre el rumor en la calle de que ha sido asesinado,
cosa que enardece a las turbas liberales que estaban apostadas afuera.
Intentan entrar y son repelidas con plomo por la guardia, dándose las
primeras escaramuzas, y desatándose la violencia más incontrolada.
Los heridos y los muertos van en ascenso, los enfrentamientos entre
conservadores y liberales son a cuchillo, a puños, con piedras y hasta
con lanzas y bayonetas. Santos Michelena intenta salir por una puerta
y es herido con una bayoneta. Fue tan grave el daño que murió dos
meses después a consecuencia de la herida. Los parlamentarios Francisco Argote, José Antonio Salas y Juan García son asesinados por las
turbas. La misma suerte corre el sargento Pedro Pablo Azpúrua, y un
sastre que se había animado a participar en la trifulca.

Monagas, alertado acerca de los hechos en curso, se presenta
a caballo, acompañado del general Santiago Mariño, y con las fuerzas del orden restablece la calma. La herida para el Poder Legislativo
había sido mortal. El parlamento después de estos hechos tardó años
en recuperar su autonomía. Monagas cada vez más lo doblegó como
un apéndice de su propio mando. Las cámaras se reunieron con Juan
Vicente González como secretario, lo que causó un asombro mayús-
culo, ya que hasta el día anterior González había sido un fervoroso
conservador, y ahora aceptaba trabajar para los liberales. Fermín Toro,
a diferencia de González, no acudió al llamado y pronunció una de
sus frases más famosas: «Decidle al general Monagas que mi cadáver
lo llevarán, pero que Fermín Toro no se prostituye».

Monagas le envía una carta a Páez el 26 de enero solicitando su
colaboración para restablecer la convivencia pacífica. Entonces le atribu-
ye la tragedia al desatino de la guardia del Congreso, que enardeció a las
turbas. Exime a sus seguidores de la responsabilidad de los hechos. Páez
le responde con otra misiva en la que se lamenta de haberlo llevado a la
Presidencia de la República, y apela a la responsabilidad moral que siente
por semejante error. Le dice a Monagas que se ha colocado como «el más
grande, el más ingrato y vengativo de todos mis enemigos... Ya V.E. no
inspira confianza a la parte más sana, más concienzuda y más fuerte de
la sociedad». La respuesta, obviamente, era una declaración de guerra.

Levantamiento del general José Antonio Páez

El 4 de febrero de 1848 Páez entrega una proclama en Calabozo, y luego se traslada a Apure. Monagas encarga a Mariño enfrentarlo, y éste delega en el general José Cornelio Muñoz, antiguo paecista, batir sus tropas en contra de las de Páez. Ocurre la batalla en el sitio de Los Araguatos el 10 de marzo. Páez es derrotado, pero logra huir a Colombia acompañado por Soublette y Quintero, de allí se traslada a Curazao, desde donde invade a Venezuela por las costas de Coro el 2 de julio de 1849. Logra armar un ejército compuesto por 600 hombres, con grandes dificultades, ya que parte de sus recursos han sido confiscados por el gobierno de Monagas. Esta nueva ofensiva concluye en otro fracaso. El general José Laurencio Silva lo hace preso en Cojedes, en el valle de Macapo Abajo, y lo remite a Valencia, donde es humillado con la colocación de grillos en los pies, trato que muchos consideraron inaceptable para un hombre que había acumulado sus méritos. Luego es trasladado a Caracas, donde fue nuevamente humillado: el encargado de su prisión era Ezequiel Zamora. En los traslados callejeros del prisionero es zarandeado de nuevo, le gritan «Abajo el Rey de los Araguatos», haciendo alusión a la derrota en la batalla llanera. Luego, es trasladado al castillo de San Antonio de la Eminencia, en Cumaná, de donde parte al exilio, arruinado, el 23 de mayo de 1850. Como veremos luego, aunque parecía, no fue éste el último capítulo de su vida pública.

A partir de 1850, dos hechos de naturaleza económica tuvieron singular importancia. La recuperación de los precios del café y el hallazgo de las minas de oro en Yuruari, en la región de Guayana, que desataron una verdadera «fiebre del oro», haciendo de la minería una nueva actividad lucrativa nacional. El poder de Monagas en Venezuela era omnímodo. Los conservadores no sólo habían sido extrañados de la administración pública sino que su líder máximo había sido dos veces derrotado, hecho preso, y expulsado al exilio. El llamado «monagato» estaba en pleno apogeo. El Censo Nacional de 1847 anotaba la cifra de 1.267.962 venezolanos. La Vicepresidencia de la República la ejercía desde 1849 Antonio Leocadio Guzmán. El cambio de elenco había sido completo.

El año 1850 sería, de acuerdo con la Constitución Nacional de 1830, entonces vigente, año electoral. A los comicios convocados en agosto y octubre se presentan los nombres de Antonio Leocadio Guzmán (64 votos), Estanislao Rendón (30), José Ángel Ruiz (20) y el general José Gregorio Monagas (203 votos). La victoria fue para el hermano menor de José Tadeo, quien gobernaría para el período constitucional de 1851-1855. Por primera vez, se perfeccionaba una dinastía en Venezuela. Un hermano le entregaba el poder a otro. El nepotismo alcanza entonces su epifanía.

PRESIDENCIA DE JOSÉ GREGORIO MONAGAS (1851-1855)

José Gregorio Monagas se trasladó desde su casa en Barcelona (Anzoátegui) hasta Caracas a tomar posesión de la Presidencia de la República el 5 de febrero de 1851. Tenía 56 años, era el cuarto hijo de una poderosa familia de terratenientes en el oriente del país y, al igual que Páez, Soublette y su hermano, había formado parte del Ejército Libertador. De hecho, Bolívar lo había bautizado como «La primera lanza de oriente», cosa que escuchó con celos José Tadeo, y Bolívar le dijo: «Usted es la primera lanza de Venezuela, y el general Páez la primera del mundo». Todos satisfechos.

Como suele suceder, alrededor del segundo Monagas se formó un grupo al que el pueblo denominó «los gregorianos», mientras a los seguidores de su hermano los llamaban «los tadeístas». Entre unos y otros se escenificaba una pelea sorda por el poder que, en honor a la verdad, aunque pensaban con algunos matices distintos, no condujo a la separación total de los dos hermanos, por más que el gobierno de José Gregorio no se adelantaba con los mismos personajes que el de su hermano mayor, ni el segundo de éste tampoco se desarrolló con los mismos actores de José Gregorio. No obstante las diferencias, éstas no fueron tantas como para poder advertir cambios sustanciales entre un gobierno y otro de la misma dinastía. Cuando se enfrentaron «gregorianos» y «tadeístas» por la Vicepresidencia de la República en 1852, para sustituir a Guzmán, venció el candidato de los «gregorianos»: Joaquín Herrera. Este año surgió una oposición incisiva contra el gobierno a través del periódico *El juicio final*, y tuvieron lugar rebeliones en Maracay, Barquisimeto y Trujillo, aunque la más amenazante fue la de Cumaná en 1853, pero un terremoto la disolvió súbitamente.

El Congreso decreta la abolición de la esclavitud

Desde 1850 se venía hablando de la necesidad de abolir la esclavitud, y el tema se ventilaba en las sesiones parlamentarias con frecuencia, hasta que el Congreso Nacional lo sancionó, y el presidente Monagas le puso el Ejecútese a la Ley el 24 de marzo de 1854. El número de esclavos que entonces había en Venezuela no pasaba de 15 mil, mientras los manumisos llegaban a 11 mil, lo que representaba cerca del 2 por ciento de la población. Pero el punto, más que estadístico era de humanidad. Muchos de los esclavos ya en libertad continuaron trabajando con sus antiguos dueños y otros probaron suerte por su cuenta. El ministro de Interior y Justicia, Simón Planas, trabajó a favor de esta Ley con denuedo, tejiendo toda la trama jurídica y parlamentaria necesaria.

En materia económica la situación había mejorado desde que los precios del café subieron en el mundo, y la ganadería, aunque no era la principal actividad del campo, también se había incrementado en el país. En materia educativa se consolidó la Biblioteca Nacional, el mismo año de la abolición de la esclavitud, mientras se promulgaba un Código de Minas, que regulaba la «fiebre del oro» en Yuruari.

En Barquisimeto y Paraguaná estallaron focos de rebelión en 1854, a los que se estimaba se sumaría el general Páez, que se rumoreaba organizaba una invasión desde el exterior, pero esto no ocurrió. Por el contrario, una invasión que afectaba a todos por igual entró a Venezuela desde la isla de Trinidad, el *colera morbo*, que diezmó a la población, llegando a ser una de las peores epidemias sufridas por los venezolanos. Otros alzamientos tuvieron lugar a lo largo de este año electoral, incluso algunos albergaron en sus filas tanto a conservadores como liberales, con lo que quedaba demostrado el descontento reinante en distintos sectores de la nación.

A las elecciones de octubre de 1854 se presentó un solo candidato que reunía al Partido Liberal y a la pequeña fracción del Conservador. José Tadeo Monagas alcanzó 397 votos, mientras Fermín Toro 1. El 20 de enero de 1855 José Gregorio Monagas entregaba el gobierno en manos del Vicepresidente Joaquín Herrera y de inmediato viajaba hacia Barcelona. Concluía un gobierno que se recordará siempre por la abolición de la esclavitud, y por algunos otros hechos de menor importancia. Los problemas centrales siguieron su curso: la deuda externa creciente, la ineficiencia en los manejos del aparato del Estado, el peculado y la salud pública, ahora todavía en peor situación después de la *colera morbus*.

SEGUNDA PRESIDENCIA DE JOSÉ TADEO MONAGAS (1855-1858)

El 31 de enero de 1855 se juramentó José Tadeo Monagas en el templo de San Francisco como Presidente de la República para el período constitucional 1855-1859, de acuerdo con la Constitución Nacional de 1830. Era el séptimo presidente que gobernaba bajo el marco legal vigente, que impedía la reelección inmediata. Su gabinete estuvo constituido por Francisco Aranda en el Ministerio del Interior, Justicia y Relaciones Exteriores, Jacinto Gutiérrez en Hacienda y Felipe Esteves en Guerra y Marina.

El 23 de abril de 1856 el Congreso Nacional sancionó una ley de reorganización del territorio nacional que estableció 21 provincias. Esta ley le permitía de manera temporal al Presidente de la República nombrar a los gobernadores de las provincias eliminando las diputaciones regionales, hasta que unas elecciones nuevas los eligieran. De tal modo que después de la promulgación de la ley el poder de Monagas era total, con lo que se podía permitir soñar con una reforma de la Constitución Nacional que materializara dos de sus sueños: reconstruir la Gran Colombia y eliminar el artículo 108 que impedía la reelección inmediata, ya que por vías sustitutivas controlaba la totalidad del Congreso Nacional. Del delirio de la reconstrucción de la Gran Colombia, Monagas desistió, pero de lo otro no, como veremos luego. Este año se inauguró el telégrafo en Venezuela, mediante una concesión otorgada a Manuel de Montúfar.

La Constitución Nacional de 1857

El 16 de abril de 1857 el Congreso Nacional sancionó la nueva Constitución de la República de Venezuela, y el 18 José Tadeo Monagas firmó el Ejecútese. La nueva carta magna introducía dos cambios que satisfacían la voluntad omnímoda de Monagas: extendía el período presidencial a seis años y no prohibía la reelección inmediata. Los parlamentarios aprobantes fueron los nombrados a dedo por Monagas, gracias a la Ley del año 1856 de Reorganización del Territorio. El círculo estaba cerrado. De inmediato, Monagas y el Vicepresidente nombrado, su sobrino y yerno, el coronel Francisco Oriach, se hicieron elegir para completar el período de seis años recién decretado, es decir, por dos años más: 1859-1861, con los que se completarían sus primeros seis en el gobierno. La gente entonces tuvo claro que el general Monagas buscaba permanecer durante muchísimos años en el poder. El nepotismo ya era total, y la paciencia de sus adversarios había llegado al colmo. El espíritu autoritario, que lo llevaba a querer permanecer en la Presidencia de la República sin límite de tiempo, halló expresión constitucional. También, naturalmente, avivó las fuerzas de la oposición.

La llamada «Revolución de marzo» de 1858

El 5 de marzo de 1858 el general Julián Castro se alzó en contra de José Tadeo Monagas en Carabobo, se sumaron pronunciamientos en Cojedes y Guárico y, en pocos días, los mismos seguidores de Monagas lo dejaron solo. Su personalismo había llegado a exasperarlos. Es sorprendente la manera expedita como fue obligado a abandonar el poder. Ello prueba que aquel «hombre fuerte» no lo era tanto, y que la trama de poder que había tejido en su respaldo no funcionó, ya que se vino abajo en una semana, como un castillo de arena. Todo indica que su mismo personalismo le condujo a perder el apoyo de sus seguidores. Había llegado muy lejos en sus pretensiones hegemónicas y de permanencia en el poder. La reforma constitucional a su favor dejaba desnudas sus aspiraciones de eternizarse al mando de la República, y la alternabilidad había sido norma consagrada, y respetada, desde la Constitución Nacional de 1830.

Decide renunciar el 15 de marzo y se refugia en la Legación de Francia en Caracas. Después de semanas de negociaciones, bajo la luz del llamado Protocolo Urrutia, Monagas puede salir al exilio. Su hermano José Gregorio no corrió la misma suerte y fue hecho preso en el castillo de San Carlos en el Zulia, quien ya enfermo de cáncer falleció cuando iba a ser trasladado hacia Maracaibo para recibir atención médica. Otros funcionarios cercanos a los Monagas fueron apresados. La caída del presidente autoritario fue rápida y sin posibilidades de ofrecer resistencia. Al momento de conocerse la carta de renuncia de Monagas enviada al Congreso, centenares de personas salieron a las calles de la capital a manifestar su regocijo. Entre ellos, Antonio Leocadio Guzmán, quien le debía la vida a Monagas y fue altísimo funcionario de su gobierno, cabalgaba gritando «Abajo los Monagas. Mueran los ladrones». Como vemos, no sólo Juan Vicente González era capaz de cambiarse de chaqueta sin que le temblara el pulso.

La vida política del general José Tadeo Monagas estaba lejos de haber concluido. Después de seis años de exilio regresará a Venezuela, ya siendo un anciano de 83 años, pero estos hechos serán tema de próximos capítulos.

La etapa de preeminencia del Partido Liberal concluía en medio de estrepitosos fracasos. En el exilio o presos sus máximos líderes, y con el país a las puertas de una guerra civil, lejos estaban los Monagas de haber apaciguado los demonios nacionales. Por el contrario, el abierto nepotismo y el personalismo habían enfurecido a espíritus dormidos, que desenterraron el hacha de la guerra. Venezuela estaba a punto de sumergirse en un pleito largo, del que emergió destruida. En este período el signo personalista, que relegaba a segundo plano cualquier consideración institucional en aras de la individual, se potenció aún más. No obstante, sería injusto atribuirles a los dos hermanos Monagas el mismo afán, ya que en José Gregorio primó menos el personalismo que en José Tadeo, de hecho no fue José Gregorio el que se empeñó en la reforma constitucional que lo eternizara en el mando.

Así como la presión de factores de poder de oposición al paecismo condujo a que su líder máximo le abriera las puertas a José Tadeo Monagas, camuflajeado de conservador, para luego establecer su hegemonía liberal, ahora el Partido Conservador volvía por sus fueros, a cobrar la victoria sobre Monagas. El péndulo tocaba un extremo. El singular Julián Castro alcanzaba la gloria.

LA GUERRA FEDERAL (1859-1863)

El período que abarca la Guerra Federal, también llamada «Guerra Larga» o «Guerra de los cinco años», se inicia con los primeros alzamientos en contra del gobierno de Julián Castro en febrero de 1858, y culmina con la firma del Tratado de Coche en abril de 1863. Después de la Guerra de Independencia, ha sido la más costosa que ha padecido el país. Se calculan en cerca de 200 mil los muertos y, según Manuel Landaeta Rosales, tuvieron lugar 367 batallas y 2.467 enfrentamientos guerrilleros. El saldo para Venezuela, naturalmente, fue devastación y pobreza. Sigamos el vértigo de los hechos.

PRESIDENCIA DE JULIÁN CASTRO (1858-1859)

Una vez admitida por el Congreso Nacional la renuncia del general José Tadeo Monagas a la Presidencia de la República, el 15 de marzo, se procedió a nombrar un gobierno provisorio integrado por Pedro Gual, Manuel M. Quintero y Manuel María Echeandía. De inmediato, este gobierno provisorio designó gabinete, pero dos días después entró victorioso a Caracas el general Castro, con lo que la provisionalidad del gobierno hizo honor a su denominación. El Congreso Nacional declaró a Julián Castro en titularidad del Poder Ejecutivo y éste procedió a nombrar un gabinete, integrado por mayoría de conservadores, así como la nómina completa de los gobernadores de estados, de acuerdo con la constitución vigente. En el Ministerio de Interior y Justicia designó a Manuel Felipe de Tovar, en Hacienda a Fermín Toro, en Relaciones Exteriores a Wenceslao Urrutia, y en Guerra y Marina al general Ramón Soto.

Es conveniente señalar que Castro llegaba al poder después de que fuerzas conservadoras y liberales se pusieron de acuerdo para despojar de la Presidencia de la República a Monagas, y que ambas fuerzas buscaban un equilibrio de poderes, cosa que el propio Castro no estaba cumpliendo, al integrar un gabinete de mayoría conservadora. Así como ésta, incurrió en otras contradicciones que, muy pronto, fueron aclarándole a los avezados de qué madera estaba hecho el general. Por una parte aceptó el Protocolo Urrutia, que permitía que Monagas se fuera del país prácticamente sin acusaciones mayores, y por la otra firmaba un decreto que buscaba investigar fiscalmente a muchos funcionarios de los gobiernos de los Monagas. Como vemos, buscaba navegar entre dos aguas, cosa que no le rindió beneficios, como veremos de seguidas.

La fuerza del partido conservador comenzó a imponerse en el gabinete y produjo una decisión en Castro que fue la chispa que faltaba para el comienzo de la guerra. El 7 de junio de 1858 Castro ordena la expulsión de Venezuela de Juan Crisóstomo Falcón, Ezequiel Zamora, Antonio Leocadio Guzmán y otros personajes del Partido Liberal. Como vemos, no le dejaba a esta fuerza otro camino que la guerra. A la misma vez que estos hechos ocurrían, el gobierno convocaba una Convención Nacional en Valencia, que tendría el encargo de redactar una nueva Constitución. Los diputados a esta convención fueron electos, por primera vez en nuestra historia, de manera directa, y resultó escogida una mayoría conservadora. La convención instalada el 5 de julio de 1858 la presidió Fermín Toro, y estaba integrada por 137 diputados. El 9 de julio la convención eligió al general Julián Castro como Jefe Provisorio de la República con 92 votos a su favor, y se designó un Consejo de Estado integrado por Manuel Felipe de Tovar, Pedro José Rojas, Miguel Herrera, Juan de Dios Ponte y Jesús María Guevara. Finalmente, la convención designa una comisión para redactar el proyecto de texto constitucional que le será sometido a su consideración.

La Constitución Nacional de 1858

El 24 de diciembre de 1858 la Convención Nacional de Valencia sanciona el texto constitucional y el Jefe Provisional del Estado,

Constitución del 58
la 1era democrática

el general Castro, la promulga el 31 del mismo mes. Fue la primera constitución democrática del país, ya que instituyó el voto directo, aunque no universal, tanto para Presidente de la República y Vicepresidente, como para los diputados, mientras mantiene el sistema indirecto para los senadores. También estableció la elección directa de los gobernadores, lo que significaba un adelanto enorme en la descentralización del poder. El período presidencial regresó a ser como el de la Constitución Nacional de 1830: cuatro años sin reelección inmediata. Además, escarmentados por el nepotismo de los Monagas, el constituyente prohíbe la elección de parientes hasta por segundo grado de afinidad y cuatro de civil en elecciones presidenciales sucesivas. Fijan el período del Vicepresidente en dos años, y designan a Caracas como la capital de la República, condición que temporalmente se había trasladado a Valencia mientras ocurría el trabajo de la Convención. Esta Constitución profundizaba el sano principio de la Separación de los Poderes, otorgándole mayor autonomía a cada uno, especialmente en el origen de sus elecciones.

La Convención de Valencia designó de manera interina, el 6 de enero de 1859, hasta tanto se realizaran las elecciones pautadas, a Julián Castro como Presidente de la República, Manuel Felipe de Tovar como Vicepresidente, y a Pedro Gual como Designado (segundo Vicepresidente). El mismo día era recibido por la Convención el general Páez, ya de regreso al país, con un aplauso dilatado. Los honores que se le prodigaron se extendieron hacia distintas sedes institucionales de la ciudad. Los celos de Castro por su antiguo jefe comenzaron a surgir, alimentados por la insidia de algunos de sus seguidores.

El primer alzamiento

El 20 de febrero de 1859 el comandante Tirso Salaverría tomó el cuartel de Coro al frente de un contingente de hombres que abrazaban la bandera liberal, y se hizo del parque que albergaba el cuartel. Al día siguiente entregaron una proclama que culminaba exclamando: «¡Viva el movimiento federalista de Coro! ¡Viva la Federación de todas las provincias de la República! Viva el general Juan C. Falcón, primer jefe del movimiento federalista nacional!» Los alzados tomaron dos goletas en la Vela de Coro y se dirigieron a Curazao, en ella regresaron Ezequiel Zamora y otros liberales. El 22 de febrero ya Zamora estaba al frente del Ejército Federal de Occidente. De inmediato se le sumaron muchos hombres en rebeldía frente al gobierno de Castro, y el 25 se lanzó la Proclama del «Gobierno Provisional del Estado Independiente de Coro». Entre tanto, a Falcón en la isla de Saint Thomas lo tomó por sorpresa el adelanto de Salaverría y los pasos de Zamora, y navegó hasta Curazao, buscando estar más cerca de los acontecimientos. La guerra había comenzado.

Castro, por su parte, adelantó cambios en su gabinete ejecutivo buscando atraer al gobierno a figuras del Partido Liberal, de manera de atemperar las hostilidades que se avecinaban. Nombró a Rafael Arvelo en Relaciones Interiores y al general Carlos Soublette en Relaciones Exteriores. Este último, obviamente, no era liberal, pero había demostrado siempre facultades particulares para la negociación y la paz. Este gabinete exhortó a Castro a regresar al espíritu de marzo de 1858, el espíritu de convivencia pacífica que no se había logrado, pero, la verdad, era tarde para soluciones pacíficas. Los adversarios del gobierno estaban en pie de guerra. Desde Trinidad, los liberales se preparaban para alzar el oriente del país, y en el centro se adelantaba el mismo proceso. Ezequiel Zamora, por su parte, salía el 29 de marzo de 1859, desde Coro, en campaña guerrera hacia el resto del territorio.

Los homenajes al general Páez que se le tributaban en distintas zonas de la geografía nacional tenían nervioso al general Castro, ya que las elecciones que pautaba la Constitución Nacional de 1858 tendrían lugar pronto. Ignoramos cómo y por qué, se le vino a la cabeza una extrañísima táctica para catar la correlación de fuerzas de su gabinete. Renunció a la Presidencia de la República por causa de enfermedad, dejando el poder en manos del vicepresidente Tovar. Esto lo hizo saber, cosa ya extraña, mediante un decreto publicado en la prensa del 7 de junio. La sorpresa para Tovar fue mayúscula, ya que no se esperaba esa conducta de Castro; tampoco esperaba que pocos días después el mismo Castro regresara al poder como si no hubiese pasado nada, provocando, como era lógico, la renuncia de los conservadores de su gabinete, y siendo sustituidos por los liberales. A todas luces, Castro buscaba congraciarse con el Partido Liberal con miras a mantener en sus manos el poder, pero los liberales que nombró en el gobierno no eran los mismos que estaban en guerra, y estos últimos continuaron con el enfrentamiento. Con la amnistía que dictó, alcanzó sin proponérselo a facilitarles las cosas a los propios liberales que conspiraban en su contra. Con todos estos torpes movimientos, el general Castro logró ganarse a los conservadores de enemigos, y no se trajo para sí a los liberales que estaban alzados. Su situación ahora, después de este extraño sainete, era más comprometida que antes.

Por su parte, Páez que estaba al frente de Guerra y Marina decide irse del país, ya advertido de la animadversión de Castro y de sus intenciones. Se embarca hacia Nueva York el 7 de julio de 1859. Los meses que había permanecido en Venezuela, llamado por la Convención Nacional de Valencia, habían sido gratificantes y complejos a la vez para el general llanero. Por otro lado, mientras Falcón estudiaba el momento de abandonar Curazao y unirse a la gesta federal, Zamora avanzaba por todo el occidente del país. Unas veces venciendo y otras perdiendo batallas de dimensiones menores, llegó hasta ocupar zonas de los Andes, desde sus cuarteles de Barinas y Guanare. Finalmente, Falcón desembarcó en Palma Sola, donde le dirigió una proclama al país el 24 de julio de 1859.

Golpe de Estado contra Castro

Castro, buscando encabezar la gesta de los liberales, convocó a una Junta de Notables a su casa de habitación y les planteó la situación del país. De la reunión se corrió el rumor, bien fundamentado, de que el gobierno asumiría el programa Federal y Revolucionario. Dada la conducta errática y voluble de Castro, era posible pensar que era capaz de adelantar semejante cambio, cosa que activó un golpe de Estado en su contra. El 1 de agosto de 1859 Castro es hecho preso por órdenes del comandante Manuel Vicente de las Casas. La soberanía condujo a que se llamara al Designado (segundo Vicepresidente) Pedro Gual, a dialogar con Castro, preso, en la Casa de Gobierno, ya que Tovar se encontraba ausente. La prisión de Castro por traición se alegó que hacía innecesaria su renuncia, ya que no ejercía la autoridad, con lo que ésta encarnaba en la figura del doctor Gual. Sin embargo, Gual insistió en la necesidad de la renuncia de Castro, que no quería firmarla porque lo indignaba. A todas estas, la intercesión del general Soublette surtió efecto y Castro redactó y firmó su renuncia, enviándosela al Congreso Nacional. La discusión se trasladó al Poder Legislativo, mientras en las calles de Caracas se escenificaba un combate entre las fuerzas en pugna. El 2 de agosto de 1859 el Designado Pedro Gual asumía interinamente la Presidencia de la República. Castro es juzgado por el delito de traición entre abril y julio de 1860 y, finalmente, es desterrado en este mismo mes. Pasará una década antes de que aparezca de nuevo en escena. Concluía una de las presidencias más contradictorias de las que se tenga noticia: por una parte anima la redacción de la Constitución democrática, y la promulga, pero por la otra da bandazos en sus relaciones políticas, intentando neutralizar a sus enemigos, pero pierde el apoyo de los suyos y tampoco gana el de los otros.

LAS PRESIDENCIAS INTERINAS DE PEDRO GUAL Y MANUEL FELIPE DE TOVAR (1859-1860)

Pedro Gual gobierna entre el 2 de agosto y el 29 de septiembre de 1859, día en que Manuel Felipe de Tovar, vicepresidente de la República, asume la Presidencia. Estos dos meses de Gual son de grandes convulsiones para el país. Tanto Zamora como Falcón van librando batallas y la nación vive en el mayor caos, al punto tal que el vicepresidente Tovar no pudo asumir su cargo por hallarse escondido en la Guaira, y luego llega a Caracas, vía Puerto Cabello y Valencia, sorteando infinidad de dificultades. El país estaba en guerra, y ardía por los cuatro costados.

A Gual le tocó estar al frente de la República durante la reconquista militar de La Guaira, mientras se abría trocha en los valles de Aragua para franquearle el paso a Tovar, que debía regresar de Valencia y, también, durante su mandato interino se abrieron acciones para recuperar los Valles del Tuy y Barlovento. Finalmente, Manuel Felipe de Tovar asumió la Presidencia de la República el 29 de septiembre de 1859, en medio de las trifulcas de la Guerra Federal. Este período interino ha debido ser de grandes angustias para Tovar: Zamora y Falcón avanzaban en la ocupación del territorio y, si bien las fuerzas leales al gobierno libraban batallas y de algunas salían victoriosas, la arremetida de los ejércitos federales era severa.

La batalla de Santa Inés

Ezequiel Zamora desde mediados de noviembre de 1859 venía pensando en librar batalla en los alrededores del pueblo de Santa Inés, a treinta y seis kilómetros de la ciudad de Barinas. Se habían sumado los ejércitos de Falcón y Zamora y, por primera vez, alcanzaban una cifra y un parque temible. Hasta entonces, la guerra había sido una guerra de guerrillas. La batalla de Santa Inés era la primera que se daba en grande. El ejército del gobierno, al mando del general José María Rubín y del general Ramos, avanzó hacia el sitio, ya que tenía la orden ·e perseguir al Ejército Federal hasta abatirlo, y allí estaban Zamora y Falcón atrincherados, esperándolos. El 10 de diciembre de 1859 tuvo lugar la batalla. El saldo fue desastroso para el gobierno, lo que quedó de su ejército llegó a Mérida, cuando cesó la persecución. Se salvaron los jefes, Rubín y Ramos a la cabeza, y cerca de doscientos soldados. El Ejército Federal, después de la victoria, alcanzaba a cerca de 4.500 soldados, que regresaron a Barinas a tomar aliento y reorganizarse para marchar hacia el centro del país y tomar la capital de la República. Por otra parte, cuando llegaron las noticias a Caracas del desastre de Santa Inés, el gobierno decidió arreciar la lucha y armar un nuevo Ejército Occidental. Además, incrementó la vigilancia sobre los liberales e hizo presos a centenares de ellos.

La muerte de Ezequiel Zamora

De Barinas partió el Ejército Federal hacia Guanare, adonde llegaron el 4 de enero de 1860; lo encabezaban Falcón y Zamora, que eran cuñados, ya que Zamora estaba casado con Estéfana Falcón, lo que hacía prosperar poco las intrigas que corrían para sembrar celos entre ambos, en cuanto a la jefatura del movimiento. El 10 de enero se dispuso el ejército a atacar la ciudad de San Carlos, y en una acción de Zamora que buscaba neutralizar a francotiradores apostados en una casa, una bala perdida penetró por su ojo derecho y salió por el occipital. Murió en el sitio, en brazos de su secretario: Antonio Guzmán Blanco. Al general Falcón lo estremeció la noticia. Zamora, natural de Cúa, contaba con cuarenta y dos años. El hecho no se hizo público de inmediato, hacerlo hubiese supuesto una desmoralización total del Ejército Federal de Occidente. Se supo de su muerte una semana después de ocurrida. La actitud poco precavida de Zamora en la acción, quizás respondía a una excesiva confianza en sí mismo, fruto de la extraordinaria victoria de Santa Inés. Un general no suele desempeñar tareas que pongan su vida en riesgo, ya que sus funciones de comando son más importantes que las de acción. Quizás por ello es que se han tejido otras hipótesis sobre su muerte, buscando una explicación distinta a la elemental imprudencia que se hace evidente en ésta, que se hace tan difícil de creer, hasta por su falta de grandiosidad. No es ésta la muerte de un héroe, parecen decirse en voz baja los seguidores de la memoria zamorana.

La batalla de Coplé

No obstante el golpe desmoralizador para el Ejército Federal que trajo la muerte de Zamora, el general Falcón continuó su marcha hacia Caracas. Se detuvo en Tinaquillo, y siguió hacia Valencia, pero le advirtieron que el general León de Febres Cordero había salido con su ejército al encuentro. Falcón se retiró hacia Tinaco esperando la llegada del Ejército Federal de oriente, al mando del general Sotillo. Ahora el Ejército Federal unificado sumaba cerca de cinco mil quinientos hombres. Pero, de las deliberaciones surgió la idea de movilizarse hacia Guárico, mientras el ejército del gobierno acampaba en Carabobo, con cerca de cuatro mil cuatrocientos soldados, bajo las órdenes del general Febres Cordero, designado por el presidente Tovar. Falcón, que sabía que su ejército no estaba en condiciones favorables para la batalla, seguía eludiendo el encuentro, y tomó el camino hacia Apure. En la ciudad de San Fernando halló resistencia de los fieles al gobierno y replegó su ejército en el sitio de Coplé, al tiempo que el ejército de Febres Cordero avanzaba sobre ellos.

El 17 de febrero de 1860 tuvo lugar la batalla de Coplé con resultados favorables para el gobierno, y desastrosos para Falcón. Sin embargo, a diferencia de Zamora, que persiguió a los vencidos en Santa Inés con el objeto de terminar de desbaratarlos, Febres Cordero los dejó ir en paz, en retirada hacia Tiznados. Allí Falcón dividió el ejército en cuatro toletes y se fue a Bogotá a buscar recursos y pertrechos. Llegó a la capital de Colombia en abril de 1860. Nunca más el Ejército Federal llegó a tener las dimensiones de éste que dio las batallas de Santa Inés y de Coplé. La guerra tomaba otro rumbo.

Las primeras elecciones directas y secretas de nuestra historia

De acuerdo con la Constitución Nacional vigente, la promulgada en 1858, se convocaron a elecciones en abril de 1860, y resultó vencedor Manuel Felipe de Tovar con 35.010 votos, para el período constitucional de 1860-1864, sin reelección inmediata, además fue electo vicepresidente Pedro Gual con 26.269 votos, por un período de dos años. El 10 de abril el Congreso practicó el escrutinio, el 11 escogió al Designado, el general León de Febres Cordero, y el 12 juramentó a Tovar y a Gual, en el templo de San Francisco, delante del Cuerpo Diplomático. Por primera vez los venezolanos elegían directamente a sus gobernantes, y lo hacían en medio de una guerra cruenta, que había cobrado ya miles de vidas, y que tenía al país postrado en la miseria y la desolación.

PRESIDENCIA DE MANUEL FELIPE DE TOVAR (1860-1861)

El presidente Tovar formó gabinete con Henrique Pérez de Velazco en Interior y Justicia, José Eusebio Gallegos en Hacienda, Juan José Mendoza en Relaciones Exteriores y el general Páez en Guerra y Marina. Este último, había regresado recientemente al país.

Tovar envió una señal favorable indultando a los prisioneros liberales y, de inmediato, abordó el tema económico nacional. Logró un préstamo para paliar la situación deficitaria del Poder Ejecutivo, estableció un impuesto sobre la renta, de manera de mejorar las arcas de un Estado prácticamente en quiebra, permitió las importaciones de los productos agrícolas que habían mermado o desaparecido a causa de la guerra, fijó el sueldo de los empleados públicos. Sin embargo, estas medidas económicas no contribuyeron con la paz de la República, no porque no fueran las correctas, sino porque los demonios del poder estaban sueltos, y comenzaron a fraguarse diferencias entre los conservadores: unos seguían al civilismo de Tovar, y otros veían hacia el general Páez como el militar indicado para enfrentar la crisis. En julio de 1860 el barco hizo aguas y el gabinete le renunció a Tovar. La coyuntura le permitió a Páez irse de nuevo del país, mientras el presidente nombraba un nuevo gabinete para que implementara una política menos morigerada, y más severa en contra de los adversarios federales.

Tovar continuó en medio de la Guerra Federal, suscribiendo ahora una política represiva recomendada por la línea dura de los conservadores, mientras Páez marcaba distancia. La paz, por otra parte, estaba lejos de lograrse por esta vía y, si bien es cierto que el Ejército Federal no alcanzaba la entidad de meses atrás, la guerra de guerrillas, con focos diseminados por casi todo el país, era un factor de perturbación crítico para el desenvolvimiento normal de la República.

En los meses finales de 1860 en la prensa comenzaron a publicarse artículos que clamaban por el regreso de Páez, a quien muchos veían como la posible solución a la crisis que planteaba el desafío de la guerra. Páez, por su parte, respondía desde el exterior poniendo en duda que con la Constitución vigente se pudiera hacer frente a la situación. Le abría paso a la instauración de una dictadura que, obviamente, era imposible que la desempeñaran los civiles Tovar y Gual, sin ningún ascendente sobre el ejército. Esto, como vemos, presagiaba que Páez se tenía a sí mismo como el indicado para llevar adelante el trabajo dictatorial. Mientras tanto, entre finales de 1860 y principios de 1861 el general Falcón seguía en las antillas buscando pertrechos para su ejército, a la par que los soldados federales en Venezuela se sumían en la desesperación.

Tovar le hizo saber a Páez que necesitaba de su colaboración para enfrentar la crisis y que volviera al país. Finalmente, Páez llegó el 14 de marzo de 1861, no sin antes despedirse del gobierno de los Estados Unidos de Norteamérica, donde desempeñaba tareas de representación del Estado venezolano. En Caracas, tanto Ángel Quintero como Pedro

José Rojas caldeaban los ánimos a favor de determinaciones severas en contra de los federales, a todas luces en acuerdo con su jefe máximo: Páez, que no escondía su deseo de asumir la dictadura para enfrentar los álgidos problemas del país.

El 3 de abril nombró Tovar a Páez como Jefe del Ejército, gracias a la renuncia del general Febres Cordero. El 3 de mayo el general llanero, por intermedio del secretario general del Jefe del Ejército, Ángel Quintero, lanzó una proclama en la que se excedía en sus atribuciones, creando un recelo natural en el seno del gobierno. El ministro de Guerra y Marina, Febres Cordero, y Páez, intercambiaron misivas ventilando los pormenores de sus diferencias, hasta que el 8 de mayo de 1861 renunció el Jefe del Ejército, siéndole aceptada la dimisión por Tovar el 10. Éste reorganizó su gabinete el 14, pero la crisis seguía su curso. Los militaristas de mano dura, que clamaban por Páez, no abandonaban su empeño. La discusión se concentró en el Congreso, en donde los seguidores de Páez establecían diferencias entre los conservadores de Tovar, «mantuanos», y ellos. Por su parte, Páez y los suyos comenzaron a establecer puentes con los federalistas, y les ofrecían administrar en conjunto el gobierno, mientras las ofertas de Tovar eran contradictorias: antes mano dura, ahora conciliación, y todo ello en medio de un vendaval de presiones. El juego era peligroso: Páez presiona la salida de Tovar por la vía de azuzar la crisis, y lo logra. Tovar renuncia el 20 de mayo de 1861, ante el hecho insólito de la connivencia entre tropas del gobierno y algunas de los ejércitos federales. Tovar se fue a su casa, no huyó del país, contaba con el respeto de muchos. Meses después se fue a París, en donde vivió varios años hasta que lo alcanzó la muerte. Sus restos reposan aún en un cementerio de la capital de Francia. Sus cenizas merecen el destino del Panteón Nacional mucho más que otros que allí reposan.

Otra Presidencia interina del doctor Pedro Gual

El mismo 20 de mayo asumió la Presidencia el Vicepresidente, como lo pautaba la Constitución vigente, y de inmediato nombró un gabinete que despejaba dudas acerca de quién detentaba el poder. En el Ministerio de Interior y Justicia, el sempiterno socio y amigo de Páez, el doctor Ángel Quintero; Pedro Hernández Romero en Hacienda; Rafael Seijas en Relaciones Exteriores y el general Soublette en Guerra y Marina. El 21 asumió como Jefe del Ejército el general José Antonio Páez. Entonces, el presidente Pedro Gual tenía setenta y siete años, y toda una vida de servicios civiles considerables para la República.

De inmediato salió Páez a los valles de Aragua a pregonar su política de «Paz y Unión», que la acogieron algunos jefes federalistas, pero que muy pronto fue desoída por otros seguidores de la causa federal. Por su parte, el doctor Quintero desde Interior y Justicia apretaba el puño contra los federalistas, buscando que el conflicto se avivara y no prosperara la paz, al menos esto se desprende de sus acciones. Por otra parte, el general Falcón había regresado al país, procedente de Aruba, y el 8 de julio de 1861, entrega una proclama que aviva a las fuerzas federales revolucionarias. La propuesta de paz de Páez recibía serias amenazas.

El presidente Gual intenta apaciguar las aguas, pero no lo logra. El país estaba fracturado en tres: los constitucionalistas que seguían a Gual, que era el factor menos influyente en un conflicto armado; los federalistas que buscaban el poder por las armas y seguían al general Falcón; y los que impulsaban al general Páez para hacer algo de lo que él mismo estaba convencido: la necesidad de su dictadura para enfrentar la guerra y la crisis política. Finalmente, el coronel José Echezuría hizo preso al presidente Gual en su casa, el 29 de agosto de 1861, de acuerdo con lo pautado por el mayor instigador de la causa dictatorial: Pedro José Rojas.

La Constitución vigente señalaba que, al Vicepresidente en ejercicio de la Presidencia lo sustituía el Designado, es decir, Ángel Quintero, pero éste al intuir que la voluntad íntima de Páez era la dictadura, se ausentó del país hacia Puerto Rico, saliendo incógnito por el puerto de La Guaira. Antes, frente a la insistencia de Gual para que asumiera la Presidencia, Quintero había advertido que sólo lo haría si se le garantizaba un período suficiente al mando de la República, cosa que nadie podía garantizar.

A los pocos días de haber sido apresado, Gual sale hacia las antillas, y luego se muda a Guayaquil, donde fallece el 6 de mayo de 1862. Fue abogado, escritor, político, Canciller de la Gran Colombia, y uno de los estadistas venezolanos de mayor y más significativa obra en toda nuestra historia. Como hemos visto, cuantas veces le tocó ejercer la primera magistratura, lo hizo con la mejor intención y con distintos resultados, siempre en las circunstancias más difíciles.

DICTADURA DEL GENERAL JOSÉ ANTONIO PÁEZ (1861-1863)

Después del golpe de Estado ejecutado por el coronel Echezuría al hacer preso a Gual, Páez recibe las primeras manifestaciones de adhesión en Valencia, y continúa recibiéndolas en camino hacia Caracas. En su residencia de la capital, La Viñeta, también recibe el respaldo de sus seguidores. El general manifiesta debatirse entre su demostrado institucionalismo y apego al régimen constitucional, y lo que reclama de él la nación. Otras tesis sostienen que no se encontraba en tal dilema, sino que la estrategia había sido diseñada de tal manera. En cualquier caso, el 10 de septiembre expide una alocución al país, en la que asume la dictadura. La Constitución vigente ordenaba que ante la renuncia del Presidente (Tovar), asumía el Vicepresidente (Gual), y ante la renuncia de éste, asumía el Designado (Quintero). Pues bien, Tovar renunció y asumió Gual, Quintero se ausentó del país, y Gual estaba preso. Si Páez hubiese querido mantenerse dentro de lo pautado por la Constitución, pues simplemente dejaba libre a Gual y le devolvía el mando, pero ocurre que quien hizo preso a Gual, el coronel Echezuría, respondía a las órdenes de Páez. Esta breve explicación deja en evidencia que el dilema de Páez era fácil de resolver, pero él optó por obviar la Constitución vigente y asumir el mando al margen de ella, por eso se califica a este período de dictadura. Al final de la alocución antes señalada, emite un decreto donde se declara «Jefe supremo civil y militar» de la República.

Páez forma gabinete designando a su principal asesor, Pedro José Rojas, al frente de Interior y Justicia; en Hacienda a José Santiago Rodríguez, en Relaciones Exteriores a Hilarión Nadal, y al coronel José Echezuría en Guerra y Marina. De inmediato inicia hostilidades en contra de los conservadores constitucionalistas, entre ellos Juan Vicente González, a la par que se ocupa del tema que se argumentaba que lo llevó a la dictadura: la guerra. Las contradicciones afloraron de inmediato: la gente lo aclamó para que buscara la paz, pero lo primero que hizo fue enviar a la cárcel a los conservadores institucionalistas. A su vez, organiza su gobierno y toma medidas económicas y fiscales, propias de una economía de guerra; y designa comisiones redactoras de los códigos civil, penal y mercantil. La guerra, por otra parte, sigue su curso: Falcón desafía al gobierno en Coro, mientras otros federalistas lo hacen en Guarenas.

En septiembre de 1861 Páez designa diversas comisiones para dialogar con los federalistas, con el objeto de avanzar hacia un tratado de paz. Al mismo tiempo José Tadeo Monagas regresa al país, el 10 de octubre, después de tres años en Trinidad, y comienza a organizar a sus seguidores liberales. Antonio Leocadio Guzmán funda en Bogotá el periódico *El Colombiano*, en el que proponía el renacimiento de la Gran Colombia. En la acera de enfrente, Pedro José Rojas logra convencer a un grupo de empresarios de la necesidad de la creación de un banco, y así se crea el primer Banco de Venezuela, que quiebra al año siguiente, en medio de las calamidades económicas de la guerra. Por su lado, el avance de las comisiones de paz es de tal magnitud, y la esperanza de la gente tan grande, que finalmente se da una entrevista entre Páez y Falcón en Carabobo, el 8 de diciembre de 1861. Allí convinieron en seguir al día siguiente, por intermedio de sus secretarios, en particular Rojas y Guzmán Blanco, las conversaciones. Finalmente, Falcón redactó un texto que establecía los parámetros del acuerdo, pero a Rojas le pareció que aceptarlo era reconocer a los federalistas un rango igual al que ostentaba la dictadura, y eso no era posible. La sangre no llegó al río, y quedaron en verse de nuevo al día siguiente, pero ese día no llegó, ya que Falcón no asistió debido a la noticia que le había llegado según la cual las fuerzas paecistas habían abierto hostilidades en su contra en otra región del país. Se intentó otra junta el 12 de octubre y tuvo lugar sin Páez y Falcón, pero ya la decisión de Páez y Rojas era la de continuar con la guerra. No había nada que hacer.

Las comunicaciones que ambos bandos le enviaron a sus seguidores, argumentaban a su favor la ambición del contrario, como si la propia no interviniese en el desacuerdo. Ambas facciones se preparan para la guerra cruenta. Páez organizó su gobierno dictatorial, mientras Falcón y Guzmán Blanco hacían lo mismo. Entre los hechos de 1862 destaca la toma de Maracaibo por parte de Venancio Pulgar, que no era ni de un sector ni de otro, y que declara la autonomía de la plaza. Al año siguiente, se adhiere a la causa de los federales. Por otra parte, los generales federalistas Guzmán Blanco y Linares Alcántara se destacan en sus acciones. Los federalistas y las tropas del gobierno van sumando y perdiendo territorios. La balanza no se inclina decididamente hacia ningún lado, aunque las conquistas territoriales de los ejércitos federales son puntos a su favor, y pérdidas para el gobierno. El ascendente de Rojas sobre Páez se incrementa ante los ojos del país, al lograr ser electo como sustituto, en caso de ausencia del general Páez. Esta figura extraña no estaba en la Constitución, pero ya sabemos que la dictadura se ejercía al margen de ella. En septiembre de 1862 el general Guzmán Blanco es designado por Falcón como jefe de los ejércitos del centro y entrega una proclama en Guatire. El nerviosismo en Caracas iba en ascenso ante la cercanía del ejército de Guzmán Blanco, mientras la facción conservadora constitucionalista no perdía oportunidad de adversar a la dictadura. Falcón, avanzaba en occidente, mientras la destitución del mando del general Rubín, por parte de sus segundos descontentos con sus extremos procedimentales, fue un duro golpe para el ejército occidental de la dictadura. Semanas después fue reincorporado al mando.

Mientras Guzmán Blanco rodeaba a Caracas y se acercaba a ella, se abrían dos posibilidades: una batalla en las inmediaciones de la ciudad, lo que sería catastrófico o lo que Guzmán Blanco había planteado repetidas veces: un avenimiento. Finalmente, la dictadura convino en conversar y se buscó un lugar neutral, cercano a Caracas: la hacienda Coche, de la familia Madriz. La conversación tendría lugar el 23 de abril de 1863.

El Tratado de Coche: Pedro José Rojas y Antonio Guzmán Blanco negocian la paz (1863)

Una vez convenidas las partes fundamentales del Tratado, Rojas y su comitiva se trasladaron a Caracas y se reunieron con Páez y sus consejeros. Todos estuvieron de acuerdo con lo pautado en el Tratado, y

Rojas y su comitiva regresaron a la hacienda de Coche al día siguiente. Entonces la familia Madriz brindó un almuerzo y se celebró por todo lo alto. Se movilizaron a Caracas tanto Rojas como Guzmán Blanco y sus comitivas y se reunieron con Páez en La Viñeta a departir. Al día siguiente partió hacia Coro, vía La Guaira, Guzmán Blanco en busca de la ratificación del Tratado por parte de Falcón, cosa que termina de ocurrir en Nirgua, el 27 de mayo, después de que Falcón propusiera dos modificaciones menores y Páez las aceptara, gracias al incesante ir y venir de Guzmán Blanco. Las acciones bélicas cesaron en abril, después de lo acordado en el Tratado, aunque la noticia llegó después a algunas lejanas provincias, y en alguna hubo un intento infructuoso de desconocer lo convenido.

De acuerdo con lo pautado, se convocó la Asamblea Nacional en la ciudad de La Victoria el 15 de junio de 1863, integrada por un número exacto de federales y conservadores. Ese mismo día se recibió la carta de renuncia del general Páez y la Asamblea la aceptó. De inmediato pasó a designar como Presidente Provisional de la Federación Venezolana al general Juan Crisóstomo Falcón «mientras que reunida la Asamblea Constituyente que él ha de convocar, se organice definitivamente el país». Allí se nombra a Antonio Guzmán Blanco Vicepresidente.

El general Páez sale de Venezuela el 13 de agosto y nunca más regresaría al país. Vivió en Nueva York y en Buenos Aires, recibiendo honores en cada visita suramericana que efectuaba, pero su situación económica desmejoró severamente. Sobrevivió diez años a su último gobierno, y falleció en Nueva York el 6 de mayo de 1873, a los ochenta y tres años. Desde 1821, con su decisiva participación en la batalla de Carabobo, hasta esta fecha de 1863 (cuarenta y dos años), la figura de Páez fue predominante entre nosotros. Nadie ha ejercido durante tanto tiempo tanta influencia en Venezuela, como lo hizo el portugueseño. Pedro José Rojas también salió al exilio en agosto y se radicó en Madrid y París, regresó a Venezuela y conoció la cárcel durante el primer gobierno de Guzmán Blanco, y luego salió al exilio de nuevo. Muere en París el 28 de mayo de 1874.

Concluía la Guerra Federal con un tratado negociado por un civil (Rojas) y otro que conocía el mundo civil y militar (Guzmán Blanco), no con una batalla que la decidiera, la victoria estaba en manos de los Federales. Se abría el período de mando del general Falcón, que precedió a la larga influencia de Guzmán Blanco en Venezuela. Entre ellos dos veremos cómo el ya viejo José Tadeo Monagas regresa al poder. Concluía la larga etapa de influencia en la vida nacional de José Antonio Páez, y ya se anunciaba la estrella ascendente del otro caudillo determinante del siglo XIX: Antonio Guzmán Blanco, el primero que no había integrado las filas del Ejército Libertador.

Venezuela estaba destruida. Los intentos por institucionalizar el Estado habían sucumbido ante «la guerra larga». Paradójicamente, el momento en el que se redacta la Constitución Nacional de mayor talante democrático, ocurre en medio de una guerra, y quién sabe si fue así por descuido de los sables, que estaban empeñados en lo suyo. En todo caso, la elección de Tovar en 1860 marca un hito civil importante, justo cuando la vida del país se decide en el campo de batalla. Las tensiones pendulares entre liberales y conservadores fueron creciendo, sobre la base del irrespeto de muchos de los acuerdos que se formulaban en pro de la vida política pacífica. La dificultad para superar el personalismo, con base en el respeto de la institucionalidad republicana, seguía en pie: signo y símbolo del siglo XIX.

LOS FEDERALES (1863-1868)

Este período de nuestra historia republicana comienza con la designación del general Juan Crisóstomo Falcón como Presidente Provisional de la Federación de Venezuela, después de la firma del Tratado
de Coche, y concluye con la toma de Caracas por parte del ejército
del general José Tadeo Monagas, el 27 de junio de 1868, al frente de
la llamada «Revolución Azul». Para entonces, Falcón se había retirado
a Coro y la Presidencia interina de la República la ejercía el general
Manuel Ezequiel Bruzual.

PRESIDENCIA PROVISIONAL DE JUAN CRISÓSTOMO FALCÓN
(1863-1865)

El 25 de julio el general Falcón formó gabinete de la siguiente
manera: Relaciones Exteriores y Hacienda, Antonio Guzmán Blanco;
Interior y Justicia, Mariano Briceño; Fomento, Guillermo Iribarren
y, Guerra y Marina, el general Manuel Ezequiel Bruzual. De inmediato envía a Europa a Guzmán Blanco, con el objeto de buscar un
crédito, tarea para la que contaba con poderes plenipotenciarios. Se
requería de urgencia el empréstito, ya que las arcas del país estaban
totalmente vacías, consecuencia directa de la costosísima guerra que
acababa de terminar.

Las primeras medidas de Falcón señalaron a un hombre verdaderamente magnánimo, que le prodigaba un extraordinario trato
al vencido. Invitó al general Páez a quedarse en el país, pero ante el
deseo del prócer de irse a Nueva York, le dispensó la más delicada de

las despedidas, le otorgó viáticos, y ordenó que se le pagara su sueldo de General en Jefe del Ejército en el lugar del mundo que estuviese. Al general Soublette le otorgó el rango de General en Jefe, por su condición de prócer de la independencia. A los soldados que hubiesen servido en el ejército independentista entre 1816 y 1824 les reconoció el sueldo de su grado militar. Al general José Tadeo Monagas lo sacó del ostracismo y le reconoció sus méritos. Como vemos, el prestigio histórico de magnánimo de Falcón no fue una invención de sus seguidores.

El 12 de agosto expidió Falcón un decreto fundamental: convocó a elecciones de diputados para una Asamblea Constituyente el día 10 de diciembre, mientras el 18 del mismo mes firmaba otro que establecía los parámetros de acción de su gobierno provisional y tomaba la medida, entre otras, de abolir la pena de muerte, cosa que lo enaltece ante la historia. Los meses siguientes comenzó a cundir la anarquía en el país: no se sabía muy bien en qué consistía el federalismo, y cada quien en su comarca lo interpretaba a su manera. Era evidente que durante los años de la Guerra Federal no hubo espacio para hacer pedagogía política efectiva, y el fondo filosófico de las banderas de la federación se conocía poco. Así, fueron paulatinamente sumándose focos de descontento entre las filas de los propios federales, junto a las conocidas de los últimos reductos conservadores.

En noviembre regresó al país Guzmán Blanco de Europa, con las bases del nuevo empréstito, y muy pronto se desató una polémica pública sobre su conveniencia. Por otra parte, el 24 de diciembre de 1863 se instaló la Asamblea Nacional Constituyente con Antonio Guzmán Blanco como presidente. Él mismo propuso a la Asamblea que se le confiriera al general Falcón el título de Mariscal y el de Gran Ciudadano, cosa que algunos diputados con sindéresis objetaron, pero finalmente se impuso por mayoría. El 24 de enero de 1864 recibió la Presidencia Falcón de manos de la Asamblea, mientras ésta continuaba con la redacción de la nueva Constitución Nacional. Para entonces se hacía evidente que Caracas no era del agrado del mariscal, ya que cuantas veces podía se iba a Coro: ciudad de sus querencias. Esto se profundizará todavía más en los meses que siguen, al punto que muchas veces dejó encargados de la Presidencia de la República y se fue a su región en busca de sosiego. En febrero Guzmán Blanco viajó de nuevo a Europa a firmar el empréstito.

La Constitución Nacional de 1864

La Constitución Nacional de 1864 fue sancionada por la Asamblea Nacional Constituyente el 28 de marzo de 1864, y promulgada por el mariscal Falcón el 13 de abril del mismo año. Introduce cambios sustanciales en la República, empezando por la denominación, ya que al acogerse la forma federal del Estado, la República pasó a llamarse Estados Unidos de Venezuela, con base en que la nación estaría jurídicamente instituida sobre una red de estados con autonomía. Estos estados, antes provincias, serán Apure, Aragua, Barcelona, Barinas, Barquisimeto, Carabobo, Caracas, Cojedes, Coro, Cumaná, Guárico, Guayana, Maracaibo, Maturín, Mérida, Margarita, Portuguesa, Táchira, Trujillo y Yaracuy. Antes de la promulgación, la Asamblea Nacional Constituyente decretó la creación del Distrito Federal en febrero.

Esta carta magna se proponía acentuar la descentralización política y administrativa. Elimina la pena de muerte, amplía la libertad de prensa, mantiene el sistema electoral de la Constitución de 1858: cuatro años del período presidencial, sin reelección inmediata, mediante voto directo y secreto y establece la Alta Corte Federal, como órgano máximo del Poder Judicial. Para entonces, imposible pedir mayor espíritu democrático, sin duda.

Las elecciones de 1865

El año de 1864 el Mariscal-Presidente enfrentó nuevos focos insurreccionales, incluso defecciones. Salió en campaña, y continuó sin establecerse definitivamente en Caracas, con lo que los asuntos cotidianos del gobierno se entorpecían notablemente. Apenas regresó Guzmán Blanco de Europa, el 3 de noviembre, se encargó de nuevo de la Presidencia de los Estados Unidos de Venezuela, mientras el Presidente-Mariscal navegaba hacia Coro. Un ejemplo más de algo que ya comenzaba a notarse como un extraño desinterés por las funciones de gobierno. Guzmán Blanco estuvo gobernando como Presidente encargado varios meses, hasta que el 18 de marzo de 1865 el Congreso realizó los escrutinios de las elecciones y resultó electo el mariscal

Juan Crisóstomo Falcón, a su vez fueron electos dos designados para suplir sus faltas: Antonio Guzmán Blanco y José Desiderio Trías. Una comisión viajó a Coro a participarle el resultado y vino a asumir la primera magistratura en Caracas el 7 de junio, casi tres meses después, en el Congreso Nacional presidido por Antonio Leocadio Guzmán, lo que vuelve a señalar el extraño desapego que experimentaba Falcón por la capital y el ejercicio administrativo del poder.

PRESIDENCIA CONSTITUCIONAL DE JUAN CRISÓSTOMO FALCÓN (1865-1868)

Al día siguiente de tomar posesión del cargo el mariscal Falcón se ausentó de la capital de nuevo. Esta vez se dirigía al estado de Maracaibo a sofocar la rebelión del general Venancio Pulgar, y dejaba encargado de la Presidencia de los Estados Unidos de Venezuela al general Guzmán Blanco. Regresó pronto, con éxito en la tarea que se trazó. Luego, el 3 de octubre de 1865 volvió a encargar de la Presidencia a Guzmán Blanco y se fue a Coro. Al frente de los asuntos del Estado estuvo el hijo de Antonio Leocadio Guzmán hasta el 2 de mayo de 1866, cuando reasume el mariscal Falcón. Siete meses de gobierno interino de su fiel seguidor, con gabinete propio, y autonomía absoluta para gobernar. De modo que durante estos meses no puede hablarse de un gobierno de Falcón, *strictu sensu,* sino de Guzmán, quien se empeñaba en poner orden en las cuentas públicas, hay que decirlo, sin mayor éxito, dadas las dificultades por las que atravesaba la República. Entre tanto, el mariscal Falcón sofocaba rebeliones, y apagaba los fuegos que se prendían con frecuencia por el tema de las anexiones de unos estados a otros. Me explico: dada la autonomía de estos estados, cuyos gobernadores cambiaron su denominación por Presidentes de Estado, con frecuencia se debatía enardecidamente por temas de límites entre unos y otros, o por la voluntad de unos de sumarse a otros estados, y la negativa de otros a que eso ocurriera. En avenir contrarios se iba buena parte del tiempo de Falcón para quien, además, era obvio que más le gustaba estar en campaña, que detrás de un escritorio girando instrucciones.

Al reencargarse de la Presidencia, el mariscal Falcón designó a Guzmán Blanco como comandante en jefe del Ejército, y éste regresó a su curul en el Congreso. Pero estuvo poco allí, ya que la situación económica del país era de tal gravedad, que se hacía necesario enviarlo de nuevo a Europa con carácter de Enviado Extraordinario y Ministro Plenipotenciario. Se embarcó en La Guaira el 25 de mayo de 1866, y regresará a Caracas a comienzos de 1867.

La situación política nacional tendía a complicarse cada vez más. La gente tenía la sensación de que el mariscal Falcón no gobernaba, y la anarquía iba en ascenso. Una vez que las Cámaras Legislativas eligieron a los Designados, el mariscal Falcón partió a Coro el 25 de mayo, dejando encargado de la Presidencia al general Miguel Gil. Guzmán Blanco, ya de regreso, fue nombrado comandante de Armas del Distrito Federal. Falcón se reencargó del Poder Ejecutivo el 4 de septiembre, y en esos días se reunía un grupo de liberales y conservadores en Caracas, grupo que buscaba deponer a Falcón. El general Luciano Mendoza, Pedro Ezequiel Rojas, Guillermo Tell Villegas, Martín Sanabria, Elías Rodríguez formaban parte de la conjura. Ya el 17 de septiembre el general Guzmán Blanco marcha hacia Guarenas para dialogar con Mendoza, pero muy pronto comprendió que los revolucionarios estaban decididos a tomar las armas. Pasaron días donde se sucedieron distintos movimientos, hasta que Mendoza se avino en octubre al entendimiento y recibió del magnánimo Falcón el olvido de su alzamiento. No obstante el desenlace, se hacía evidente que el descontento ya no era sólo de conservadores sino que incluía a liberales y gente de diversa procedencia. La causa del descontento era, sin duda, la flagrante ineficacia del gobierno.

Cambió gabinete el mariscal Falcón, tuvo la impresión de que regresaba la calma, y se fue a Coro el 7 de noviembre. En la prensa, mientras tanto, corría el rumor de que Falcón buscaría una modificación constitucional para reelegirse, emulando a José Tadeo Monagas, y desatendiendo la lección histórica que recibió el oriental, como consecuencia de sus pretensiones continuistas. De esto dialogaron el mariscal y Guzmán Blanco, mostrándose el segundo totalmente opuesto a la modificación constitucional con miras a la reelección. Del diálogo salió escaldado Guzmán Blanco y decidió irse al extranjero, separado del gobierno. Pero a los días lo reconvino Falcón, y Guzmán aceptó irse en condición de Enviado Extraordinario, *ad honorem*. En diciembre de 1867 zarpaba de La Guaira el fiel seguidor del mariscal, el general Guzmán Blanco.

Los alzamientos se activaron de nuevo en diciembre. El general Miguel Antonio Rojas se alzó en Villa de Cura, el general Gonzalo Cárdenas en Carabobo. El primero fue sumando hombres a su ejército, mientras el gobierno activaba sus tropas para combatirlos. El 8 de enero de 1868 el general Rojas encabeza un documento en el que los revolucionarios explican sus motivos. Falcón, por su parte, entrega la Presidencia al general Gil y se moviliza hacia Puerto Cabello, desde donde cree dominar mejor la situación bélica. Los revolucionarios de oriente instan al anciano general José Tadeo Monagas a pronunciarse, cosa que hace mediante un manifiesto el 25 de marzo, dejando al descubierto sus pretensiones. Falcón, lógicamente, se sumió en mayores angustias. Era evidente que tenía lugar una escalada de descontento en toda la geografía nacional. El 7 de abril Falcón modifica el gabinete, buscando integrarlo por algunas personalidades cercanas a la oposición, pero ya era tarde.

En medio de la crisis política, el mariscal Falcón pensó que si él se separaba del poder amainaban los embates, de modo que entregó la Presidencia al general Bruzual el 30 de abril y, en principio, se disponía a estar al frente del ejército para enfrentar la situación, pero de pronto resolvió irse a Coro el 4 de mayo y retirarse para siempre de la escena pública. Lo hizo con una proclama que, dado su contenido, revela que no entendía cabalmente lo que estaba ocurriendo, ya que creía que la revolución que estaba en marcha estaba dominada por las fuerzas del gobierno, y que su retirada servía para despejar el camino del entendimiento. Era al revés: las revoluciones dominaban cada vez más territorio, y el gobierno estaba cada vez más acorralado por las fuerzas enemigas.

En Antímano tuvieron lugar conversaciones entre el gobierno y un grupo importante de los revolucionarios, para que los primeros entregaran el poder con arreglo favorable a ambos grupos, pero el general Monagas lanzó una proclama el 20 de mayo, obviando los convenios asentados. Emprendió su marcha desde oriente y el 12 de junio llegó a Guatire. El general Bruzual, dentro del espíritu de las conversaciones de Antímano, le propuso a Monagas un avenimiento. El líder oriental aceptó conversar, cosa que ocurrió en la residencia de Sans Souci, pero los ánimos de los seguidores de Monagas apuntaban hacia una batalla y no hacia un entendimiento. Finalmente, la refriega tuvo lugar entre el 21 y el 25 de junio, en las inmediaciones de Chacaíto. Una vez triunfador, el general Monagas entraba a Caracas con el pabellón azul.

Terminaba el gobierno de los federales, regresaba al poder el viejo Monagas, que había sido aventado del mismo en 1858, cuando el general Castro avanzó desde Valencia hacia Caracas, sellando el fin del nepotismo y el continuismo de los Monagas. Ahora ocurría un nuevo cambio de mano en una Venezuela que venía siendo azotada por el caudillismo, por la fascinación por el poder personal, y la dificultad severa para formar instituciones estables. Regresaba el autoritarismo de Monagas, que había demostrado ejercerlo en forma nepótica, buscando la perpetuación en el poder, y contribuyendo con sus afanes a que Venezuela siguiera sumiéndose en un caudillismo anárquico, que le impedía alcanzar una mínima paz para su desarrollo. Regresaba Monagas, que había salido del poder abruptamente, mientras su hermano José Gregorio conocía el polvo de la cárcel. Una vez más un ejército que seguía a un caudillo se imponía sobre otro que defendía al caudillo que ejercía la Presidencia de la República. Alzamiento tras alzamiento, batalla tras batalla, Venezuela seguía desangrándose en un pleito personalista, arropado con banderas de ideales intercambiables.

LA REVOLUCIÓN AZUL (1868-1870)

Este brevísimo período de nuestra historia se inicia con la llegada a Caracas del general José Tadeo Monagas el 25 de junio de 1868, y concluye con la entrada a la capital del general Antonio Guzmán Blanco el 27 de abril de 1870, fecha en la que se inicia su largo período de influencia determinante en el país.

EL GENERAL JOSÉ TADEO MONAGAS Y LA REVOLUCIÓN AZUL

El Presidente encargado por Falcón, el general Manuel Ezequiel Bruzual, partió hacia Puerto Cabello una vez que Monagas entró triunfante a Caracas. Hasta allá fue a perseguirlo el general José Ruperto Monagas, hijo de José Tadeo, y en refriega fue herido de muerte, falleciendo en Curazao, hasta donde alcanzó a llegar. Bruzual era conocido con el mote de «El soldado sin miedo», y le tocó defender la República en los estertores del período constitucional del mariscal Falcón (1864-1869), que no pudo ser terminado por él por las urgencias del general Monagas por regresar al poder, encabezando el descontento que se tenía con el gobierno federal.

Conviene recordar que la llamada Revolución Azul se articula a partir de la intención que tuvo el mariscal Falcón de modificar la Constitución para reelegirse. Fue entonces cuando se unieron los conservadores y un amplio sector de los liberales, con el objeto de impedirlo, tomando el poder por las armas. Así fue como Monagas se puso al frente de una revolución que otros habían iniciado. Lo primero que hace al tomar el poder en la capital de la República es refrendar la Constitución vigente, la de 1864, y nombrar gabinete, del cual se escogería el Presidente provisional, recayendo esta responsabilidad en el doctor Guillermo Tell Villegas, nombrado para tal fin el 27 de junio de 1868. Obviamente, el doctor Villegas estaba a las órdenes de quien lo había designado, al igual que el ministro de Guerra y Marina, el general Domingo Monagas, hijo de José Gregorio, sobrino de José Tadeo. Como vemos, la dinastía de los Monagas volvía por sus fueros.

Las primeras acciones de Monagas señalan un camino de magnanimidad y olvido del pasado. Buscaba algo históricamente difícil: reunir a conservadores y liberales en un solo partido nacional, cosa que no fue posible, creándose muy pronto dos bandos: los seguidores de José Ruperto, y los de Domingo. La situación se complicó todavía más con el deterioro de la salud de José Tadeo Monagas, quien después de una campaña de pacificación en Valencia, contrajo una afección pulmonar que terminó por disminuirlo. Sumaba 84 años y una fortaleza física única en nuestra historia guerrera, pero el cuerpo no le daba para más. Murió el 18 de noviembre de 1868. Al día siguiente de su muerte comenzaron las diatribas entre los seguidores de los dos Monagas en línea de sucesión. Esto finalmente se resolvió en febrero de 1869, cuando el general Domingo Monagas declinó a favor de su primo hermano José Ruperto.

Imposible no anotar la paradoja según la cual toma el poder José Tadeo Monagas después de Falcón, y éste se ve obligado a abandonar el poder por pretender lo mismo que condujo a Monagas a perderlo en 1858: la reforma constitucional con miras a hacerse reelegir indefinidamente. Para colmo de simetrías históricas: Monagas alcanza el poder y desarrolla la misma política magnánima que Falcón adelantó cuando llegó al mando. A veces la historia de Venezuela se asemeja a la desesperante experiencia del tiovivo.

Presidencia provisional de José Ruperto Monagas y delegación en el doctor Guillermo Tell Villegas

Dos días después de haber sido designado para la Presidencia de la República, el general Monagas salió en campaña militar y dejó encargado, otra vez, a Villegas. Regresó en marzo y asumió la Presidencia, y fue entonces cuando tuvo conocimiento de algo obvio: las finanzas de la República estaban en el suelo, y se imponía una reducción de gastos, urgente. Por otra parte, el intento de fundir en uno solo los dos partidos nacionales, impelidos por la deficiente administración de Falcón, no había cuajado, y lejos de lograrse, las diferencias entre ambos sectores eran cada vez mayores. Tanto que un sector de los liberales comenzó a reunirse en torno al general Guzmán Blanco, mientras otro lo adversaba ferozmente. Éste era el clima en que se avanzaba hacia las elecciones: unos apoyaban la candidatura de José Ruperto Monagas, y otros la obstaculizaban. En julio salió Monagas hacia Maracaibo a sofocar la rebelión de Venancio Pulgar, y de nuevo quedó encargado Villegas. En agosto partió hacia Curazao el general Guzmán Blanco, víctima de un saboteo que sus enemigos le prepararon cuando ofrecía una fiesta en su casa. A partir de entonces el liderazgo de Guzmán Blanco se perfiló más claramente para los liberales que buscaban regresar al poder.

La campaña de Monagas en el Zulia tomó más tiempo en sus preparativos de lo que el general hubiera deseado, y no fue sino a finales de octubre cuando apresaron al insurrecto Venancio Pulgar. El 26 de noviembre llegó a Caracas con una aureola de triunfo el hijo de José Tadeo Monagas. Sin embargo, la revolución liberal avanzaba con las acciones del general Matías Salazar y el general Pulido, mientras Guzmán Blanco continuaba en Curazao preparando su invasión. Como consecuencia de gestiones del gobierno venezolano ante Curazao, Guzmán Blanco y los suyos tuvieron que salir de la isla y tomaron rumbo a Martinica, cuando ya era un hecho que desembarcarían pronto en Venezuela. El 14 de febrero de 1870 toca tierra cerca de Curamichate, en el estado Coro. Un nuevo y sustancial factor se sumaba a los alzamientos que por todo el país enfrentaba el frágil gobierno del general José Ruperto Monagas.

La campaña militar del general Guzmán Blanco fue recogiendo adeptos por el camino, y cuando su ejército llegó a desafiar al gobierno en Caracas, contaba con un número superior que el de su enemigo. Las refriegas tuvieron lugar en distintos puntos de la capital entre el 25 y el 27 de abril, fecha esta última en la que Guzmán Blanco controló totalmente la situación, y el general Monagas firmó la rendición del gobierno. Sobrevivió diez años a estos hechos, pero retirado totalmente de la vida pública. Comenzaba entonces el dilatado período del general Antonio Guzmán Blanco, y del regreso de la fuerza liberal al poder.

LOS TIEMPOS DEL GENERAL ANTONIO GUZMÁN BLANCO (1870-1888)

Este período de dieciocho años se inicia el 27 de abril de 1870, con la entrada a Caracas de las tropas de Guzmán Blanco, la llamada «Revolución de Abril», y concluye con la asunción de la Presidencia de la República por parte del doctor Juan Pablo Rojas Paúl, el 5 de julio de 1888. A lo largo de estos años, Guzmán Blanco se desempeñó en la Presidencia entre 1870 y 1877, luego regresó a ella a partir de diciembre de 1879 hasta 1884, cuando la entregó en manos del general Joaquín Crespo. La obtuvo de nuevo en 1886 y la entregó en 1888. El largo período no fue de paz absoluta, enfrentó Guzmán muchos adversarios, pero no cabe duda de que el lapso está signado por su personalidad y su obra.

PRIMERA PRESIDENCIA DEL GENERAL ANTONIO GUZMÁN BLANCO (1870-1877) «EL SEPTENIO»

Este primer período presidencial del abogado y general Guzmán Blanco es conocido como «El Septenio», y se inicia el 27 de abril de 1870, con la victoria militar y la entrada triunfante a Caracas del hijo de Antonio Leocadio Guzmán, al frente de la llamada Revolución de Abril. El éxito del general consiste en haber congregado en torno a sí al mosaico de los caudillos regionales que batallaban en contra de José Ruperto Monagas, y que estuvieron dispuestos a reconocer su supremacía y a sumarse a su ejército, desde el momento mismo en que desembarcó en Curamichate, procedente de Curazao. Los generales seguidores de la Federación: José Ignacio Pulido, Matías Salazar, León

Colina, Joaquín Crespo y Francisco Linares Alcántara siguieron, en las primeras de cambio, sus pasos. Así fue como su ejército llegó a reunir a cerca de ocho mil hombres, y se impuso en las inmediaciones de Caracas sobre el de Monagas, ya mucho menor en número y poderío.

De inmediato Guzmán Blanco reconoció la Constitución Nacional de 1864 y nombró su gabinete: Diego Bautista Urbaneja en Interior y Justicia, Antonio Leocadio Guzmán en Relaciones Exteriores, Jacinto Gutiérrez en Hacienda, Francisco Pimentel en Crédito Público, José Ignacio Pulido en Guerra y Marina y Martín Sanabria en Fomento. El poder no era un instrumento extraño para el caudillo. Había nacido en un hogar en el que su padre no dejó de procurarlo ni un minuto de su vida, de modo que había crecido muy cerca de él, de sus mecanismos, inmerso en su laberinto. Además, contaba con cuarenta y un años, y después de haber egresado como abogado de la Universidad Central de Venezuela, había desempeñado diversos cargos en el aparato del Estado, así como en distintos lugares en las campañas militares en las que participó. En particular, los años de gobierno del mariscal Falcón también fueron suyos, tanto en lo militar (Ezequiel Zamora muere prácticamente en sus brazos) como en lo internacional. Dada la formación de Guzmán Blanco y su dominio de idiomas, fue el enviado regular a negociar empréstitos ante los bancos europeos. Ninguno de los resortes del poder y del Estado venezolano le era ajeno al general que entraba triunfante a la capital.

La actividad gubernamental del nuevo Presidente se hizo vertiginosa. Convocó a un Congreso de Plenipotenciarios en julio de 1870, que reunía a los caudillos regionales, presidido por su padre, y este cuerpo colegiado lo enviste como Presidente Provisional de la República, nombrando en el mismo acto a Pulido y Salazar como Designados (Vicepresidentes). El desarrollo de esta política de reconocimiento de los jefes regionales era inteligente, ya que de lo contrario le hubiera tocado enfrentarlos militarmente, cosa que tuvo que hacer con el occidente del país, zona que se le enfrentaba, y luego con oriente y Guayana. Buscaba sumar voluntades, ya que de no hacerlo no le quedaba otra alternativa que enfrentarlas. Así fue como las funciones de gobierno de Guzmán Blanco estuvieron acompañadas de las campañas que tuvo que librar contra los disidentes. Su poder no era omnímodo. La rebelión en su contra más significativa fue la del segundo Designado, Matías Salazar, quien después de haberse retirado en paz a Curazao, por indicación del propio Guzmán, regresó al país a desafiarlo; luego de la peripecia guerrera es hecho preso y condenado a muerte por un tribunal constituido para juzgarlo. Con esta decisión, Guzmán contravenía la disposición nacional contra la pena de muerte, pero enviaba una señal muy clara a sus adversarios. Salazar es ejecutado el 17 de mayo de 1872. Los caudillos regionales que disentían de Guzmán sabían ahora que tenían enfrente a un enemigo despiadado.

El forcejeo con la Iglesia Católica y el Decreto de Instrucción Pública, Gratuita y Obligatoria

Contemporáneamente con estos hechos militares, el Presidente emitió varios decretos históricos. Entre ellos el de Instrucción Primaria Pública, Gratuita y Obligatoria, firmado el 27 de junio de 1870. Este decreto, rubricado al no más comenzar su gobierno, hacía evidente el signo modernizador que le imprimiría a su gestión: no había pasado en vano su conocimiento de la modernidad europea, especialmente la francesa. Sin la menor duda, el decreto significó un paso hacia delante en la democratización de la educación en Venezuela; cosa distinta es la notable dificultad que se tuvo para materializarlo, ya que los maestros que lo podían implementar escaseaban en el país. No obstante, mediante el decreto el Estado venezolano señalaba un norte a seguir.

Al mismo tiempo emprendía acciones tendientes a minimizar el poder de la Iglesia Católica, delimitando las esferas de trabajo del mundo civil y del eclesiástico. Entonces halló resistencia de parte de la institución milenaria, pero logró imponer su voluntad, en particular al deshacer los seminarios y entregarle a la Universidad la Facultad de Ciencias Eclesiásticas. En otras oportunidades, como ocurrió con el arzobispo Guevara y Lira, al negarse algún prelado a oficiar misas laudatorias de la gesta liberal, pues era expulsado del país. Como vemos, Guzmán Blanco no sólo libraba batallas contra sus adversarios regionales sino que buscaba la delimitación de los fueros de la Iglesia, mientras daba pasos hacia la creación de un Estado laico y moderno. Por supuesto, halló resistencia, y muy significativa.

Dentro de este marco conceptual, creó el matrimonio civil, el registro civil para nacimientos, matrimonios y muertes; la secularización de los cementerios, es decir, que dejaron de estar en manos de la curia; suprimió los conventos de monjas y envió al destierro al obispo de Mérida, Juan Hilario Bosset, por no estar de acuerdo con el matrimonio civil. Deshizo los fueros eclesiásticos y a partir de entonces el clero pasó a ser juzgado por los tribunales civiles. La tensión del conflicto fue creciendo hasta que el Vaticano intervino enviando un Embajador de buenos oficios, vicario apostólico, al que Guzmán Blanco le impidió la entrada al país. Es entonces cuando amenaza con crear una Iglesia Nacional Venezolana, al margen de la Santa Sede, pero no pasó de allí. El avenimiento entre Roma y Caracas tuvo lugar cuando el Vaticano nombró un arzobispo de agrado para ambas partes, José Antonio Ponte, quien es consagrado en 1876, cuando ya se llevaban seis años de relaciones sumamente tensas, en las que la voluntad de Guzmán Blanco se impuso sobre la Iglesia y ésta, basada en su dilatada experiencia, prefirió transigir que enfrentarse.

La reforma urbana

Dentro del plan de modernización del país que Guzmán Blanco tenía en mente, la construcción de emblemáticos edificios públicos era una tarea fundamental. Así fue como dispuso la construcción del Capitolio Federal, que fue concluido en su primera etapa en 1873. Entonces, también, decidió colocar la estatua ecuestre de Bolívar, del escultor Tadolini, en la que entonces pasó a llamarse Plaza Bolívar de Caracas. Además, ordenó que la antigua Iglesia de La Trinidad fuese reformada para llamarse Panteón Nacional, y depositar en él los restos mortales del Libertador, cosa que ocurrió el 28 de octubre de 1876, cuando fueron trasladados de la Catedral de Caracas a su nuevo destino.

El gobernante tenía clara conciencia de la necesidad de crear una iconografía patriota y una simbología nacional, por ello le encargó al pintor Martín Tovar y Tovar una galería de retratos de próceres de la independencia para ser ubicados en el Capitolio Federal, así como la creación de los grandes plafones de las batallas, a ser colocados en el Salón Elíptico del mismo edificio. Entre ellos, el más importante, y en el que Tovar invertirá mucho tiempo de trabajo, será el de la Batalla de Carabobo. La tarea del pintor tomó varios años, a partir de 1873, fecha en la que regresa a su taller en París con el encargo de Guzmán Blanco de adelantar las obras.

A partir de 1875 la megalomanía del «Ilustre Americano» hizo eclosión y se mandó a erigir dos estatuas. Una ecuestre, que fue colocada entre la Universidad Central de Venezuela y el Capitolio Federal, y otra pedestre, en el tope de la colina de El Calvario, ya no quedaban dudas acerca del culto a la personalidad que fomentaba Guzmán. Insistía en que después de Bolívar ninguna otra figura histórica tenía sus dimensiones; lo perjudicial era que esto no permanecía en su fuero interno, sino que se lo imponía al país insistentemente. En estos años se construye la carretera entre Caracas y los Valles del Tuy, el acueducto de El Calvario, el Teatro Guzmán Blanco, el Templo Masónico, el Cementerio General del Sur, entre otras obras de renovación urbana.

La Constitución Nacional de 1874

El 15 de abril de 1873 el Congreso Nacional lo elige Presidente de la República para cumplir un período de cuatro años, y el 19 del mismo mes le confiere el título de «El Ilustre Americano Regenerador de Venezuela». De inmediato promueve una nueva Constitución Nacional, la cual es promulgada el 27 de mayo de 1874. En ella, dos reformas en relación con la anterior son dignas de mención: la reducción del período presidencial a dos años, y la supresión del voto secreto, ya que a partir de entonces se requería que el voto fuese público y firmado, con lo que el secreto desaparece y, en consecuencia, la libertad de elegir también. Era difícil que alguien manifestara públicamente su inconformidad con el mandatario vigente que, como hemos visto, venía acumulando cuotas de poder verdaderamente desproporcionadas.

La promulgación de la Constitución Nacional de 1874 fue la gota que rebasó el vaso de los generales Pulido y Colina, quienes estuvieron a su lado hasta entonces, y se alzaron en armas en su contra. Esta vez el ejército que respaldaba al gobierno alcanzaba a cerca de veinte mil hombres, mientras los adversarios no llegaban ni a la mitad. El resultado fue favorable al poder constituido, y ya para 1875 reinaba de nuevo la paz, y los generales alzados habían pasado al exilio. La política trazada desde el comienzo, la de dejar que los caudillos regionales gobernaran en sus comarcas, surtía efectos favorables para el gobierno. Por otra parte, Guzmán Blanco cambió el nombre de su partido, dejaría de llamarse Partido Liberal y pasaría a denominarse Gran Partido Liberal Amarillo. Soñaba Guzmán con que la mayoría de los candidatos presidenciales surgieran de la cantera de su partido y así fue. El debate electoral se animó a partir de finales de 1875, y después de haber apoyado al general Hermenegildo Zavarce, el gobernante se decide por la candidatura del general Francisco Linares Alcántara, uno de los caudillos que lo siguió desde el momento mismo de su desembarco en Curamichate. Guzmán Blanco entregó la Presidencia de la República el 20 de febrero de 1877, y el 18 de mayo se embarca con destino a Francia, como Ministro Plenipotenciario del gobierno de Venezuela.

PRESIDENCIA Y MUERTE DEL GENERAL FRANCISCO LINARES ALCÁNTARA (1877-1878)

Los comicios en los estados tuvieron lugar en septiembre de 1876, y el Congreso Nacional perfeccionó la elección el 27 de febrero de 1877, imponiéndose la candidatura de Linares Alcántara por encima de la de Zavarce. El general Linares, entonces de 52 años, asumió la Presidencia de la República el 2 de marzo, después de una dilatada trayectoria de caudillo regional, en particular en Aragua, zona en la que gobernaba a sus anchas, siendo para la época Presidente de ese estado. Su gabinete estuvo integrado por Laureano Villanueva en Relaciones Interiores (su principal consejero), Raimundo Andueza Palacio en Relaciones Exteriores, José Eusebio Acosta en Guerra y Marina, Vicente Amengual en Fomento, Adolfo Urdaneta en Hacienda, Manuel Hernández Sosa en Obras Públicas, Juan de Dios Monzón en Crédito Público y José de los Santos Escobar en la Gobernación del Distrito Federal.

Aunque al asumir el cargo juró hacerle honor a las glorias de Guzmán Blanco, y de inmediato lo nombró Ministro Plenipotenciario en París, la verdad es que Linares encabezó la reacción anti-guzmancista desde un comienzo, aprovechando su influencia sobre el Congreso

Nacional para hacerse de honores que lo fueran estableciendo como un poder autónomo del de Guzmán. Buscaba Linares distinguir su gobierno por un tono democrático distinto al de su antecesor, y por ello se hizo aclamar por el Congreso como el «Gran Demócrata», a la vez que abría las puertas del país a los exiliados políticos, mediante un Decreto de Paz, firmado el 24 de mayo de 1877, seis días después de que Guzmán Blanco y su familia navegaran con rumbo a Francia. Este decreto permitió el regreso de un personaje anatemático para Guzmán: el arzobispo de Caracas Silvestre Guevara y Lira, con lo que la distancia entre Linares y su antecesor se hacía cada vez mayor.

La reacción contra Guzmán no sólo tomaba cuerpo en las aspiraciones personales de Linares sino que la alentaban muchos de los detractores del «Ilustre Americano». El camino jurídico de esta reacción comprensible, después del ejercicio férreo del poder por parte de Guzmán, fue el de la convocatoria de una Asamblea Nacional Constituyente que modificara el período constitucional de dos años, fijado por la Constitución Nacional de 1874, y se regresara al fijado por la Constitución Nacional de 1864, el de cuatro años. Este proyecto de extensión de su mandato puso en aviso, naturalmente, a Guzmán, que había establecido el período breve buscando que ningún otro jefe distinto a él quisiera eternizarse en el poder. No obstante esto, Linares avanzó con su reforma y fue sumando seguidores a su persona, por más que la prensa de entonces, la favorable a Guzmán, lo cubriera de insultos y, en honor a la verdad, él no reaccionara en contra de los autores de los ataques, haciéndole honor a su preconizado talante democrático.

Estando en funciones de gobierno el presidente Linares en La Guaira, enfermó súbitamente de una afección bronquial. Había salido de Caracas el 21 de noviembre de 1878, y falleció en la casa de la desaparecida Compañía Guipuzcoana el 30 del mismo mes. La sorpresa fue mayúscula, al punto que comenzó a alimentarse una leyenda, nunca confirmada, según la cual Linares había sido envenenado mediante un jugo de lechosa, por mano de los guzmancistas. En todo caso, Nicanor Bolet Peraza le propuso a la Asamblea Constituyente reunida el nombramiento de un hermano de Linares, el general José Gregorio Valera, como Designado para sustituir a Linares, y al general Gregorio Cedeño como segundo Designado, cargo que no aceptó. Esta administración perentoria tenía el encargo de llevar la República hasta la celebración de las elecciones. Sin embargo, el general Cedeño se rebeló ante los hechos y encabezó el 29 de diciembre de 1878 la llamada Revolución Reivindicadora, cuyo objetivo era el regreso de Guzmán Blanco al poder. Antes de este pronunciamiento, la Asamblea Nacional Constituyente había ordenado la demolición de las estatuas en honor del «Ilustre Americano», cosa que ocurrió el 22 de diciembre en acto público y con el aplauso de los caraqueños que estaban de acuerdo con la medida. Era evidente que la reacción anti-guzmancista sobrevivía a Linares y, también, que Guzmán se proponía regresar al poder.

La presidencia de Linares deja muchos interrogantes abiertos. ¿Si no hubiese fallecido hubiese tenido fuerza suficiente como para enfrentar la reacción de Guzmán a su proyecto político? No lo sabemos. No obstante, luce prematura la reacción anti-guzmancista de Linares, ya que la fuerza que éste había acumulado en el país no era pequeña, y las posibilidades de éxito en el enfrentamiento no eran suficientes. Sin embargo, Linares en la búsqueda de su propia gloria encabezó su propio proyecto, y la muerte lo sorprendió en el intento.

SEGUNDA PRESIDENCIA DEL GENERAL ANTONIO GUZMÁN BLANCO (1879-1884) «EL QUINQUENIO»

La Revolución Reivindicadora encabezada por el general Cedeño se impone, mientras Guzmán Blanco se embarca en Francia con rumbo a Venezuela. Llega el 25 de febrero a La Guaira, el 26 se encarga del mando, el 27 nombra un Congreso de Plenipotenciarios que restituye la Constitución Nacional de 1874, a partir de su primera reunión en abril. Este Congreso designa a Guzmán Presidente Provisional, ordena que se coloquen las estatuas en su lugar, y anula los actos del gobierno de Linares Alcántara, incluso los acordados por la Asamblea Constituyente y, satisfecho, Guzmán regresa en junio a París a buscar a su familia. Deja encargado a Diego Bautista Urbaneja, y se inicia el proceso de convocatoria de las elecciones, que se llevó a cabo en medio de muy poca controversia y, en consecuencia, muy poco entusiasmo. Obviamente, resultó electo Guzmán Blanco. Como vemos, no fue una tarea demasiado ardua la restitución de todo lo que Linares había trastocado. Evidentemente, las fuerzas anti-guzmancistas no eran suficientes como para vencer a las del «Ilustre Americano».

La reforma constitucional de 1881 y la eliminación del voto directo

En 1880, por indicaciones de Guzmán Blanco, se avanzó en la redacción de la reforma constitucional, la cual fue sancionada por el Congreso Constitucional, que tenía facultades constituyentistas, el 4 de abril de 1881. En esta Constitución Nacional de 1881, quedó establecida una nueva organización territorial, pasando la República de Venezuela a organizarse en nueve estados. El texto constitucional consagra la creación del Consejo Federal, integrado por un Diputado y un Senador por estado, escogidos por el Congreso, y será este Consejo el que elegirá al Presidente de la República, con lo que la reforma constitucional elimina el voto directo para elegir el primer magistrado. Conserva el período bienal ya establecido antes y establece la no reelección inmediata tanto del Presidente de la República como de los integrantes del Consejo Federal. Esta inclusión de la figura institucional del Consejo Federal, a semejanza de lo que ocurría en Suiza, condujo a que popularmente se le conociera a esta Constitución como la «Suiza».

Este año de 1881 Guzmán Blanco decreta, el 24 de mayo, que se tenga a la canción «Gloria al Bravo Pueblo» como Himno Nacional de Venezuela, en recuerdo, según reza el considerando del Decreto, de los hijos de la Gran Colombia: «fue el canto patriótico con que los hijos de la gran Colombia celebraban sus victorias y se alentaban en la adversidad». Sin embargo, es de hacer notar que investigaciones posteriores señalan que lo que hace comprensibles algunas estrofas de la canción, es que ésta se compuso días después del 19 de abril de 1810, cuando la Junta Defensora de los Derechos de Fernando VII no había sido rebasada por el proyecto patriótico, y más que un canto patriótico algunas estrofas lo que señalan es fidelidad al rey depuesto, en contra del usurpador francés. Sí es cierto que se cantó mucho a partir de su composición, y fue entonada por los patriotas, pero no deja de ser un contrasentido que los patriotas vocearan un canto en defensa de un rey.

La era de los ferrocarriles

En estos años el «Ilustre Americano» se empeñó en la modernización del país en distintos ámbitos. Estimuló la creación del sistema
de líneas de telégrafos, así como la construcción de vías férreas. Se iniciaron las vías Valencia-Puerto Cabello y la muy esperada Caracas-La
Guaira. La fórmula que halló Guzmán para convencer a las empresas
constructoras inglesas y alemanas fue la de garantizarles un retorno de
sus inversiones hasta del 7 por ciento, tuvieran lugar o no en relación
con los ingresos. Ocurrió muy pronto que los ingresos, que recibían las
concesionarias por el uso de los servicios ferroviarios, no fue suficiente, y la República tuvo que responder por el porcentaje pactado. Este
arreglo terminó siendo la ruina de las arcas nacionales, al punto que
la República tuvo que endeudarse para cancelar el monto convenido,
con lo que ya las deudas sumaban dos: las del contrato ferrocarrilero, y
las del crédito solicitado para cumplir con el contrato, pero estos serán
problemas que heredarán gobernantes posteriores a Guzmán Blanco.

El Centenario del Natalicio del Libertador

Hacia 1882 Guzmán manifestó su deseo, difícil de creer, de no
querer seguir al frente de la primera magistratura para el período constitucional de 1882 a 1884, pero sus seguidores se lo impidieron, y el
Consejo Federal lo eligió para un nuevo lapso, a partir del 17 de marzo
de 1882. Buena parte del año 1882 lo empleó Guzmán Blanco en preparar el siguiente, ya que se cumpliría el Centenario del Natalicio del
Libertador. Por este motivo el presidente presionó intensamente a la
empresa inglesa constructora del ferrocarril Caracas-La Guaira para que
estuviera a tiempo; se intensificó el plan de colocación de los primeros
teléfonos; una pequeña planta a vapor iluminaba las calles del centro de
Caracas; se inauguró el Parque Carabobo, la iglesia de Santa Capilla, y
la Exposición Nacional que, a la manera parisina, se montó en Caracas,
con el objeto de dar a conocer los progresos industriales y artísticos del
país. Este año, además, Guzmán Blanco fundó la Academia Venezolana
de la Lengua, correspondiente de la Real Academia Española de la Lengua, de la que fue su primer Director. Fue la primera academia creada

en Venezuela. Coinciden diversos historiadores acerca de la importancia de 1883 como el año en que comenzó el culto bolivariano en Venezuela; desde entonces ha sido mantenido, pero no siempre ha contribuido a la mejor comprensión de la vida y obra del Libertador, con frecuencia se ha incurrido en simplificaciones que desdibujan su personalidad.

El bienio 1882-1884 concluye con la determinación por parte del «Ilustre Americano» de no optar por un nuevo período. Hace saber al Consejo Federal, eso sí, que su candidato para sucederlo era el general Joaquín Crespo, y así fue.

PRIMERA PRESIDENCIA DEL GENERAL JOAQUÍN CRESPO (1884-1886)

Entre las candidaturas del general Venancio Pulgar, el doctor Juan Pablo Rojas Paúl y el general Joaquín Crespo, el Consejo Federal, aconsejado por Guzmán Blanco, escogió a Crespo, quien asumió la Presidencia el 27 de abril de 1884, mientras su antecesor se iba a Europa con su familia con rango de Ministro Plenipotenciario, en junio del mismo año. Primero se instaló en Londres y luego se mudó a París.

El bienio para Crespo representó una ardua prueba de su fidelidad a Guzmán, ya que no fueron pocos los que se le acercaron con el ánimo de contraponerlo a su mentor y compadre. En este sentido, Crespo cumplió con la fidelidad que suelen exigir los caudillos hacia su persona, más que para con sus ideas. Le tocó enfrentar las calamidades que produjo una plaga de langosta que azotó los cultivos hacia finales de 1884. Este hecho vino a sumarse a la ya precaria situación de los precios del café, afectados por la crisis mundial de la economía. La situación de las arcas nacionales era de tal precariedad que se hizo necesario recurrir a un empréstito y a reducir en un 25 por ciento el sueldo de los empleados públicos. También en 1884 tuvo Crespo que presidir las exequias de Antonio Leocadio Guzmán y el inmediato traslado de sus restos al Panteón Nacional.

En 1885 el déficit fiscal se pronunció aún más, mientras se inauguraba el ferrocarril Valencia-Puerto Cabello, bajo el mismo esquema de garantía del 7 por ciento de retorno de la inversión pautado por Guzmán Blanco. También durante este año, el incansable general Venancio

Pulgar se levanta en armas y entra al país desembarcando en el puerto de Carúpano. La rebelión es dominada, pero ello supuso un nuevo desembolso no previsto, que engrosó todavía más la insuficiencia económica del gobierno. Contemporáneamente, en la Universidad Central de Venezuela manifestaron en contra de un extraño personaje muy cercano a Crespo y su familia: Telmo Romero, director del Manicomio de Caracas, aficionado a temas médicos, y suerte de «brujo» o «curandero» que profesaba unas insólitas creencias en relación con la cura de la locura. La protesta se concentró en la quema de uno de sus libros. En el fondo, por lo que se protestaba era por la incompatibilidad entre la ciencia médica, que se rige por mediciones confiables, y la práctica sin fundamento científico que desplegaba el señor Romero, con el respaldo del presidente Crespo y su familia. Estamos ante una manifestación más de lo que se ha llamado el pensamiento mágico latinoamericano.

Ya cerca de cumplirse el Bienio 1884-1886 el Consejo Federal escogió de nuevo a Guzmán Blanco para regresar a la Presidencia, así lo hizo el 27 de abril de 1886. Sin embargo, el «Ilustre Americano» o no estaba seguro de querer regresar o le gustaba que le adularan; el caso es que tuvo que viajar a Europa una delegación para convencerlo de la necesidad de su regreso, cosa que logró sin mayores problemas, y el general Guzmán llegó a La Guaira en agosto, en medio de un título que sus adulantes orquestaron con esmero: «El Aclamado de los Pueblos», mientras al hecho de la asunción de la Presidencia se le llamó: «La Aclamación Nacional». Como vemos, la adulación estaba en su apogeo.

Al no más llegar, Guzmán reconoció con grandes epítetos al general Crespo, lo llamó: «modelo de hombres dignos», mientras celebraba su fidelidad, al regresarle el mando sin aspavientos, con el título de «héroe del deber cumplido».

TERCERA PRESIDENCIA DEL GENERAL ANTONIO GUZMÁN BLANCO (1886-1888) «LA ACLAMACIÓN»

A pesar de haber sido electo en abril por el Consejo Federal, Guzmán Blanco desembarca en La Guaira con su familia en agosto. Con ellos venía un nuevo miembro del conjunto familiar, el duque de

Morny, casado con Carlota Guzmán Ibarra. Ya el «ilustre Americano» había entrado a través de su hija en la nómina de la nobleza europea. No se apura para asumir la Presidencia, y lo hace el 15 de septiembre, cuando ya se hacía evidente que Guzmán no tenía urgencia de ejercer el gobierno. Se comentaba entonces que, probablemente, el general sentía que Venezuela era un escenario muy reducido para su estatura internacional.

La construcción de vías férreas sigue su curso (Caracas-Petare, Caracas-Antímano), y los negocios del Estado en los que participaba abiertamente Guzmán Blanco, también. Su fortuna personal seguía incrementándose, sobre la base de una confusión entre los asuntos públicos y los privados. No obstante, sería injusto que el comentario anterior quedara como conclusión única del largo período de influencia de Guzmán Blanco en la Venezuela del siglo XIX. En verdad, junto con la condenable práctica señalada, se propuso la modernización de distintos aspectos del país y en muchos de ellos logró avances importantes, sobre todo en lo que a modernización del Estado se refiere, ya sea en su vertiente educativa (el Decreto de Instrucción Pública, Gratuita y Obligatoria), en la jurídica (la redacción de los nuevos códigos), la urbanística y arquitectónica, así como en la propiamente política. Se propuso darle símbolos al carácter nacional, y por ello el país contó con un Panteón, un Himno, una moneda (el bolívar de plata), una iconografía patriótica (la obra encargada a Martín Tovar y Tovar para el Capitolio Federal) y la consolidación de un culto: el bolivariano.

Quizás por todo lo anterior a Guzmán Blanco no le convenció lo que le propuso el general Joaquín Crespo, turnarse uno y otro cada dos años en el poder, sino que prefirió irse a París. Es muy probable que sintiese que ya su labor estaba hecha, y que le quedaba poco por hacer por el país. En todo caso, en agosto de 1887, sin haber cumplido el Bienio completo se fue a Francia, dejando encargado de la Presidencia de la República al general Hermógenes López. No sospechaba entonces que jamás regresaría a Venezuela. Se iba con la tarea de avanzar en las conversaciones confidenciales con Inglaterra en relación con el diferendo sobre el río Esequibo.

Después del encuentro Guzmán Blanco-Crespo, en julio de 1887, también éste decidió ausentarse del país y se fue a España. Todo indica que hubo un desencuentro, que condujo a que Guzmán no pensase en Crespo como su sucesor inmediato de nuevo. Todo indica que la creciente influencia de Crespo en el Partido Liberal incomodaba a Guzmán, que no quería que nadie le discutiera su liderazgo, y que a partir de entonces no quiso que Crespo se presentara como candidato para el Bienio 1888-1890. Para ello, justo antes de irse a París, estimuló diversas candidaturas en el seno de su partido, con miras a la selección que habría de hacer el Consejo Federal, y luego ratificaría el Congreso Nacional en febrero de 1888.

Como vemos, la última Presidencia de Guzmán Blanco estuvo signada por el desencuentro entre el «Ilustre Americano» y el general Crespo, así como por el proyecto de resolver el diferendo con Inglaterra de manera confidencial. La larga suplencia del general Hermógenes López (agosto 1887-julio1888) concluye con la elección del doctor Juan Pablo Rojas Paúl. Por su parte, Guzmán no pudo regresar a Venezuela en lo sucesivo, y falleció en París el 28 de julio de 1899, a la edad de setenta años. Si el general José Antonio Páez fue el venezolano de mayor influencia política durante la primera mitad del siglo XIX, Guzmán Blanco lo fue durante la segunda mitad de la misma centuria.

La valoración de su obra política es compleja, ya que evidentemente su forma de manejar los fondos públicos fue inaceptable para los parámetros de la ética, pero no por ello es posible negar que se empeñó en modernizar el país en algunos aspectos importantes. La educación, las relaciones Iglesia y Estado, la reforma urbana, la creación de una iconografía y simbología patriótica, la selección de Bolívar como eje integrador de la nacionalidad, son aportes innegables de la tarea de Guzmán Blanco. También es cierto que sus reformas constitucionales constituyeron un retroceso en relación con las conquistas electorales alcanzadas. Eliminó el voto secreto y directo y redujo el período presidencial a unos extraños dos años que no guardaban relación con la tradición nacional. Como el lector puede colegir, no es posible despachar la influencia que durante más de veinte años tuvo Guzmán Blanco en Venezuela como si no hubiera tenido lugar, o como si hubiera sido exclusivamente perniciosa. Lo fue en muchos sentidos, es cierto, pero tuvo sus aspectos señalables, como ya hemos dicho.

DIEZ AÑOS DE TRANSICIÓN (1888-1898)

Este período de diez años, entre la paulatina desaparición del influjo del general Antonio Guzmán Blanco en la vida política y económica del país, y la llegada de los militares tachirenses a la capital, está signado por la reacción antiguzmancista y el regreso del general Joaquín Crespo al puesto de mando. Luego, el gobierno del general Ignacio Andrade puede verse a la distancia como el corolario de un tiempo, y el antecedente de la hegemonía más dilatada que se ha dado entre nosotros. Toquemos su puerta.

PRESIDENCIA DEL DOCTOR JUAN PABLO ROJAS PAÚL (1888-1890)

Antes vimos como el desencuentro entre Guzmán Blanco y Crespo condujo a que este último se ausentara del país, lo que no llevó a que los partidarios de su candidatura presidencial dentro del Consejo Federal no trabajaran por ella, aunque sin resultados favorables. Por ello fue que en junio de 1888 llegó la noticia del alzamiento en armas del general Crespo, quien se proponía invadir a Venezuela desde la isla de Trinidad. Esta noticia activó una cacería de conjurados en Caracas, que produjo el resultado de no pocos crespitas en la cárcel. En medio de estas circunstancias el presidente encargado, Hermógenes López, convocó al Consejo Federal para decidir el tema de la sucesión presidencial, ya que la presión en este sentido crecía, incluso llevando a algunos a afirmar que su presidencia era ilegítima. Convoca López para el 2 de julio y ese día los votos fueron suficientes para que se designara al doctor Juan Pablo Rojas Paúl presidente de la República para el Bienio 1888-1890.

El doctor Rojas Paúl era un abogado con una dilatada experiencia en asuntos del Estado. Había estado estrechamente ligado a Guzmán Blanco, a tal punto que al proponerlo para el cargo de primer magistrado afirmó: «Es leal, es inteligente y conoce todos los resortes de la administración pública». Era cierto, sus conocimientos del laberinto de las finanzas públicas, así como de todos los caminos jurídicos, lo distinguían de muchos otros. Además, profesaba un denodado amor por el ejercicio del poder, y había trabajado por años para alcanzarlo, no de otra manera puede interpretarse el abundante epistolario entre Guzmán Blanco y Rojas Paúl, así como el anecdotario que recoge sus angustias anteriores a su designación.

Lo primero que enfrenta Rojas Paúl es el alzamiento del general Crespo, quien se acerca a Coro a bordo de la goleta Ana Jacinta, hasta que es apresado por el general Francisco de Paula Páez el 2 de diciembre de 1888. Luego es trasladado a la cárcel de La Rotunda en Caracas, a donde va a visitarlo el presidente Rojas Paúl. Entre ambos se llega a un avenimiento. Crespo acepta abandonar el camino de la insurrección armada, Rojas Paúl lo indulta, y Crespo sale hacia Perú en el mismo mes de diciembre. Este hecho fue el primero que marcó distancia entre Rojas Paúl y Guzmán Blanco, aunque para muchos el propio lema de su gobierno «Paz, legalidad y concordia» fue un motivo de alejamiento, ya que no estaban dispuestos a acordar nada con los enemigos de Guzmán. Otros hechos vinieron a sumarse a la distancia entre Guzmán en París y Rojas en Caracas. En particular, lo atinente a contratos que el «Ilustre Americano» creía que el Congreso aprobaría y no ocurrió así, llegando incluso a improbarlos. También, varios contratos ferrocarrileros, en los que Guzmán tenía interés especial, ya que cobraba comisiones establecidas en las mismas cláusulas del documento contractual, comenzaron a dormir en las gavetas de los burócratas. Se avanzaba hacia una ruptura entre el mentor y el designado, pero ello terminaría de ocurrir en 1889, cuando la gota colmó el vaso.

Ya en la alocución de enero de 1889 ante el cuerpo diplomático señalaba el presidente Rojas Paúl, aludiendo a su antecesor: «A la Regeneración guerrera y combatiente debía suceder y ha sucedido, la Regeneración civil, pacífica, educadora y tolerante». Un paso más en el camino del deslinde entre su mentor, el artífice de la «Regeneración guerrera» y él. En abril, Guzmán hace pública su incomodidad ante el gobierno de Rojas Paúl, ya que lo hace quedar mal ante los empresarios europeos con los que negocia diversos contratos de obras para el país. El 27 de abril, fecha en la que se llevaba una ofrenda floral ante las estatuas de Guzmán, unos anti-guzmancistas lo impidieron, y el gobierno no los reconvino. Un último episodio antes de la ruptura fue el amago que hizo Rojas Paúl de renunciar, pudiendo mediante este recurso demostrarle a Guzmán Blanco que la romería de gente que se acercaba a su despacho a pedirle que no dimitiera, era prueba de sus apoyos propios, al margen del respaldo inicial del propio Guzmán. El 5 de junio de 1889 el «Ilustre Americano» renunció a su cargo de Ministro Plenipotenciario y Agente Fiscal de Venezuela en Europa, por carta enviada al Ministro de Relaciones Exteriores. La ruptura era total.

El gobierno de Rojas Paúl, al margen de la diatriba guzmancista, se venía distinguiendo por sus buenas relaciones con la Iglesia Católica, ya que el presidente era particularmente devoto, y ello se tradujo en construcciones de nuevas capillas y reparaciones de las existentes. Otro aspecto significativo fue el interés por la historia nacional que demostró Rojas Paúl, de hecho, fundó la Academia Nacional de la Historia, cuya primera sesión tuvo lugar en noviembre de 1889, con un discurso del propio Presidente, al igual que Guzmán Blanco lo hizo seis años antes en el acto fundacional de la Academia Venezolana de la Lengua.

A medida que se acercaban las elecciones para Presidente de la República en el Consejo Federal, se movían distintos intereses. El propio Rojas Paúl hizo redactar una reforma constitucional para ser sometida a consideración del Consejo Federal, en ella se extendía el período presidencial a cuatro años, y se facilitaba la continuidad del Presidente en funciones en el cargo. Esto provocó una reacción inmediata de la prensa adversa al gobierno, al punto que los propios proponentes desistieron del intento y no llegaron a presentar la reforma.

En cambio, prosperó la candidatura de un hombre fiel a Rojas Paúl, que había formado parte de su gobierno, el también civil Raimundo Andueza Palacio. El 19 de marzo de 1890 entregaba la Presidencia de la República el doctor Juan Pablo Rojas Paúl, bajo el esquema del período presidencial de dos años, fijado por voluntad de Guzmán Blanco, y que el presidente saliente intentó modificar, pero no pudo.

Rojas Paúl no se retiró de la vida pública, por el contrario, continuó sumamente activo en ella hasta el momento de su muerte en 1905. Discrepó del gobierno de Andueza Palacio, se avino con el de Joaquín Crespo, formó parte del de Ignacio Andrade, y colaboró estrechamente con el de Cipriano Castro. No cabe la menor duda acerca de su vocación de servicio público.

PRESIDENCIA DEL DOCTOR RAIMUNDO ANDUEZA PALACIO (1890-1892)

El Consejo Federal decidió designar como Presidente de la República al Ministro de Relaciones Interiores del gobierno saliente del doctor Rojas Paúl. Me refiero al doctor Raimundo Andueza Palacio. Se trataba del primer Presidente desde 1870 que no ascendía al poder bajo la capa de Antonio Guzmán Blanco, lo que le daba cierto margen de autonomía. No podía decirse lo mismo en cuanto a Rojas Paúl, que lo hizo ministro y, en cierto sentido lo catapultó a la primera magistratura. No obstante, el propio Rojas Paúl buscó infructuosamente la reforma constitucional de manera de poder prolongar su mandato, con lo que quedaba claro que en caso de no lograrlo, como sucedió, su opción sucesora era la de Andueza Palacio.

Asumió la Presidencia el 19 de marzo de 1890 para ejercer un encargo que debía concluir en febrero de 1892. Ya veremos cómo esto no sucedió como estaba previsto. Al ser designado Andueza por el Consejo Federal, el general Crespo se ausentó de Caracas, dando a entender que no estaba satisfecho con la designación. En lo inmediato, el gobierno de Andueza le dio continuidad a las obras de Rojas Paúl, dando a entender que entre mandatario saliente y entrante prosperaba una buena relación, aunque pocos meses después los hechos lo desmintieron. En lo atinente a la administración del gobierno, la situación fiscal no era comprometida, gracias al solo hecho de no haber tenido que invertirse los fondos en pertrechos militares, dado que no había tenido lugar ninguna escaramuza guerrera y, además, a que habían mejorado los precios internacionales del café.

La Guayana inglesa y Colombia: los límites

Al no más asumir el cargo, Andueza tuvo que ocuparse del alarmante despliegue de factores ingleses en la Guayana, territorio que pertenecía a Venezuela, y cuya discusión había llevado a una ruptura de relaciones con Inglaterra a partir de 1887. Este tema lo venía llevando personalmente Guzmán Blanco en conversaciones secretas en Europa, a partir de sus sucesivos nombramientos como Ministro Plenipotenciario. De hecho, el ministro de Relaciones Interiores, el general Sebastián Casañas, por orden del presidente Andueza, publicó los documentos sobre el particular, cosa que provocó una airada reacción desde París por parte de Guzmán. El gobierno de Andueza caminaba hacia lo que finalmente ocurrió: responsabilizar a Guzmán Blanco de la usurpación inglesa de la Guayana y someterlo al escarnio público acusándolo de «Alta Traición». Si Rojas Paúl encabezó una reacción anti guzmancista durante su gobierno, el de Andueza fue más allá y logró que el Congreso Nacional le retirara los títulos que le había conferido tanto a Guzmán Blanco como a Crespo, asentando un principio verdaderamente ecuánime: el de prohibir que se le concedieran títulos y honores a hombres públicos en vida. Con esta medida, tanto los adulantes como los adulados se vieron de manos atadas. La ruptura con Guzmán y los guzmancistas era absoluta.

La larga controversia acerca de los límites con Colombia se inicia en 1833 con el proyecto de Tratado Pombo-Michelena, continúa con las negociaciones entre Fermín Toro y Joaquín Acosta (1844), se extiende con los diálogos entre Antonio Leocadio Guzmán y Manuel Murillo Toro (1874), y desemboca en la ruptura de relaciones a partir de 1874. La reanudación de relaciones en 1881 se basa en la aceptación de un Tratado de Arbitramiento de Límites encargado al rey Alfonso XII de España. La documentación se atrasó, el monarca falleció (1885) y el resultado vino a darse en 1891, cuando la viuda de Alfonso XII, la regente María Cristina, comunicó a las partes el resultado. Sumamente desfavorable para Venezuela, por cierto. Este hecho, además, en medio de la polémica que vivía el país en torno a la reforma constitucional propuesta por Andueza Palacio, pasó inadvertido. Sin embargo, el Laudo Arbitral estaba allí, y vino a agravar la situación de Venezuela con Colombia y su proceso diplomático de controversia acerca de los límites territoriales. Venezuela, finalmente, objetó el Laudo y no lo aceptó, postergándose el tema para 1917, cuando las partes convinieron en un nuevo Laudo, arbitrado por Suiza, que veremos en su momento.

La reforma constitucional

En 1891 el propio Andueza Palacio comenzó a promover una reforma constitucional, prácticamente idéntica a la fallida de Rojas Paúl. Ésta consistía en reinstaurar el voto directo para Presidente de la República y en extender el período a cuatro años, como había sido en el pasado, antes de la reforma guzmancista. Además, se proponía fortalecer el poder local, tesis del Partido Liberal original, antes de que Guzmán fuese centralizando el poder. También se proponía reformas territoriales y de denominación de los estados. Los adversarios de Andueza, y quienes no lo eran tanto, vieron en la proposición una voluntad continuista del Presidente, y de inmediato se activó la reacción contra el proyecto. Esto unía a personajes tan disímiles como Crespo y Rojas Paúl, para quien ya estaba claro que no podía controlar a Andueza, que ya volaba con autonomía. La escalada de oposición al proyecto comenzó a aumentar.

La diatriba se centró en si la reforma debía regir de inmediato, lo que dejaba a Andueza en el poder por dos años más, o si debía regir a partir de 1894, nombrándose un Presidente interino que no fuese Andueza. Cuando el texto de la reforma iba a llegar al Congreso Nacional, después del trayecto de las legislaturas estadales, Andueza advirtió que no contaría con los votos necesarios para aprobarlo y, entonces, le ordenó a sus seguidores no asistir, con lo que el *quórum* se hizo imposible. Fue entonces cuando el Presidente impuso la reforma desatendiendo al Congreso Nacional, lo que jurídicamente era un golpe de Estado. A partir de entonces la escalada del conflicto era guerrera. Crespo se alza en armas y denomina a su acción como la Revolución Legalista. Buscaba el poder por las armas.

Andueza designa al general Casañas al frente del Ejército que enfrentará al de Crespo y el encontronazo ocurre, pero ninguno fue derrotado absolutamente. Casañas regresa a Caracas y es sustituido al mando del Ejército por Julio Sarría, entonces ministro de Guerra y Marina, quien junto al general Domingo Monagas, jefe de la Guarnición de la Capital, finalmente obligan a Andueza a renunciar. Alegaban que la violencia que sacudía al país se debía a la pretensión continuista del Presidente y que se imponía un retiro. Así ocurrió: Andueza renunció por carta el 17 de junio de 1892, señalándole en ella a su sucesor inmediato, Guillermo Tell Villegas, lo siguiente: «Si mi nombre puede ser causa para seguirse derramando la generosa sangre venezolana, que desaparezca para siempre del estadio de la política y que sea reemplazado por el venerable nombre de usted». Como vemos, regresaba Villegas a apagar fuegos: ya lo había hecho en tiempos de los Monagas.

A Andueza se le permitió viajar a Martinica con su familia, y luego se estableció en París. Regresó a Venezuela en 1898, muerto Crespo, y se incorporó al gobierno de quien había sido diputado afecto a su causa: el general Cipriano Castro, en calidad de Ministro de Relaciones Exteriores. Murió en 1900.

La verdad es que Andueza contó con respaldos políticos, que supo granjearse a partir de la buena situación de las arcas del Estado, pero no fueron suficientes. A esta circunstancia se le suma el hecho de que el general Crespo, ya desde la presidencia anterior de Rojas Paúl, estaba buscando llegar al poder, y no era un enemigo pequeño. Aunque había advenido al mundo de la política de la mano de Guzmán Blanco, desde hace años tenía fuerza propia, y un proyecto personal.

SEGUNDA PRESIDENCIA DEL GENERAL JOAQUÍN CRESPO (1892-1898)

A partir de la decisión de Andueza Palacio de imponer la reforma constitucional al margen del Congreso Nacional, y con la sola aprobación de las legislaturas estadales, el general Crespo inicia su Revolución Legalista, para oponerse a lo pautado por Andueza, y triunfa. Entra a Caracas el 6 de octubre de 1892 y de inmediato toma medidas. Entre ellas, el embargo de los bienes de 340 funcionarios del gobierno saliente, y anuncia que serían juzgados por responsabilidad política y administrativa. La medida causó asombro y no poco revuelo. Además, Crespo se negaba a reconocer las deudas en que había incurrido el Estado, con motivo de las acciones militares que adelantó Andueza para defenderse del desafío del propio Crespo. El asunto era complejo.

El gobierno de Crespo, después de las negociaciones de rigor, llega a un acuerdo con el Banco de Venezuela, dirigido por Manuel Antonio Matos, acerca del pago que el Estado había contraído con la institución bancaria. Este tema, por otra parte, estuvo signado por la presión que el gobierno ejercía sobre Matos, ya que éste había sido integrante de la administración Andueza. Finalmente, no sólo Matos pasa a ser parte del gobierno de Crespo, sino que éste conviene en una amnistía en relación con los 340 funcionarios que persiguió al principio de su gobierno.

Por otra parte, a partir del momento mismo en que asume el mando, Crespo se propone hacer buena la mención al «legalismo» de su revolución, y convoca a unas elecciones directas para elegir a los integrantes de la Asamblea Constituyente que redacten un nuevo texto constitucional. La Asamblea se constituye el 4 de mayo de 1893, bajo la presidencia del general José Antonio Velutini. La Asamblea confirma a Crespo como Presidente Provisional, sanciona una nueva ley electoral y fija los comicios para el 1 de diciembre de 1893, sobre la base de la nueva Constitución Nacional.

La Constitución Nacional de 1893

Fue promulgada el 12 de junio de 1893 por la Asamblea Nacional Constituyente y sancionada por Crespo días después. La carta magna regresa al período constitucional de cuatro años y al voto directo y secreto que había fijado la Constitución Nacional de 1858, por la que se eligió por primera vez un Presidente de la República de manera directa y secreta: Manuel Felipe de Tovar. El texto constitucional, además, prohíbe la reelección inmediata. En pocas palabras, Venezuela asumía de nuevo la democracia como sistema de gobierno, como sistema de elección de sus autoridades. Regresaba el país a tiempos anteriores a los de Guzmán Blanco, quien a medida que avanzaba en sus gobiernos iba desdiciendo su origen liberal, y sus banderas democráticas, para asumir el centralismo y el voto indirecto, a partir de la Constitución Nacional de 1881.

Crespo vence en las elecciones de diciembre de 1893 de manera abrumadora, con 349.447 votos, y asume la Presidencia Constitucional de la República el 14 de marzo de 1894, para ejercer el mando durante cuatro años. La situación económica no era la misma que imperó durante el gobierno de Andueza: los precios del café habían caído y, como vimos, las deudas de la República no eran pocas.

El empréstito de 1896

Para colmo de males, la República tuvo que recurrir a un préstamo para enfrentar las deudas que se producían como consecuencia del contrato que había firmado Guzmán Blanco con las empresas ferrocarrileras. Aquel 7 por ciento que se garantizó a las compañías concesionarias pesaba enormemente, ya que la sola operación de los ferrocarriles no alcanzaba la cifra, y el Estado venezolano se había comprometido a pagarla. Al gobierno de Crespo no le quedó otro camino que solicitar un préstamo para enfrentar la situación, y se lo otorgó el *Disconto Gesellschaft* de Berlín. A partir de la firma del nuevo contrato que pesaba sobre la República se desató una tempestad política. La oposición al gobierno de Crespo consideraba que el empréstito gravaba severamente a la nación, y que el banco alemán que lo otorgaba podría ser una amenaza para la soberanía nacional. Las críticas arreciaron a través de la prensa, ya que había verdadera libertad de expresión, aunque algunos pensaban que no valía de nada porque Crespo no le ponía atención a la disidencia. Sin embargo, hay pruebas en contrario que demuestran que sí atendía a la opinión pública. En cualquier caso, el tema del préstamo fue significativo en la polémica pública y, luego veremos cómo pesó sobre el gobierno de Cipriano Castro.

Inglaterra y la Guayana Esequiba, otra vez

A finales de 1896 tiene lugar un hecho que desató las pasiones nacionales. Soldados ingleses se empeñan en llevar los límites hasta el río Yuruari, intento que fue severamente repelido por soldados venezolanos, que hacen presos a los invasores y luego izan la bandera nacional en el sitio, confiscando a la inglesa. Este hecho fue considerado como una grave ofensa por Inglaterra, que reclamó airadamente al gobierno venezolano. La escalada del conflicto era vertiginosa, cosa que lleva al presidente de los Estados Unidos de Norteamérica, Grover Cleveland, a invocar la Doctrina Monroe: «América para los americanos». El mensaje de Cleveland es claro hacia Inglaterra: no deben seguir intentando apoderarse de territorios en América, zona de influencia de los Estados Unidos o, de lo contrario, se procederá en consecuencia. La corona inglesa no está satisfecha y, a ratos, pareciera que estallaría un conflicto armado entre ambas naciones, pero termina imponiéndose la lógica de la paz, dentro de la geopolítica de la época, en la que los imperios europeos van a comenzar a perder territorios de ultramar. En 1897, los Estados Unidos e Inglaterra le imponen a Venezuela un arbitraje internacional. El tribunal estuvo compuesto por dos norteamericanos, dos ingleses y un ruso, y dos años después, el 3 de octubre de 1899 fallaron, despojando a la República de 159.500 Km². Por su parte, Venezuela no acepta el fallo, y lo recurre por diversas razones. Volveremos sobre este asunto en su momento.

Elección y fraude

De acuerdo con la Constitución Nacional vigente, la de 1893, las elecciones directas y secretas tendrán lugar en septiembre. Se presentan cinco candidatos: Pedro Arismendi Brito, el general Francisco Tosta García, el recurrente Juan Pablo Rojas Paúl, el general José Manuel Hernández «El mocho», y el general Ignacio Andrade, el favorito de Joaquín Crespo.

El general Hernández venía recogiendo mucho apoyo popular, con propuestas novedosas para el país, y despertando fervor en el pueblo, de modo que lucía como favorito, circunstancia que el gobierno conocía. Quizás por ello el día de las elecciones se cometió un fraude: fuerzas leales al gobierno ocuparon los centros de votación desde la noche anterior, provistas de armas blancas y palos, en actitud amenazadora. La consecuencia inmediata fue la no concurrencia de los votantes distintos a la candidatura de Andrade. No se pudo pulsar la voluntad popular. El «Mocho» Hernández se alzó en armas, mientras Crespo organiza la transmisión de mando, hecho que ocurre el 28 de febrero de 1898, con el perfeccionamiento de las elecciones por parte del Congreso Nacional, y la asunción por parte del general Ignacio Andrade de la Presidencia de la República. Después de entregado el mando, Crespo sale a batallar contra Hernández, y en los llanos cojedeños, escondido entre el ramaje, un francotirador disparó certeramente. Crespo fue abatido el 16 de abril de 1898. El último caudillo del siglo XIX caía de su caballo.

PRESIDENCIA DEL GENERAL IGNACIO ANDRADE (1898-1899)

El resultado de las elecciones de septiembre de 1897 no había manera de creer que fuera cierto, dada la gran popularidad del «Mocho» Hernández. Según el gobierno, Andrade obtuvo 406.610 votos, mientras Hernández obtenía 2.203. De allí que al Mocho no le quedara otro camino que lo que se denominó la Revolución de Queipa (hacienda ubicada en la sierra occidental del estado Carabobo): el alzamiento en contra de las fuerzas gubernamentales.

En medio de esta circunstancia de debilidad, ya que la legitimidad de su gobierno estaba puesta en duda, Andrade asume la Presidencia de la República el 28 de febrero de 1898, para cumplir un período presidencial de cuatro años, de acuerdo con la Constitución Nacional vigente, y para gobernar bajo la égida del general Crespo quien, sin la menor duda, lo había llevado hasta la primera magistratura. No obstante, los hechos pautaron otro camino, y Crespo muere en el sitio de la Mata Carmelera el 16 de abril, como señalamos antes, dejando a Andrade desguarnecido, ya que su influencia política era notablemente menor que la de su mentor. De inmediato Andrade le entrega al general Ramón Guerra la dirección de la campaña en contra de Hernández, y éste lo derrota y lo hace prisionero, con lo que la amenaza que su fuerza significaba queda en suspenso. Pero, por otra parte, la victoria de Guerra lo convierte en un referente importante, que aspiraba a suceder a Crespo en la Presidencia del gran estado Miranda, un gobierno estadal que controlaba un vastísimo territorio y lo hacía, de hecho, segundo a bordo en el mando del Estado. Esta aspiración de Guerra fue interpretada por Andrade como una amenaza, lo que condujo a que adelantara una reforma de la organización del Estado, tendiente a devolverle a las regiones su autonomía y a regresar a la estructura de los veinte estados. Esto, a todas luces, enardeció a Guerra, quien pasó a ser una amenaza para el gobierno, alzándose en armas en Calabozo en febrero de 1899. Las fuerzas leales a Andrade vencieron a Guerra un mes después de su alzamiento. Al fin, parecía que Andrade gobernaría sin desafíos guerreros.

La reforma constitucional que puso en guardia al general Guerra, y que lo llevó a alzarse en contra del gobierno de Andrade, finalmente se aprobó en abril de 1899, regresando la estructura territorial a los 20 estados pautados en la Constitución Nacional de 1864. También, el Congreso Nacional aprobó la primera Ley sobre Inversiones Extranjeras que imperó en Venezuela. Por otra parte, del informe al Congreso Nacional presentado por Andrade se desprende que la situación económica del país era poco menos que desastrosa. Una vez más, la dependencia de un solo cultivo, el café, hacía muy vulnerable la economía nacional, que se veía afectada por la caída de los precios de este fruto en el mercado internacional. Esta circunstancia se añadía a la fragilidad con que Andrade intentaba gobernar, desprovisto de apoyos esenciales para el ejercicio robusto del poder.

La Revolución Liberal Restauradora

La causa que esgrimió el general Cipriano Castro para iniciar el 23 de mayo de 1899 su Revolución Liberal Restauradora fue esta reforma de Andrade. Se proponía Castro restaurar la legalidad «violada» por el gobierno, aunque todo indica que desde hace años Castro esperaba la oportunidad para buscar el poder nacional por la vía de las armas. Se había destacado en su estado natal, Táchira, como un líder de significación regional, había respaldado entusiastamente al gobierno de Andueza Palacio, y desde 1892 permanecía en el exilio en Cúcuta, en donde se había casado con Zoila Rosa de Castro, quien será conocida en Venezuela como «Doña Zoila», y administraba una hacienda de su propiedad, justo al lado de la de su compadre Juan Vicente Gómez, también en el exilio colombiano por razones políticas.

La debilidad del gobierno de Andrade, que no lograba consolidar un poder similar al que detentaba su mentor fallecido, avivó el empeño de Castro por llegar al poder. Así fue como organizó un comando revolucionario integrado por Juan Vicente Gómez, Manuel Antonio Pulido, Emilio Fernández, Régulo Olivares, Froilán Prato y Santiago Briceño Ayesterán, todos en el exilio, que invade el territorio nacional a partir del 23 de mayo y libra su primera batalla al día siguiente, en Tononó, cerca de San Cristóbal, para continuar con los encontronazos guerreros de Las Pilas, El Zumbador, Cordero, Tovar —con un ejército que ya sobrepasaba los 1.500 soldados— hasta acercarse al centro del país, venciendo en Parapara, Nirgua y Tocuyito, el 14 de septiembre de 1899, cuando ya se hacía evidente que el ejército que comandaba Castro iba a llegar a Caracas triunfante. Cosa que ocurre el 22 de octubre de 1899, después de haber negociado la entrega del poder el día antes con el general Luciano Mendoza. El 20 de octubre el general Ignacio Andrade, abandonado por sus seguidores, y traicionado por algunos de ellos, abandona el país por el puerto de La Guaira, rumbo a Puerto Rico.

Castro había entrado a territorio nacional proveniente de Cúcuta al frente de un contingente de sesenta hombres armados, al que se le fueron sumando otros por el camino, y contó, además, con el desánimo o la traición de los generales al servicio del gobierno de Andrade. De modo que a su arrojo se sumó la falta de determinación del contrario, así como algunas gotas de «buena estrella» o azar. Además, Andrade no se decidió por defenderse al margen de la Constitución Nacional, instaurando una dictadura, y esto lo debilitó aún más, tornándole imposible retener el poder respetando los cauces constitucionales. La diatriba era desigual: Castro buscaba el poder por las armas, y Andrade intentaba retenerlo apegado a los preceptos constitucionales. Años después Andrade regresa al país, y hasta se aviene con quien lo derrocó, desempeñando un cargo público menor, y dedicado a sus asuntos personales.

En medio de la campaña de La Revolución Liberal Restauradora, específicamente el 3 de octubre de 1899, diecisiete días antes de que el general Ignacio Andrade se viera obligado a abandonar el país y entregar el poder, se firma en París el Laudo Arbitral que despojaba a Venezuela de parte del territorio de la Guayana Esequiba, y que el país no aceptará en ninguna de sus partes. Muchos años después, en Ginebra, en 1966, tanto Gran Bretaña como la futura República Cooperativa de Guayana reconocerán el reclamo de Venezuela.

LA HEGEMONÍA MILITAR TACHIRENSE (1899-1945)

Este largo período de la historia contemporánea de Venezuela se inicia con la entrada triunfal del general Cipriano Castro y sus tropas a Caracas, el 22 de octubre de 1899, y concluye con el golpe de Estado civil-militar que derrocó al general Isaías Medina Angarita, el 18 de octubre de 1945. Esta etapa estará signada por el gobierno de militares tachirenses, que deben su elección a la determinación de la entonces más sólida institución nacional: el Ejército. Durante el dilatado período, además, Venezuela padece la más prolongada dictadura militar que le ha tocado sufrir, la de Juan Vicente Gómez. También, el país avanza hacia formas democráticas de convivencia con el ejercicio del poder por parte de Eleazar López Contreras y Medina Angarita.

PRESIDENCIA DEL GENERAL CIPRIANO CASTRO (1899-1908)

El gobierno de Castro va a iniciarse con la incomodidad no manifiesta del grupo de andinos que lo acompañan en la aventura, ya que a partir de su paso por Valencia se hace acompañar por lo que se llamó entonces el «círculo valenciano», que en cierta medida impidió que los andinos detentaran todos los puestos de mando. Sin embargo, la ascendencia de Castro sobre sus paisanos comandados era suficiente como para mantenerlos satisfechos. Por otra parte, la influencia de los valencianos en el gobierno de Castro no fue óbice para que los andinos ocuparan otros destinos públicos. Luego, durante la larga dictadura de Gómez, la presencia andina en el gobierno se pronunció mucho más. En todo caso, con la llegada de Castro al poder comienza el largo camino de mando de un gentilicio que no había gobernado antes de esa manera. Esto no quiere decir que en gobiernos anteriores no hubiesen figurado andinos en puestos claves del aparato del Estado, y tampoco quiere decir que los andinos estuviesen completamente aislados del resto del país. Por el contrario, la región era de las principales productoras de café, y contaba con un desarrollo propio muy superior al de otras zonas del país. Además, por razones históricas, no dispusieron de mano esclava durante el período colonial, lo que obligó a las familias lugareñas a trabajar la tierra ellas mismas, y a llevar la administración de sus fincas con criterios económicos muy claros. De estas familias proviene la mayoría de los tachirenses que llegan al poder con Castro, entre ellos su sucesor y compadre: Juan Vicente Gómez.

A pesar de que Castro incluyó en su gabinete al «Mocho» Hernández, como ministro de Fomento, éste muy pronto se alzará en armas, y logrará reunir un contingente importante de soldados, pero será derrotado en mayo de 1900. No obstante la derrota de Hernández, pocos meses después, en octubre, se alza el general Nicolás Rolando en Guayana, proclamando la autonomía de la región. Y la seguidilla de alzamientos no cesa: Celestino Peraza en diciembre, Pedro Julián Acosta en enero de 1901, Juan Pietri en marzo, Carlos Rangel Garbiras penetra desde Colombia en el Táchira. Todas las insurrecciones fueron vencidas por el ejército de Castro, al mando de Juan Vicente Gómez y otros generales fieles al tachirense. De esta manera, en contraposición a lo que se buscaba, el gobierno del natural de Capacho se fortalecía, y en particular la institución armada que lo sostenía. Mientras los alzamientos eran descoordinados, la respuesta era unívoca, consecuencia de un solo mando. Además, la seguidilla de alzamientos condujo a que Castro reforzara enfáticamente su ejército, lo que fue sentando las bases de su futura profesionalización, y de su establecimiento monopólico.

La Revolución Libertadora de Manuel Antonio Matos (1902-1903)

Junto con la cadena de levantamientos anterior, el banquero Manuel Antonio Matos entra en conflicto con el gobierno desde el comienzo del mandato. Castro pretendía lograr un crédito con el Banco de Venezuela, y esta institución consideró que no se ofrecían suficientes garantías, por lo que se lo negó. Motivo por el cual Castro entró en cólera, y se inició un enfrentamiento. Matos, con el apoyo de la *New York and Bermúdez Company*, la empresa alemana del Gran Ferrocarril de Venezuela y la Compañía Francesa del Cable Interoceánico, enfrenta militarmente a las fuerzas de Castro. Por si fuera poco, mientras estos fuegos se han avivado en el territorio nacional, el Presidente de la República respalda secretamente a una de las fuerzas en pugna en la vecina República de Colombia. Como vemos, no puede decirse que el país estaba en calma, ni que avanzaba hacia ella.

Se congregan alrededor de Matos un conjunto de caudillos regionales nada despreciable: Luciano Mendoza, Domingo Monagas, el ya citado Nicolás Rolando, Pedro y Horacio Ducharne, Ramón Guerra, Juan Pablo Peñaloza, entre otros. Reciben una estocada difícil de superar en la batalla de La Victoria, en noviembre de 1902, donde al ejército de cerca de 14 mil hombres de Matos, las fuerzas de Castro lo pone en fuga, dispersándolo ya de manera irremediable. Será una fracción de este conjunto, que huye hacia Ciudad Bolívar, la que se enfrente con el ejército comandado por Juan Vicente Gómez y pierda la contienda, el 22 de julio de 1903, día en el que tuvo lugar la última batalla que ha habido en Venezuela. Concluía así la última andanada de los caudillos regionales, esta vez en asociación con el capital nacional y extranjero, para hacerse del poder por la vía de las armas, la misma que utilizó Castro para hacerse del mando. Volvamos ahora a tiempos constituyentistas.

La Constitución Nacional de 1901

En cuanto a la legalidad del mandato de Castro, recordemos que irrumpe con su revolución buscando restaurar el hilo constitucional que dice haber roto Andrade. De modo que mediante decreto del 27 de octubre de 1899 sanciona la vigencia de la Constitución Nacional de 1893. Sin embargo, muy pronto va a convocar a una Asamblea Nacional Constituyente que redacte una nueva carta magna. Ésta se sancionará el 29 de marzo de 1901, fijando el período presidencial en seis años, sin reelección inmediata, y estableciendo un nuevo método para la elección del Presidente de la República. Esta misma Asamblea, por su parte, designará a los generales Ramón Ayala y Juan Vicente Gómez como primer y segundo vicepresidente de la República. A partir de entonces en el mes de octubre del año en que se fijen elecciones, los Concejos Municipales escogerán entre los candidatos a uno. En caso de no ser unánime la decisión, el Congreso Nacional la perfeccionaría. Como era de esperar, para las elecciones de octubre de 1901 se presentó un solo candidato: Cipriano Castro.

El episodio del Bloqueo (1902)

Alemania e Inglaterra contemplan con alarma cómo la República de Venezuela se acerca a la insolvencia económica. La caída de los precios del café, así como otras calamidades, hacía imposible para Venezuela la cancelación de sus deudas. En particular, el préstamo que había contraído con el *Disconto Gesellschaft de Berlín* en 1896, en tiempos de Joaquín Crespo, para honrar el contrato firmado por Guzmán Blanco con las empresas constructoras de ferrocarriles, pesaba mucho sobre el presupuesto nacional. Al reclamo alemán-británico inicial se sumaron Italia, Francia, Bélgica, Holanda, España y México, todas con reclamos que formular a la insolvente Venezuela.

El 9 de diciembre de 1902 la armada alemana e inglesa bloquean el puerto de La Guaira; el 13 bombardean Puerto Cabello; el 17 se apostan frente a la fortaleza de San Carlos en la barra del lago de Maracaibo; un buque italiano fondea en la desembocadura del Orinoco. La reacción inmediata de Castro fue contundente. Le pidió al historiador Eloy González que redactara una proclama repeliendo el bloqueo, en ella puede leerse, el 9 de diciembre de 1902, la famosa frase: «¡La planta insolente del Extranjero ha profanado el sagrado suelo de la Patria!». El efecto inmediato del bloqueo fue la galvanización de las diversas fuerzas nacionales alrededor de Castro, incluso las de quienes lo adversaban. No obstante el apoyo recibido, el conflicto no va a resolverlo el Presidente de Venezuela, sino el gobierno de los Estados Unidos de Norteamérica, presidido por Teodoro Roosevelt, ya que el episodio era un tema perfecto de Derecho Internacional Público, y el gobierno norteamericano invocó la Doctrina Monroe, concebida por el presidente de los Estados Unidos en 1823, James Monroe, según la cual «América para los americanos» también suponía que Europa era para los europeos. En otras palabras: si alguna potencia europea intentaba invadir territorio americano, los Estados Unidos la enfrentarían y, por otra parte, los Estados Unidos jamás intentarían invadir algún territorio europeo o de su zona de influencia.

Sobre la base de esta doctrina Castro aceptó o invocó la intervención de los Estados Unidos para la solución del conflicto, y así fue. El 13 de febrero de 1903 se firmó el Protocolo de Washington por parte de Herbert W. Bowen, autorizado por el gobierno de Venezuela, y Michael H. Herbert, embajador del Reino Unido en los Estados Unidos de Norteamérica. En el Protocolo se establece literalmente que Venezuela se obliga a: «ceder con este objeto en favor del Gobierno Británico, principiando desde el 1º de marzo de 1903, el treinta por ciento en pagos mensuales de los ingresos aduaneros de La Guaira y Puerto Cabello, que no podrán ser destinados a otros objetos». Firmado el documento las naves europeas abandonaron nuestras costas y cesó el episodio del bloqueo. Investigaciones recientes revelan que Alemania había proyectado una situación más permanente de sus tropas en Venezuela, llegando incluso a concebirse una suerte de dominio estable. Sin embargo, el tema era internacional y Roosevelt, que al parecer conocía estos planes, no podía permitir que potencias europeas intervinieran en territorio del continente americano.

El episodio del bloqueo afianzó a Castro en el poder, e incluso le permitió incorporar al «Mocho» Hernández a su gobierno de nuevo. Lo designó embajador de Venezuela en Washington. Los hechos le allanaron el camino a Castro y, por ello, se empeñó en la reforma de la Constitución, aprovechando el viento a favor.

La Constitución Nacional de 1904

Sobre la base de la Constitución Nacional de 1901, Castro había sido electo para gobernar por seis años, entre 1902 y 1908, sin reelección. No obstante, la Constitución Nacional promulgada el 27 de abril de 1904 suspende el período vigente y modifica el sistema de elección; ya no será a través de los Concejos Municipales sino de un grupo de catorce electores, similar al de Guzmán Blanco, y así se elige a Castro como Presidente de la República para el sexenio de 1905 a 1911. Este episodio, ya descarado, viene a consolidar lo que antes era una tendencia: que el Presidente de la República de turno se mandaba a confeccionar una Constitución Nacional como si fuera un traje a la medida para perpetuarse en el poder. No han pasado tres años de la Constitución de 1901 y Castro ya modifica el período a su favor con la de 1904. Además, sobre la base del nuevo texto constitucional, designa a dos vicepresidentes de la República: Juan Vicente Gómez y José Antonio Velutini.

El principio del fin

Consolidado en el poder, Castro se entrega con mayor fruición a la alegría de vivir. Entonces en la prensa comenzaron a llamarlo «el bailarín eléctrico», por sus dotes para la danza desenfrenada. Su actitud festiva contrastaba con la del vicepresidente Gómez, quien llevaba una vida rutinaria y alejada de ruidos. De pronto, Castro comenzó a desconfiar de su compadre Gómez y le tendió una trampa, pero Gómez la advirtió con tiempo y no cayó en ella. La trampa consistió en que Castro de manera imprevista le cedió el poder al vicepresidente Gómez, con la secreta aspiración de que éste intentara quedarse con él y no devolvérselo, pero Gómez se lo devolvió una vez que los seguidores de Castro, a través del Congreso Nacional, organizaron un regreso apoteósico que llamaron «La Aclamación». Gómez permaneció fiel a su Jefe y, en esta oportunidad, no se quedó con el mando, logrando deshacer las sospechas que pesaban sobre su persona, sin caer en la celada que su jefe le había tendido. La estratagema de Castro recuerda a la de otro Castro, Julián, quien hizo algo parecido, como vimos en capítulo anterior.

Muy pronto Cipriano Castro enferma de los riñones y es operado de urgencia en Macuto, en febrero de 1907. La enfermedad despierta apetencias en distintos actores, y se activan varias conspiraciones: una en contra de Gómez, por parte del círculo castrista que lo adversa; otra por parte de los exiliados, que ven en el general Antonio Paredes la persona indicada para invadir a Venezuela y derrotar a las fuerzas de Castro, cosa que intenta, pero al fracasar es apresado y fusilado, en abierta violación del marco constitucional; y otra, lenta y más segura, que adelanta el propio Gómez en secreto. Lo primero que hace es pulsar al gobierno de los Estados Unidos, a quien por interpuesta persona le consulta sobre la aceptación de un golpe de Estado que él le daría al presidente en funciones. La respuesta fue positiva: era cuestión de tiempo.

La oportunidad llegó a partir del 24 de noviembre de 1908 cuando Castro se embarca en La Guaira rumbo a Alemania, donde será intervenido quirúrgicamente por un gran especialista en el sistema renal. El 19 de diciembre de 1908 el general Gómez, vicepresidente de la República, le da un golpe de Estado a su compadre. No encuentra resistencia a sus pretensiones en el Ejército, ya que lo controlaba desde hace años, y recibe el inmediato apoyo de los Estados Unidos, desde donde envían un comisionado que llega muy pronto a Caracas a reconocer el gobierno naciente de Gómez. Por su parte, el calvario de años que sufriría Castro está por comenzar. Murió en el exilio, en Puerto Rico, en 1924, después de haber pasado todo tipo de vicisitudes que sería prolijo relatar, además de que nos acercaría a un cuento fantástico que no podemos abordar.

DICTADURA VITALICIA DEL GENERAL JUAN VICENTE GÓMEZ (1908-1935)

Al no más embarcarse Cipriano Castro en el vapor Guadaloupe con rumbo a Europa, las distintas conspiraciones que estaban en marcha para llegar al poder se activaron. Esta circunstancia fue aprovechada muy particularmente por Juan Vicente Gómez, quien puso en movimiento su proyecto personal de sustituir a Castro en la Presidencia de la República, sobre la base de un cable que enviaba el presidente enfermo desde Berlín, y en el que le ordenaba al gobernador de Caracas, Pedro María Cárdenas, que procediera en contra del vicepresidente. En el texto se leía que «la culebra se mata por la cabeza», y Gómez naturalmente interpretó que la culebra era él, y le dio el golpe de Estado a su compadre. Años después se supo que el cable no lo había escrito Castro, sino sus enemigos, que buscaban que Gómez se hiciera con el poder, ya que de regresar Castro al mando, ellos no tendrían horizonte. En todo caso, Gómez asumió con gusto la tarea, tanto que murió en ella, 27 años después.

Gómez de inmediato destituye a los ministros del gabinete fieles a Castro, e inicia una persecución contra los jefes militares que respondían órdenes de su antecesor. Además, para blindar su acción, ordena enjuiciar al general Castro por intento de asesinato del Vicepresidente de la República, con la prueba del cable aludido, y por el fusilamiento del general Antonio Paredes, en 1907. De tal modo que el golpe de Estado está perfectamente envestido de las formalidades legales. Dicho de otra manera: el Vicepresidente ha reaccionado contra el Presidente que ha ordenado matarlo, de modo que al asumir la Presidencia no se ha roto el hilo constitucional. Ésta es la trama legal que envuelve el hecho. Por otra parte, muchos venezolanos, hartos del gobierno de Castro, festejan la llegada de Gómez al poder, y él invita a los exiliados a regresar al país, abre las puertas de las cárceles para los presos políticos y acepta la libertad de prensa. A diferencia de la práctica de sus antecesores, no disuelve el Congreso Nacional y convoca a la elección de una Asamblea Nacional Constituyente, sino que le pide al Congreso constituido que redacte un nuevo texto constitucional. En algunos sectores del país la asunción de Gómez fue tan bien recibida que, incluso, el grupo literario La Alborada, integrado por los jóvenes Rómulo Gallegos, Salustio González Rincones, Henrique Soublette, Julio Planchart y Julio H. Rosales, acuñó su nombre con base en el entusiasmo que les despertaba la ausencia de Castro y la llegada de Gómez.

La Constitución de 1909

La reforma de la Constitución Nacional devuelve a la República a los veinte estados fijados en la carta magna de 1864, además de que reduce el período presidencial a cuatro años y crea un Consejo de Gobierno. Por si fuera poco, elimina el voto directo para Presidente de la República, y éste pasa a ser elegido por el Congreso Nacional. Los diputados de este Congreso tampoco son elegidos de manera directa, sino mediante el sistema de segundo grado. Como vemos, el proceso de centralización del poder en unas solas manos estaba en marcha. El retroceso para la democracia ya no se daba solamente en la realidad de los hechos, sino en el texto constitucional.

En el marco de la Constitución Nacional de 1909, Gómez es designado por el Congreso Nacional, el 25 de abril de 1910, General en Jefe de los Ejércitos, y dos días después (nótese el matiz), es electo Presidente de la República para el período constitucional 1910-1914.

La Academia Militar (1910)

Si bien el decreto de creación de la Academia Militar es de 1903, lo cierto es que inició sus actividades en 1910, después de haberse inaugurado el edificio construido para tal fin, en La Planicie. En esto puede observarse una continuidad entre Castro y Gómez: el primero tiene la voluntad política de crearla y ordena construir el edificio, y el segundo la pone en funcionamiento. Para ello, Gómez designa al coronel chileno Samuel Mac Gill, quien se desempeñaba como cónsul de Venezuela en Panamá, como instructor de la Inspectoría General. Los antecedentes de Mac Gill eran favorables, venía de organizar instituciones castrenses en Ecuador, Nicaragua y Honduras, y se había formado en el ejército más profesional de Latinoamérica en aquel entonces: el chileno. De tal modo que la orientación que le imprimió a la Academia Militar venezolana fue, a semejanza de la de su país de origen, prusiana. La instrucción de los cadetes se articuló profesionalmente, y apenas dos años después, cuando tuvo lugar una parada militar en el hipódromo de El Paraíso, las filas ordenadas y los pertrechos nuevos, causaron asombro entre la población. Era un hecho que el Ejército venezolano había iniciado el camino de su profesionalización. Atrás quedaban «las montoneras», integradas por soldados improvisados y sin disciplina.

El camino de profesionalización del Ejército venezolano, iniciado por Castro y continuado por Gómez, venía a robustecer lo que ya se venía prefigurando como un proyecto político: la primacía de las Fuerzas Armadas como institución nacional. Veremos en lo sucesivo cómo la institución militar se desdobla, incluso, en dedo elector de los futuros presidentes de la República.

En camino de la Constitución Nacional de 1914

Al año siguiente de inaugurada la Academia Militar en La Planicie, el gobierno de Gómez adquiere el Palacio de Miraflores (1911), que había hecho construir el general Joaquín Crespo, y lo emplea como sede del Poder Ejecutivo. Para esta época la importancia del petróleo iba en ascenso, y el gobierno aplicaba la política de concesiones, entre ellas una de las más grandes fue la que detentó Rafael Max Valladares, que abarcaba una superficie de cerca de 27 millones de hectáreas. Por supuesto, ningún venezolano estaba entonces en capacidad técnica de explotar la concesión, por lo que se asociaba con una compañía extranjera, como fue el caso de la Shell en esta oportunidad. En 1912 ocurre una primera intervención de la Universidad Central de Venezuela por parte del gobierno, mientras en otro orden de ideas los pintores disidentes de la educación ortodoxa, impartida en la Academia de Bellas Artes, crean el Círculo de Bellas Artes, y comienza otra era para las artes plásticas venezolanas. Como vemos, el gobierno pretendía que la dinámica de la sociedad se diera dentro de parámetros militares, y la sociedad buscaba sus propios cauces expresivos.

En 1913, de acuerdo con la Constitución Nacional vigente debían convocarse a elecciones indirectas, pero el general Gómez pensaba distinto y, ante la hipotética invasión del general Castro por las costas de Falcón, suspende las garantías y se declara en campaña, fijando su cuartel general en la ciudad de Maracay. El doctor José Gil Fortoul, entonces presidente del Consejo de Gobierno, queda encargado de la Presidencia de la República, mientras algunos de quienes acompañaban a Gómez en este Consejo de Gobierno no lo siguieron en la aventura continuista. Así salieron del gobierno los generales Leopoldo Baptista y Ramón Ayala, entre otros, produciéndose un primer cisma en el equipo gubernamental.

Presidencia provisional de Victorino Márquez Bustillos (1915-1922)

Gómez entra a Caracas triunfante en enero de 1914, y en abril un Congreso Nacional de Plenipotenciarios lo designa Presidente Provisional de la República y Comandante en Jefe del Ejército, pero la disposición constitucional vigente de ejercer la Presidencia de la República desde Caracas, al parecer, lo incomoda, por lo que se designa un Presidente Provisional distinto: el doctor Victorino Márquez Bustillos. Finalmente, la Constitución Nacional de 1914 es promulgada el 13 de junio, y establece el período presidencial de siete años. El 3 de mayo de 1915 el Congreso Nacional eligió al general Gómez para el período 1915-1921, pero el tachirense no quiere abandonar Maracay para vivir en Caracas, y se designa al mismo Márquez Bustillos como Presidente Provisional, y así permaneció por el lapso de seis años, mientras el general Gómez ostentaba el extraño cargo de Presidente Electo y Comandante en Jefe del Ejército. Evidentemente, el poder lo detentaba el Jefe del Ejército, mientras el Presidente Provisional se encargaba de los asuntos de rutina del Estado, en una situación de provisionalidad dilatada.

Estos años de provisionalidad de Márquez Bustillos son especialmente importantes en lo que atañe al petróleo, ya que el pozo Zumaque I comienza a explotarse en julio de 1914, y se señala entonces un camino de crecimiento significativo tanto para la industria del crudo como para la consolidación de Gómez, en funciones de gran árbitro de la válvula petrolera. Además, estalla la primera guerra mundial, y se inicia una serie de presiones sobre el gobierno, ya que éste se mantiene neutral, cosa que molesta a los Estados Unidos, que esperaban otra actitud de quien había demostrado ser un colaborador con sentido de reciprocidad. En los años que siguen ocurrirán diversos intentos por derrocar a Gómez, pero desde una perspectiva más difícil que antes, ya que el Ejército es una institución profesional en la que el gobierno ha invertido las sumas necesarias para su mantenimiento. Las disidencias de Rafael Arévalo González, Román Delgado Chalbaud, quien estuvo catorce años preso, Emilio Arévalo Cedeño, que invadió en siete oportunidades el territorio por los lados del Arauca, de Horacio Ducharne, Ángel Lanza, Juan Pablo Peñaloza y los hermanos Matías y Patrocinio Peñuela, y de todos aquellos que participaban de las conspiraciones, se pagaban con exilio o cárcel, bajo un manto de intransigencia inamovible.

La Constitución Nacional de 1922 y el estallido de Los Barrosos 2

Como se acercaba el fin del período presidencial 1915-1922, el general Gómez promueve una nueva reforma de la Constitución Nacional, cosa que se materializa en junio de 1922. La reforma establece de nuevo los cargos de Vicepresidentes de la República y, sobre la base del texto, el Congreso elige a Juan Vicente Gómez como presidente de la República para el período 1922-1929. Los vicepresidentes designados serán: Juan Crisóstomo Gómez, llamado «Juancho», como primer Vicepresidente; y de segundo vicepresidente el hijo del Presidente: el general José Vicente Gómez. Como vemos: la epifanía del nepotismo, y la prefiguración de una suerte de dinastía. El período se mantiene en siete años y se permite la reelección inmediata.

Esta nueva etapa de la dictadura es una vuelta de tuerca más en el personalismo, que ahora también se expresa nepóticamente, como si los parientes fueran extensión de la personalidad del dictador. Coincide, además, con el descubrimiento del pozo petrolero Los Barrosos 2, en la zona de Cabimas, que colocó las reservas venezolanas en una dimensión planetaria. De hecho, la explotación de petróleo a gran escala comienza a partir de esta fecha, y fue la Standard Oil de Venezuela la empresa que halló el gigantesco yacimiento. Como advertimos antes, el hallazgo tornó a Venezuela en un polo de inversión notable para las concesionarias petroleras extranjeras, y al general Gómez como la llave de esa válvula. Para 1926 las exportaciones de crudo superan con creces las de café, y ya la era del oro negro en el país comienza sin que todavía se vislumbre su final. Por otra parte, en este año de 1922 abrió sus puertas, después de diez años clausurada, la Universidad Central de Venezuela. Se dice fácil, pero estremece imaginar un país cuya primera casa de estudios superior estuvo cerrada durante diez años.

En 1923 el vicepresidente hermano de Gómez, «Juancho», es asesinado en el Palacio de Miraflores. Nunca se supo quién cometió el crimen, pero el gobierno se lo atribuyó a los enemigos de Gómez, y arreció la represión en contra de sospechosos y no simpatizantes. Para esta fecha, la nómina de ministros que integraron diversos gabinetes de Gómez, algunos de ellos presididos por Márquez Bustillos, era considerable. Es justo señalar que Gómez tuvo la virtud de no sentirse inferior a los profesionales bien formados, y nombró a muchos de ellos como sus colaboradores. A la distancia asombra el conjunto de venezolanos de valía personal a los que el general designó sin temor a que le hicieran sombra: Laureano Vallenilla Lanz, Francisco González Guinán, José Gil Fortoul, César Zumeta, Pedro Emilio Coll, Manuel Díaz Rodríguez, Pedro Manuel Arcaya, Eloy G. González, Caracciolo Parra Pérez son algunos de los intelectuales que, desde distintas posiciones, colaboraron con los gobiernos de Gómez. A la nómina habría que sumar a los que hicieron una labor de Estado de gran importancia, como sería el caso de Román Cárdenas y el ordenamiento de la Hacienda Nacional, Gumersindo Torres en el Ministerio de Fomento muy particularmente, la labor codificadora de Arcaya, que fue de excepcional significación para la futura modernidad del sistema jurídico nacional. En otras palabras: no todo fue oprobio en el régimen de Gómez, como señalaban sus sucesores políticos; ni todo fue orden y progreso como pregonaban sus seguidores.

En 1925, el general Gómez se empeña en otra reforma constitucional que le resuelva una incomodidad. Según la carta magna vigente el Presidente de la República no podía permanecer más de 25 días fuera del asiento del poder (Caracas), de modo que se levanta esta prescripción y, además, se eliminan las dos Vicepresidencias y se crea una sola: la de su hijo José Vicente Gómez.

La generación de 1928

La Federación de Estudiantes de Venezuela (FEV) se fundó el 15 de marzo de 1927 y su primer presidente fue Jacinto Fombona Pachano, quien fue sucedido en noviembre del mismo año por el estudiante Raúl Leoni. Fue la junta directiva de la federación presidida por Leoni la que organizó en febrero de 1928 «La semana del estudiante». Para los actos previstos el propio Leoni escogió a los oradores, y se sustrajo a sí mismo de la tarea. Jóvito Villalba discurre ante los restos del Libertador en el Panteón Nacional; Joaquín Gabaldón Márquez ante el busto de José Félix Ribas en la plaza de La Pastora; Antonio Arráiz, Jacinto

Fombona Pachano y Pío Tamayo recitan sus versos en la coronación de la reina de los estudiantes, Beatriz I, y Rómulo Betancourt enciende los ánimos con un discurso interpelante. Al gobierno, ante semejante desafío, no le queda otro camino que apresar a los estudiantes, después de que un conjunto de cadetes se suma a la revuelta, y torna el hecho en un asunto militar. Muchos son enviados al castillo de Puerto Cabello, junto con una cantidad considerable de alumnos que se entregan a la policía en solidaridad con sus compañeros. El caso es delicado para Gómez: está siendo desafiado por unos estudiantes desarmados. Antes, siempre lo había sido por hombres en armas, para quienes había una respuesta armada. ¿Ahora, cómo enfrentar con las armas del Ejército a unos jovencitos que pronuncian discursos y leen poemas?

La solidaridad con los estudiantes es manifiesta, al punto que un pequeño grupo de oficiales del Ejército, de bajo rango, se suma a la protesta e invita a los estudiantes a un alzamiento militar, cosa que intentan, pero infructuosamente, ya que el movimiento es debelado y el general Eleazar López Contreras los hace presos, entre otros a su hijo, el cadete Eleazar López, junto con algunos compañeros de armas. Estos sucesos tienen lugar el 7 de abril, a las puertas del cuartel San Carlos, en Caracas. También hay que recordar que la solidaridad con el movimiento estudiantil no provino solamente de un grupo de militares, sino de la gente común, en la calle, que les manifestaba su respaldo. Ésta fue la primera crisis profunda que experimentó el gobierno de Gómez, ya que no se trataba de la expresión de descontento de un sector armado de la sociedad, sino de jóvenes estudiantes que recibían el apoyo de mucha gente inconforme con la vida que se llevaba en Venezuela. El descontento no era de un caudillo y sus huestes, sino de los jóvenes y la solidaridad de sus familias, lo que hacía de la revuelta un hecho de significación sociológica relevante.

Muchos de los estudiantes lograron escapar y se fueron al exilio, otros no y permanecieron durante siete años en la cárcel de La Rotunda, en las Tres Torres de Barquisimeto, en el castillo de Puerto Cabello. Rómulo Betancourt, Raúl Leoni, Miguel Otero Silva, José Tomás Jiménez Arráiz, entre otros, alcanzaron a llegar a Curazao, y desde allí se movieron hacia otros destinos. El más importante para el orden político futuro fue el grupo que se estableció en Barranquilla, ya que redactó un plan de acción política para Venezuela y que, en su casi totalidad, lo hicieron un proyecto de vida y lo cumplieron.

El Plan de Barranquilla (1931)

Mientras el gobierno del general Gómez sofocaba la rebelión estudiantil, ésta se preparaba en el exilio y en las cárceles, para ser protagonistas de la vida política venezolana de todo el siglo XX. El 22 de marzo de 1931 firman, en la ciudad colombiana de Barranquilla, un documento que ha sido fruto de muchísimas horas de discusiones y trabajo. Se trata de un diagnóstico de las causas de la situación de Venezuela y un plan de acción. La formación de los jóvenes firmantes del plan es marxista y el análisis de la realidad nacional está hecho desde esa perspectiva. Lucha de clases, enfrentamiento con el capital extranjero y sus socios en el territorio nacional, aunque también abogaban por una vida civil que ubicara a los militares en su esfera natural, y dejara de lado el personalismo. También claman por la libertad de prensa, por la alfabetización, por la autonomía universitaria, por la convocatoria de una Asamblea Nacional Constituyente. Leído el Plan con detenimiento, arroja una perspectiva marxista para el análisis de las relaciones económicas, y otra más liberal en la esfera propiamente política, ya que proponían un sistema democrático, con respeto a la pluralidad de pensamiento, y no un régimen de partido único. De tal modo que el documento es, desde el punto de vista de la filosofía política: híbrido.

Las discusiones que produjo el Plan entre los dialogantes, la mayoría por cartas, comenzó a producir diferencias de enfoque, matices distintivos. Se abrió un cauce entre los comunistas que seguían las directrices del Partido Comunista Soviético, que se agruparon alrededor del Partido Comunista Venezolano, fundado en 1931, y los futuros fundadores de Acción Democrática (1941), que no seguían líneas de organizaciones extranjeras sino que buscaban un camino nacional. Éstos van a fundar en 1931 la organización ARDI (Agrupación Revolucionaria de Izquierda) e intentan un acuerdo táctico con los integrantes del Partido Comunista venezolano, cosa que se logra hacia 1935, cuando ambos sectores se asocian en el Frente Popular Venezolano. Sin embargo, todos estos trabajos y acuerdos en el exilio, experimentarán cambios cuando estos jóvenes regresen al país en 1936, como veremos luego.

Otras reformas constitucionales y la muerte en Maracay

En 1928 se acomete una nueva reforma constitucional para eliminar el cargo de Vicepresidente de la República, ya que el hijo de Gómez, José Vicente, ha sido tocado por la desconfianza de su padre. En esta oportunidad se introdujo en la Constitución Nacional el inciso 6 del artículo 32, el que prohibía la propaganda comunista o anarquista en Venezuela. Luego, en 1929, tuvo lugar otra reforma que introducía cambios en el período presidencial que se iniciaba en 1929 y concluiría en 1936. La reforma establecía que el Jefe del Ejército compartiría funciones de Jefe de Estado con quien fuese electo Presidente de la República. Gómez recomienda al Congreso Nacional que designe a Juan Bautista Pérez, quien venía desempeñándose en la Presidencia de la Corte Federal y de Casación, como Presidente de la República. Pérez detentó el cargo en las condiciones descritas hasta 1931, cuando por conflictos en el interior del gomecismo se ve obligado a renunciar. Entonces tiene lugar la séptima y última reforma que Gómez le hace a la Constitución Nacional. Fue sencilla: se reunieron en un solo cargo las funciones de Presidente de la República y Comandante en Jefe de los Ejércitos, y el designado no fue un misterio para nadie: Juan Vicente Gómez.

La afección prostática que padecía Gómez desde 1921, terminó por minarle la salud. Sus últimos días fueron de severos padecimientos, hasta que falleció el 17 de diciembre de 1935, en su cama, en su residencia de Maracay. Terminaba así la más larga dictadura militar que ha habido en Venezuela, y un gobierno cuyo balance es complejo y hasta contradictorio. No cabe la menor duda de que las libertades políticas fueron conculcadas durante su mandato, mientras las económicas no, aunque muchas veces el general Gómez se empecinaba en comprar unas tierras y al dueño no le quedaba otra alternativa que vendérselas. Tampoco cabe duda de que el fenómeno del caudillismo finalizó en sus manos severas; que su gobierno puso orden en la Hacienda Pública, al punto de haber pagado la totalidad de la deuda externa, contraída a finales del siglo XIX; que se esmeró en la codificación de las relaciones civiles y económicas; que construyó vías de comunicación entre regiones aisladas del territorio nacional y, finalmente, que fortaleció primordialmente al Ejército Nacional, al punto en que se erigió como la más sólida institución de la República, con todos los problemas que esto trae. También, el Estado Nacional se consolidó durante su mandato, ya que el caudillismo que lo precedió atentaba contra la instauración de un Estado que propendiera a la unidad nacional. Paradójicamente, Gómez irrumpió en la vida pública junto con Castro, al frente de unas «montoneras» caudillistas, y falleció dictador, habiendo vencido a todos los caudillos que buscaron derrocarle.

No supo o no quiso abrir el país hacia las formas democráticas que la juventud estaba solicitando, y prefirió la cárcel o el exilio para las nuevas generaciones. Fue implacable con sus adversarios y sumamente generoso con sus amigos. Venezuela bullía durante su gobierno, tanto es así que al no más morir Gómez, el país exigió las reformas a las que el dictador no accedía.

PRESIDENCIA DEL GENERAL ELEAZAR LÓPEZ CONTRERAS (1936-1941)

A la muerte del general Gómez, el 17 de diciembre de 1935, se desataron los demonios del poder sucesoral. Algunos miembros de su familia aspiraban a sucederlo, pero el Ejército Nacional y su jefe, el general Eleazar López Contreras, dispusieron de manera distinta. El general Eustoquio Gómez, primo del «Benemérito», que era como se hacía llamar el longevo presidente Gómez, en connivencia con el edecán del dictador, Eloy Tarazona, intentó tomar el poder, pero López Contreras y los ministros del Gabinete Ejecutivo actuaron con mano firme y lo invitaron a irse a Curazao, en condición de exiliado. Se resiste y muere en la refriega. Mientras tanto, el Gabinete Ejecutivo designa al ministro de Guerra y Marina, López Contreras, el 18 de diciembre de 1935, Presidente encargado del Poder Ejecutivo, para concluir el período presidencial que vence el 19 de abril de 1936. Luego, el 31 de diciembre de 1935 es ratificado en su cargo provisorio por el Congreso Nacional.

Pero no sólo tuvo que lidiar López Contreras con las aspiraciones continuistas de la familia Gómez, sino que la población, al enterarse de la muerte del dictador, procedió a saquear las viviendas de los gomecistas más notorios, sin que la respuesta por parte del gobierno fuese contundente en lo inmediato. Esto ocurrió contemporáneamente con la invitación, el 18 de diciembre de 1935, por parte del general López, a los exiliados a regresar al país, y a los presos a abandonar las cárceles. De modo que los gomecistas no podían estar satisfechos con lo que hacía el nuevo Presidente: sacaba de la prisión a los enemigos de Gómez, y le abría las puertas del país a los adversarios en el exilio. No obstante y la gravedad de estas medidas, las pudo tomar sin mayores consecuencias porque contaba con el respaldo del Ejército, institución en la que participó desde el momento mismo de su nacimiento. Los llamados a la «calma y cordura» del presidente López no fueron suficientes, y el cuadro de desórdenes públicos alcanzó a mayores, de modo que se vio en la necesidad de suspender las garantías constitucionales el 5 de enero de 1936, con el objeto de poder hacerle frente a los desórdenes. Días después de tomada la medida, la Federación de Estudiantes de Venezuela (FEV) envía una carta al Presidente de la República solicitándole la restitución de las garantías constitucionales. La activación del movimiento estudiantil hace evidente que los líderes juveniles de 1928 han regresado al país, atendiendo a la invitación del gobernante, y se incorporan a la vida pública.

La manifestación del 14 de febrero de 1936

En la mañana del 14 de febrero de 1936 se reúne en la plaza Bolívar un grupo de manifestantes en contra de la suspensión de garantías y de los mecanismos de censura implementados por el gobierno. El Gobernador de Caracas, el general Félix Galavís, ordena disparar en contra de los manifestantes, con saldo de muertos y heridos. Sin embargo, la indignación de los manifestantes va creciendo y la concentración se convierte en una marcha de magnitudes nunca antes vistas en la capital. La ciudadanía se sobrepuso al miedo y en la tarde se movilizó hacia «la mansión presidencial», según relata el propio López Contreras en *Páginas para la historia militar de Venezuela*, encabezada por el rector de la Universidad Central de Venezuela, el doctor Francisco Antonio Rísquez y dirigentes estudiantiles. El Presidente hizo pasar a su despacho a una delegación y los escuchó, cosa que no ocurría en Venezuela desde hacía décadas, desde que Gómez se acostumbró a gobernar, sin dar mayores explicaciones.

De la reunión, los dialogantes salieron con el compromiso por parte de López Contreras de restituir las garantías constitucionales en quince días, y con la voluntad de castigar a los culpables de los desafueros matutinos. El general Galavís es hecho preso y juzgado, aunque luego es liberado al no podérsele imputar cargos penales. Coinciden diversos analistas en atribuirle una significación particular a esta manifestación, y es la de haber hecho del pueblo un actor político, que desde entonces no ha abandonado la calle, y que hasta ese día no había participado en las luchas por el poder.

El llamado «Programa de febrero»

Es probable que los hechos del 14 hayan acelerado el ritmo de trabajo de los asesores del presidente López Contreras para presentar el Programa de Febrero el 21, una semana después de los sucesos. En todo caso, el programa presentado constituye una manifestación de modernidad que trascendía la práctica caudillista, y se enfocaba en los siguientes puntos: a) Apego a la leyes. b) Revitalización del poder local, el municipio, con miras a convocar a unas elecciones universales, directas y secretas para la elección de concejales. c) Reconocimiento de la clase obrera, y nombramiento de una comisión redactora de una nueva Ley del Trabajo. d) Adopción de un plan nacional de higiene pública y asistencia social, que permitiera enfrentar el gravísimo flagelo del paludismo y la anquilostomiasis. e) Diseño de un proyecto de construcción de obras de comunicación. f) Enfrentamiento del problema del despoblamiento con la creación del Instituto Técnico de Inmigración y Colonización. g) Nueva política educativa con énfasis en alfabetización de adultos y formación de maestros. h) Respeto a la propiedad privada en el campo y reorganización del Ministerio de Agricultura y Cría. i) Revisión de la política fiscal y profesionalización de la administración pública.

Este programa moderno se acompañó de un cambio en el Gabinete Ejecutivo en el que los rostros del gomecismo fueron sustituidos por los de jóvenes profesionales. Alberto Adriani, Caracciolo Parra Pérez, Francisco Hermógenes Rivero, Alejandro Lara e Isaías Medina Angarita formaron parte de este cambio, con el encargo de implementar el Programa y su espíritu modernizador. El Congreso Nacional también estuvo a la orden del día en cuanto a reformas, y así fue como se introdujeron cambios en la Constitución Nacional, y ésta fue promulgada por el Presidente López el 20 de julio de 1936. En ella se redujo el período presidencial de siete a cinco años y, aunque López se juramentó bajo la Constitución anterior que establecía el septenio, él mismo aceptó reducirse su período atendiendo al nuevo espíritu constitucional. Éste, es justo señalarlo, es un caso único en nuestra historia. Por otra parte, la nueva Constitución no modificaba en nada la manera de elegir al Presidente de la República, que se mantenía de segundo grado, pero eliminaba la reelección inmediata, medida que fue celebrada por todos los que combatían el continuismo.

Dentro del marco general del Programa de Febrero la Comisión encargada de redactar la Ley del Trabajo concluyó sus labores y el instrumento legal fue promulgado el 16 de julio de 1936. La nueva ley consagraba el derecho de asociación colectiva y el de huelga, ya que el espíritu de la ley buscaba la consolidación de una clase obrera a través del reconocimiento de los derechos fundamentales de los trabajadores. Con base en la ley fue que tuvo lugar la huelga de los trabajadores petroleros en diciembre de 1936, que concluyó en enero del año siguiente, teniéndose así la primera experiencia sindical dentro de un marco legal moderno.

Apertura y cierre de los partidos políticos

Junto con el regreso de los líderes políticos que emergieron en 1928, la creación de organizaciones políticas no se hizo esperar. El 1 de marzo tiene lugar una concentración en el Nuevo Circo de Caracas convocada por ORVE (Movimiento de Organización Venezolana), grupo liderizado por Alberto Adriani y Mariano Picón Salas, al que también se afilia Rómulo Betancourt, quien a lo largo del año va imponiendo su liderazgo en el conjunto. Los izquierdistas más radicales crean el PRP (Partido

Revolucionario Progresista), mientras los estudiantes católicos, presididos por Rafael Caldera, Pedro José Lara Peña y Lorenzo Fernández forman la UNE (Unión Nacional de Estudiantes), que se distingue de la FEV.

A lo largo del año las nuevas fuerzas políticas actuantes buscan crear un partido que las agrupe a todas, obviamente a las que comulgaban con un credo de izquierda, aunque ya la separación de las aguas entre izquierdistas que seguían al comunismo internacional y los nacionalistas se había dado. Esto ocurrió en los primeros meses de 1936, cuando las discusiones entre unos y otros los habían conducido a trincheras distintas. La organización que se creó se denominó el PDN (Partido Democrático Nacional), y reunía a los de ORVE, PRP, Frente Obrero, Frente Nacional de Trabajadores y Bloque Nacional Democrático de Maracaibo. La junta directiva del partido la presidía Jóvito Villalba y la integraban: Betancourt, Raúl Leoni, Miguel Otero Silva, Antonio Arráiz, Guillermo Meneses, Miguel Acosta Saignes, Gonzalo Barrios y Mercedes Fermín, entre otros. En noviembre, el PDN solicita su legalización, pero no le es concedida por el gobierno. Luego, para las elecciones municipales de enero de 1937, muchos de los integrantes de estas fuerzas se presentan y ganan, en algunos casos, pero la Corte Federal y de Casación anula las elecciones invocando el inciso 6 del artículo 32 de la Constitución Nacional vigente, el que prohíbe actividades comunistas en Venezuela. Finalmente, en febrero de 1937 el Ejecutivo Nacional declara la ilegalidad de las organizaciones políticas de izquierda, y el 13 de marzo de 1937 dicta un decreto de expulsión, por un año del país, de 47 dirigentes de «las izquierdas». Concluía así la apertura que López Contreras había iniciado el 18 de diciembre de 1935.

La modernización del Estado

Dentro del espíritu del Programa de Febrero de 1936 y del Plan Trienal de 1938, el gobierno del general López Contreras procedió a crear diversas instituciones que se proponían modernizar la tarea del Estado en distintas áreas. Entre las más destacadas realizaciones figura la creación de la Contraloría General de la República en 1938, instituyéndose así el primer organismo contralor del Estado. En materia educativa abre sus puertas en 1937 el Instituto Pedagógico Nacional, centro educativo fundamental para la formación de los profesores que requería el país. Luego, en 1940, el Congreso Nacional aprueba la nueva Ley de Educación, que presentó al parlamento el ministro del despacho, Arturo Uslar Pietri. Se creó por ley el Instituto Técnico de Inmigración y Colonización en 1937, con el que se inició un programa de apertura a la inmigración calificada y, en materia económica, se fundó en 1939 el Banco Central de Venezuela, organismo clave para la política monetaria en el país, desde su creación. En cuanto a políticas públicas sociales se crea el Ministerio de Sanidad y Asistencia Social, desde donde el doctor Arnoldo Gabaldón, al frente de la Dirección de Malariología, enfrentará con su equipo el flagelo del paludismo. Además, se creó el Consejo Venezolano del Niño, con el doctor Gustavo H. Machado a la cabeza y se promulgó el Estatuto de Menores. En 1940 se promulga la Ley del Seguro Social Obligatorio. En el área de política económica internacional se firmó el Tratado Comercial con Estados Unidos. Esta modernización, sin duda, tendió a ensanchar las áreas de acción del Estado en la dinámica social.

En el terreno de las relaciones geopolíticas internacionales, el gobierno firmó con Colombia un «Tratado sobre la demarcación de fronteras y navegación de los ríos comunes» que provocó una encendida polémica en el Congreso y en la prensa nacional. Éste fue el más significativo de los tratados firmados por Venezuela en el siglo XX, ya que trajo consecuencias prácticas y diplomáticas de envergadura.

La sucesión presidencial

De acuerdo con la Constitución Nacional vigente se convocaron a elecciones de segundo grado en el Congreso Nacional en marzo de 1941, fecha en la que vencía el período presidencial establecido de cinco años. Con el beneplácito del gobierno se presentó la candidatura del ministro de Guerra y Marina, el general Isaías Medina Angarita, que resultó naturalmente ganador ante la candidatura simbólica del escritor Rómulo Gallegos, presentada por los líderes del PDN como una forma de asomar una fuerza independiente del gobierno, aunque se sabía que con las condiciones electorales fijadas era imposible su éxito. El general López Contreras le entregó la Presidencia de la República al general Medina Angarita después de ser electo por el Congreso Nacional el 28 de abril de 1941. El país había dado pasos hacia delante, en particular en lo relativo a las demandas democráticas, aunque éstas no fueron atendidas en su totalidad. Es cierto que un mandatario le entregó el poder a otro, pero esto no ocurrió por la vía de las elecciones universales, directas y secretas. Con justicia, se considera al gobierno de López Contreras como de transición entre la dictadura gomecista y formas de gobierno más dialogantes, más democráticas y, sobre todo, más civiles.

PRESIDENCIA DEL GENERAL ISAÍAS MEDINA ANGARITA (1941-1945)

Una vez concretada la transmisión de mando entre el presidente López Contreras y su ministro de Guerra y Marina por parte del Congreso Nacional, el nuevo titular designó su gabinete. En él se hizo notorio que el ministro de Educación del gobierno anterior, Arturo Uslar Pietri, designado secretario de la Presidencia, tendría una influencia determinante en el gobierno que comenzaba. Las primeras medidas causaron sorpresa en la población, ya que se creía que el nuevo Presidente sería de mano dura y, la verdad, es que no fue así. De inmediato se comenzó a disfrutar de una absoluta libertad de prensa, al punto tal que un grupo de empresarios decide fundar un nuevo periódico, *Últimas Noticias*, y otros comenzaban a pensar en la fundación de nuevos órganos de prensa. También comenzó a ocurrir de inmediato que el presidente Medina, no siendo un simple acólito del ex presidente López, se distinguió por su independencia de criterio. Estas diferencias se hicieron cada vez más hondas, como veremos luego, pero en particular por la relación cordial, y hasta de socios, que el gobierno de Medina mantuvo con los comunistas, sector político con el que López Contreras no transigía de ninguna manera. Los años de gobierno de Medina van a ser de paulatino distanciamiento entre uno y otro: en la misma medida en que Medina daba pasos hacia la apertura democrática, López aspiraba a recibir la Presidencia de la República de manos de

Medina, al final de su período. En cuanto López comprendió que esto no iba a ocurrir, la distancia se hizo absoluta y las diferencias totales. Esto tendrá importancia en lo sucesivo, ya que el ex presidente López Contreras mantenía una influencia profunda en el Ejército, mientras Medina en su condición de Jefe de Estado, también.

La fundación de Acción Democrática (1941)

La libertad se expresó de tal manera que el gobierno le hizo saber al grupo del PDN, capitaneado por Rómulo Betancourt, que sería legalizado si así lo solicitaba. Es por ello que este conjunto decide fundar un nuevo partido político, y el 13 de septiembre de 1941 hace su aparición pública en el Nuevo Circo de Caracas Acción Democrática (AD), presidido por Rómulo Gallegos y con Rómulo Betancourt en la Secretaría General. La nueva organización se estructuraba a semejanza del partido fundado por Lenin en la Unión Soviética, pero con diferencias ideológicas significativas. Quienes asistieron a aquel acto ignoraban que la nueva organización sería fundamental para comprender la historia política de la Venezuela contemporánea. Al año siguiente, muchos de sus dirigentes se presentaron como candidatos a las elecciones municipales, pero la mayoría de los escaños los obtuvo el partido oficial, la Cívicas Bolivarianas. Meses después, el gobierno de Medina propicia la creación de un partido político distinto al que había creado López Contreras, es entonces cuando se constituye el Partido Democrático Venezolano (PDV), en donde Uslar Pietri descollaría como la figura principal. Como vemos, los aires de la libertad democrática se respiraban sin inconvenientes. Sólo faltaba que se anunciaran elecciones directas, universales y secretas, en diciembre de 1945, para que el cuadro de libertades fuera completo, pero eso no ocurrió.

La Ley de Hidrocarburos (1943)

Integrada por varios miembros de su Gabinete Ejecutivo y por otros conocedores del tema, la Comisión redactora de la nueva Ley de Hidrocarburos tuvo que negociar con carácter recio con las compañías petroleras extranjeras que operaban en Venezuela. Fue el ministro de

Fomento, Eugenio Mendoza Goiticoa, quien condujo las conversaciones con las concesionarias para hacerles aceptar que era indispensable que construyeran refinerías en el país si querían seguir extrayendo petróleo. Las concesionarias aceptaron, y así fue como se construyó la más grande refinería del mundo de entonces: la de Amuay. La Ley, además, ampliaba considerablemente la fiscalización de la actividad petrolera por parte del Estado, fijándole nuevos impuestos y cuotas más altas a los ya existentes. El nuevo tributo se basaba en la Ley de Impuesto sobre la Renta que el Congreso Nacional había sancionado en 1942, y que venía a contribuir no sólo con una mayor recaudación por parte del Estado de la actividad económica de los nacionales, sino que incrementaba notablemente el monto de la recaudación gracias a los tributos de las concesionarias. Con estas dos leyes, el universo fiscal nacional vio incrementar sus arcas, y la industria petrolera dio un paso hacia delante, no sólo por la obligatoriedad de construir las refinerías en suelo venezolano, sino por el nuevo marco jurídico que la ley creó.

Este mismo año de 1943 se expropió la hacienda Ibarra para construir la Ciudad Universitaria de Caracas, proyecto que junto con el de la urbanización El Silencio, ambos del arquitecto Carlos Raúl Villanueva, vino a modernizar a la ciudad capital. También en agosto de este año se fundó el diario *El Nacional*, con Henrique Otero Vizcarrondo y Miguel Otero Silva como propietarios y Antonio Arráiz en la Dirección. Este nuevo diario venía a ratificar el clima de apertura política que se vivía.

En 1944 tuvieron lugar dos hechos contradictorios. El gobierno clausuró el Congreso de Trabajadores de Venezuela fundamentado en el inciso 6 del artículo 32 de la Constitución Nacional y pocos meses después, en 1945, hizo modificar la carta magna para que se eliminara el artículo. De modo que si primero deshizo la convención, pues después eliminó las razones jurídicas que lo llevaron a ello. En todo caso, al eliminar el inciso permitió que se fundara el Partido Comunista de Venezuela, que no había podido tener fachada legal dado que el inciso prohibía la actividad comunista en Venezuela. Por otra parte, este mismo año los empresarios se agruparon en Fedecámaras, completando una tríada con los trabajadores y el gobierno, lo que hacía evidente que se estaba tejiendo una red institucional compleja y moderna.

La sucesión presidencial

El tema de la sucesión presidencial comenzó a latir en el ambiente a medida que se acercaba el fin del período constitucional. A juzgar por las intervenciones de Uslar Pietri en las asambleas del PDV, un sector del llamado medinismo se inclinaba por la reforma electoral para tener comicios directos, pero el sector militar no, y fue éste el que se impuso. Relató el propio Uslar en entrevista recogida por mí, que el presidente Medina le dijo que él se debía al Ejército y éste no quería que se diese el último paso hacia la democratización. De tal modo que Medina escogió al embajador de Venezuela en Washington, Diógenes Escalante, para que le sucediera en el cargo. Escalante era tachirense, con lo que se cumplía con el gentilicio dominante en las Fuerzas Armadas de entonces, y era civil, lo que constituía un reconocimiento a ese mundo que reclamaba mayor participación. Así fue cómo, en principio, el tema de la sucesión presidencial estaba resuelto por parte de Medina Angarita. Aún más, reveló Rómulo Betancourt en su libro *Venezuela, política y petróleo* que él y Raúl Leoni viajaron discretamente a Washington a parlamentar con Escalante, y éste se comprometió a impulsar la reforma electoral para cuando se venciera su período presidencial, o incluso antes, a mitad de período, con lo que los dirigentes de AD regresaron al país con un acuerdo verbal y el compromiso de apoyar su candidatura. Entonces el azar intervino, y el doctor Escalante perdió súbitamente sus facultades mentales en agosto de 1945. A partir de este hecho se desencadenan otros que veremos en el próximo capítulo.

No cabe duda de que si el gobierno de López Contreras fue mucho más abierto que la dictadura de Gómez, el de Medina Angarita fue un paso hacia delante, sobre todo en cuanto a la legalización de los partidos políticos y a la eliminación del inciso 6 del artículo 32. Todo indicaba que Venezuela iba en camino de una democracia plena, con elecciones directas, universales y secretas, pero esta última puerta no se abrió, y ello produjo consecuencias que veremos luego.

POR LAS ARMAS A LA DEMOCRACIA
(1945-1948)

En este capítulo veremos el proceso mediante el cual en Venezuela se instauró un sistema democrático (de elección universal, directa y secreta), con fundamento en la convocatoria de una Asamblea Nacional Constituyente, que modificó la Constitución Nacional, y logró, finalmente, la realización de unas elecciones democráticas, dentro del marco del sistema de partidos políticos actuantes en la contienda política.

GOLPE DE ESTADO CIVIL-MILITAR DEL
18 DE OCTUBRE DE 1945

Como señalamos en el capítulo anterior, la joven fuerza política de AD convino con el candidato del presidente Medina Angarita, el doctor Diógenes Escalante, entonces embajador de Venezuela en los Estados Unidos de Norteamérica, respaldar su candidatura y él se comprometió con la reforma de la Constitución Nacional para convocar elecciones universales, directas y secretas en un plazo perentorio. Antes de este acuerdo verbal, una logia militar llamada Unión Militar Patriótica, encabezada por el joven oficial Marcos Pérez Jiménez, venía trabajando subrepticiamente para derrocar al gobierno de Medina. Sus razones eran más militares que políticas, y se fundamentaban en el resquemor que sentían estos jóvenes oficiales hacia sus superiores, ya que éstos estaban formados dentro de la modernidad profesional, mientras sus superiores eran todavía herederos del sistema anterior. Además, los sueldos de los militares eran extremadamente bajos, lo que se sumaba al descontento castrense.

Esta logia se desactivó cuando se llegó al acuerdo secreto entre Escalante y Betancourt y Leoni. Por otra parte, el descontento del ex presidente López Contreras y sus seguidores era absoluto, ya que el general quería regresar al poder y Medina pensaba que no era conveniente. Este descontento era de tal naturaleza que López Contreras y Medina Angarita ni siquiera se hablaban, y tampoco aceptaban intermediarios de buena fe que compusieran un acuerdo.

Todo lo anterior indica que convivían en el país tres proyectos de poder. Medina Angarita con su candidato Diógenes Escalante, apoyado por AD, sobre la base de un acuerdo de democratización electoral; el ex presidente López Contreras y sus deseos de regresar a la Presidencia de la República, y la logia de jóvenes militares que también buscaba el mando. La enfermedad de Escalante descompuso el cuadro, ya que al proponer Medina Angarita a su ministro de Agricultura y Cría, el doctor Ángel Biaggini, en sustitución de Escalante, éste no recibió el apoyo de AD, ya que no había acuerdo verbal con él, y por otra parte se activó la logia militar de nuevo, manifestando que buscarían el poder al margen de la candidatura de Biaggini. Esta vez AD optó por acompañar a los jóvenes militares y tuvo lugar el golpe de Estado el 18 de octubre de 1945. Los conjurados contaban con un significativo apoyo dentro de las Fuerzas Armadas, pero si Medina Angarita hubiera querido resistir tenía con qué hacerlo. Incluso la Policía de Caracas le era fiel, pero optó por entregarse, para evitar un derramamiento de sangre. Fue encarcelado, al igual que el ex presidente López Contreras y otros altos funcionarios de su gobierno. A los pocos días fueron todos aventados al destierro.

En los primeros momentos se pensó que había sido el ex presidente López Contreras y sus seguidores dentro de las Fuerzas Armadas quienes dieron el golpe, pero la sorpresa fue mayúscula cuando se supo que fueron otros actores. Un pacto entre la joven logia militar y Acción Democrática, condujo a la constitución de una Junta Revolucionaria de Gobierno el 19 de octubre, integrada por siete miembros y presidida por Rómulo Betancourt. Los miembros eran Raúl Leoni, Luis Beltrán Prieto Figueroa y Gonzalo Barrios por AD; el mayor Carlos Delgado Chalbaud y el capitán Mario Vargas, por parte de las Fuerzas Armadas; y el médico Edmundo Fernández, quien sirvió de enlace entre estos dos grupos.

Se necesitaron tres años para que las diferencias entre AD y los militares de la fórmula que dio el golpe de Estado se hicieran notorias. Cuando otro golpe de Estado derrocó al presidente Rómulo Gallegos en noviembre de 1948, y el mismo fue comandado por Carlos Delgado Chalbaud, se hizo evidente para todos que el proyecto de AD y de los militares no era el mismo, pero eso lo veremos más adelante.

JUNTA REVOLUCIONARIA DE GOBIERNO, PRESIDIDA POR RÓMULO BETANCOURT (1945-1948)

Después de la redacción del Acta Constitutiva de la Junta Revolucionaria de Gobierno y de su firma, el 19 de octubre, el gobierno provisional dirigió un comunicado escrito a la nación. En este texto quedó claro que el propósito principal del gobierno sería convocar a unas elecciones universales, directas y secretas, previa redacción de una nueva constitución. Luego, en el primer decreto de la Junta, en Gaceta Oficial del 23 de octubre, ésta se compromete a dictar un Decreto-Ley para convocar a elecciones de una Asamblea Nacional Constituyente. Después, el presidente de la Junta, Rómulo Betancourt, nombra su Gabinete Ejecutivo.

El Decreto número 9 es particularmente significativo, ya que los miembros de la Junta se inhabilitan para presentarse como candidatos en las próximas elecciones. Este decreto le dio mucha fuerza moral a la Junta, ya que quedaban libres de toda sospecha de estar actuando en provecho de sus propias intenciones presidenciales. Luego, en el Decreto 52 del 17 de noviembre, se crea una Comisión Preparatoria de los Estatutos Electorales, que permita elegir a los diputados a una Asamblea Nacional Constituyente. Además, se le asigna a la Comisión la tarea de redactar un proyecto de Constitución Nacional para ser presentado a la Asamblea a elegir. Como Presidente de esta Comisión se designó a Andrés Eloy Blanco.

En el Decreto número 64 se crea el Jurado de Responsabilidad Civil y Administrativa, ente que tuvo la tarea de juzgar los casos sustanciados en contra de funcionarios de los gobiernos anteriores. Con este Jurado se implementó una persecución política en contra de altos funcionarios del gobierno de Medina, de López y de Gómez. A muchos de ellos les fueron congeladas las cuentas bancarias y confiscadas las casas, mientras sobrevivían en el exilio. Este capítulo de la llamada «Revolución de Octubre» es visto, con razón, como una expresión retaliativa. Formó parte de la justificación histórica que la Junta quiso darle a su carácter «revolucionario». Dicho de otro modo, una de las causas principales que justificaban el golpe civil militar fue la de sustituir a un conjunto de gobiernos corruptos, de modo que perseguir judicialmente a quienes ellos creían que habían incurrido en esas prácticas era lo más lógico. Años después, muchos de los integrantes de la Junta se arrepintieron de estos excesos, sobre todo de los cometidos en contra de personas de probada honorabilidad.

Entre los primeros decretos el gobierno legisló en torno a dos temas que les eran fundamentales: la Educación y el movimiento sindical. En cuanto a lo primero era evidente que se buscaba su democratización y masificación, y en cuanto a lo segundo, pues nada más elocuente que el nombramiento de Raúl Leoni como ministro del Trabajo, quien se asignó la tarea de constituir desde ese despacho a centenares de sindicatos y trece federaciones sindicales, durante los tres años en que AD detentó el poder. Estas dos áreas, Educación y Trabajo, junto con la de Petróleo e Industria, fueron las más sensibles al nuevo proyecto político que se instrumentaba, proyecto que le asignaba tareas al Estado que antes no atendía, o no tenía entre sus prioridades. Si bien el papel del Estado creció durante los gobiernos de López y Medina, el protagonismo se propuso asignárselo la Junta Revolucionaria de Gobierno.

Asamblea Constituyente (1946)

El 28 de marzo de 1946 fue publicado en Gaceta Oficial el Estatuto Electoral para la elección de los Representantes a la Asamblea Nacional Constituyente, y los comicios tuvieron lugar el 27 de octubre. Fueron los primeros que se dieron con el sufragio universal: votaron hombres y mujeres mayores de dieciocho años. Acción Democrática obtuvo el 78,43 por ciento de los votos, Copei el 13,22 por ciento, URD el 4,26 por ciento, y el PCV el 3,62 por ciento.

Así como AD se constituyó en 1941, y el Partido Comunista de Venezuela (PCV) fue legalizado en 1945, con la reforma constitucional durante el gobierno de Medina Angarita, Copei y URD eran agrupaciones recientes. Copei (Comité de Organización Política Electoral Independiente) se creó el 13 de enero de 1946, agrupando a quienes cerraron filas en la UNE, entonces estudiantes de colegios católicos, encabezados por Rafael Caldera; mientras URD (Unión Republicana Democrática) se funda el 17 de febrero de 1946, capitaneada en un principio por otros, y muy pronto por Jóvito Villalba. Éstos fueron los partidos concurrentes a la convocatoria de elecciones de la Asamblea Nacional Constituyente que se instaló el 17 de diciembre de 1946, con Andrés Eloy Blanco en la Presidencia. Una vez en funciones, envestida de la soberanía popular, la Asamblea procedió a ratificar a la Junta Revolucionaria de Gobierno.

La Constitución Nacional de 1947

La Asamblea designó una Comisión redactora de la nueva carta magna, que tomara como base los trabajos preliminares de la anterior Comisión. Esta nueva Comisión estuvo integrada por Gustavo Machado, Juan Bautista Fuenmayor, Lorenzo Fernández, Panchita Soublette Saluzzo, Mercedes Carvajal de Arocha, Luis Augusto Dubuc, entre otros, y comenzó a trabajar el 30 de enero de 1947. La carta magna se sancionó el 5 de julio de ese mismo año, quedando derogada la Constitución Nacional de 1936, que había sido modificada en 1945. Los debates para la redacción de la nueva constitución duraron seis meses, y se transmitieron por radio con el beneplácito de la población.

Esta Constitución consagra el principio político que venía desarrollándose, el de mayor actuación del Estado en los asuntos públicos. En el fondo, la carta magna le atribuyó mayores responsabilidades al Estado en su tarea de constructor de un «Estado de Bienestar». Consagró las elecciones universales, directas y secretas, y eliminó las indirectas para todo cargo de elección popular. Así, incorporó a la mujer a la vida política en igualdad de condiciones. Mantuvo el período presidencial de cinco años, sin reelección. Luego veremos cómo, sobre la base del nuevo cuerpo constitucional, se convoca a elecciones presidenciales y parlamentarias.

Creación de la Corporación Venezolana de Fomento (CVF)

La búsqueda de mayores posibilidades de desarrollo económico para Venezuela fue norte de la Junta desde el comienzo de su mandato. En diciembre de 1945 firmó el llamado Decreto del 50 y 50 que, en otras palabras, pechaba a las compañías petroleras, logrando que por su actividad durante ese año pagaran una mayor cantidad de impuesto sobre la renta. El espíritu de este decreto se mantuvo, y el Estado buscó pechar cada vez más a las empresas.

Por otra parte, el 29 de mayo de 1946 se creó la Corporación Venezolana de Fomento (CVF), que sustituía a la Junta de Fomento de la Producción Nacional, creada por Medina Angarita en 1944. La CVF vino a instrumentar en Venezuela lo que después la CEPAL (Comisión Económica para América Latina de la ONU) denominó «Industrialización por Sustitución de Importaciones». En otras palabras, Venezuela requería diversificar su economía, que ya para entonces era mayoritariamente petrolera, y para hacerlo la CVF establecería los mecanismos de otorgamiento de créditos a empresarios privados que quisieran desarrollar la «agricultura, cría, industria y minería» en el país, mientras el Estado se reservaba «la promoción de empresas de utilidad pública, cuyo volumen o características no sean posibles o halagadoras para el inversionista particular».

Esta política de Industrialización por Sustitución de Importaciones tuvo vigencia en Venezuela, con distintos grados de intensidad, hasta 1989, cuando todo el esquema arancelario y de subsidios, protector de la industria nacional, se levantó en aras del libre mercado. Es de señalar que Venezuela creó la CVF antes de que la CEPAL diseñara esta política para América Latina. Y esto ocurrió sobre la base del proyecto de la Junta Revolucionaria de otorgarle mayores asignaciones al Estado y, muy particularmente, a la tarea de promover el desarrollo económico general a través de un sistema crediticio, y unas barreras arancelarias para los productos importados.

Las elecciones de 1947

Los comicios tuvieron lugar el 14 de diciembre de 1947, y resultó electo el maestro Rómulo Gallegos, candidato de AD, con el 74,47 por ciento de los votos, en segundo lugar llegó Rafael Caldera con 22,40 por ciento y en tercer lugar Gustavo Machado con 3,12 por ciento de los sufragios. Era la primera vez en toda nuestra historia republicana que tenían lugar unas elecciones universales para elegir al Presidente de la República. No fueron las primeras elecciones directas, ya que ellas tuvieron lugar en abril de 1860, cuando se eligió a Manuel Felipe de Tovar.

Con la elección de Gallegos, el maestro de muchos integrantes de la Generación del 28, los miembros de la Junta Revolucionaria de Gobierno cumplían el Decreto que ellos mismos habían redactado, y que les impedía presentarse como candidatos en esta contienda. Además, en el mismo acto se eligieron diputados y senadores del Congreso Nacional, así como concejales y diputados de las Asambleas Legislativas estatales. Por primera vez en muchos años, el Presidente de la República gozaba de una legitimidad absoluta: lo había elegido el apoyo mayoritario del pueblo.

PRESIDENCIA DEL MAESTRO RÓMULO GALLEGOS (1948)

La toma de posesión de la Presidencia de la República por parte de Rómulo Gallegos, el 15 de febrero de 1948, constituyó un acontecimiento cultural de gran importancia. El escritor Juan Liscano organizó en el Nuevo Circo de Caracas un Festival Folklórico, en el que logró reunir diversas agrupaciones musicales de todo el país, y por primera vez en su historia las expresiones culturales, vinculadas con las distintas regiones de la geografía nacional, se dieron cita en un solo lugar. Esto trajo como consecuencia que cultores de distintos instrumentos, que jamás se habían visto ni escuchado, coincidieran en un mismo tiempo y espacio.

En lo sustancial del proyecto político de AD, el gobierno de Gallegos continuó con sus pautas fundamentales, pero la base de sustentación militar fue resquebrajándose, cosa que Gallegos no contemplaba, ya que su ministro de la Defensa, Carlos Delgado Chalbaud, era tenido por el propio Gallegos como «un hijo». Esta relación casi filial se había trabado en el exilio en España, donde el joven Delgado Chalbaud y el maestro Gallegos compartían penurias y habitación. De modo que la confianza del Presidente en su Ministro de la Defensa era total, al punto que durante el único viaje que realizó en funciones a los Estados Unidos, en

julio de 1948, dejó encargado de la Presidencia de la República a Delgado Chalbaud y no a Eligio Anzola Anzola, quien se desempeñaba como
ministro de Relaciones Interiores. Estos hechos hablan de la legitimidad
con que Gallegos se conducía: era el primer Presidente electo en sufragios universales de nuestra historia, y con el porcentaje más alto que se
haya dado, todavía, entre nosotros. No pensaba que fuese posible que
semejante legitimidad pudiese ser vulnerada por las Fuerzas Armadas,
pero lamentablemente el maestro se equivocaba.

El sector determinante de los militares, que calladamente adversaba a Betancourt, fue articulándose en contra del propio Betancourt y
del gobierno de Gallegos. Mientras tanto, el ex presidente de la Junta
Revolucionaria de Gobierno seguía con atención el proceso político,
a la par que participaba en Bogotá en la creación de la OEA, organismo que se constituyó en sustitución de la Unión Panamericana. Las
molestias en el sector de la población afecta a algunos de los presidentes
de la hegemonía militar tachirense seguían en aumento, y se canali-
zaron a través de un error que venía cometiendo tanto el gobierno de
Betancourt como el de Gallegos: el de gobernar con la sola gente de
su partido, dejando de lado a otros sectores nacionales. La acusación
de sectarismo fue tomando cuerpo día a día. Ella venía a contribuir
con el proyecto militarista en el seno de las Fuerzas Armadas, proyecto
capitaneado por Marcos Pérez Jiménez, y seguido con enormes dudas
por parte de Delgado Chalbaud quien, como veremos luego, terminó
saliendo de la escena dos años después.

En pocas palabras: el maestro Gallegos no consideró pertinente
mantener vigilia sobre el sector castrense, ya que su legitimidad estaba blindada, mientras un grupo preponderante de los militares quería
detentar el poder directamente, desconociendo el resultado de la elección democrática. Todo indica que de ese grupo no formaba parte el
ministro de la Defensa Delgado Chalbaud, pero terminó aviniéndose
con él, y encabezando el golpe de Estado militar. Se lanzaba por la
borda el primer ensayo democrático venezolano. El 24 de noviembre
de 1948 es hecho preso el presidente Gallegos, el 5 de diciembre se le
expulsa del país junto a su familia. Lo sustituye una Junta Militar de
Gobierno, integrada por Marcos Pérez Jiménez, Luis Felipe Llovera
Páez y Carlos Delgado Chalbaud, quien la presidía.

DE LA DEMOCRACIA A LAS ARMAS
(1948-1958)

El período que se inicia el 24 de noviembre de 1948, y culmina el 23 de enero de 1958, está signado por la presencia militar y por el origen ilegítimo de los gobiernos. El primero (1948-1950), presidido por Carlos Delgado Chalbaud, emana de un golpe de Estado militar en contra del gobierno electo de Rómulo Gallegos. El segundo (1950-1952), presidido por Germán Suárez Flamerich, no se fundamentó en ninguna elección, sino en la designación a dedo por parte de la Junta Militar de Gobierno. El tercero (1952-1958) surgió de un fraude electoral en contra de la voluntad popular, y lo presidió Marcos Pérez Jiménez. Como vemos, los tres gobiernos fueron de facto, nunca de *iure*, ya que en su origen no gozaron de legitimidad democrática. Por ello, puede hablarse de una dictadura militar al hacer referencia a la década de 1948 a 1958, pero también deben señalarse los matices que en esta década tuvieron lugar.

GOLPE MILITAR DEL 24 DE NOVIEMBRE DE 1948

Las investigaciones más recientes señalan que la iniciativa del golpe militar contra Gallegos la tuvieron Pérez Jiménez y Llovera Páez, mientras Delgado Chalbaud se sumó a última hora y con muchas dudas. Se cuenta con testimonios que indican que si Delgado no se sumaba a la conjura sería dejado de lado, haciéndosele preso. De modo que su dilema era álgido: o se sumaba y encabezaba la Junta Militar de Gobierno, siendo Presidente, o se preservaba en honor a la legitimidad democrática y Gallegos, e iba preso. Optó por lo primero.

La primera alocución del Presidente de la Junta Militar es, vista
con la distancia del tiempo, francamente desconcertante, dice el 26
de noviembre: «La Junta Militar quiere dejar categórica constancia de
que este movimiento no se orienta de ninguna manera hacia la instauración de una dictadura militar, ni abierta ni disimulada, a fin de
exigir al pueblo que no debe dejarse engañar por quienes pretenden
propagar lo contrario... No se ha asumido el poder para atentar contra
los principios democráticos sino para obtener su efectiva aplicación y
preparar una consulta electoral a la cual concurra toda la ciudadanía
en igualdad de condiciones». Como vemos, la justificación del golpe se
basaba en la democracia que, al parecer, los militares consideraban que
no había tenido lugar en la elección de Gallegos. Esta argumentación
se cae por su propio peso. En el fondo, lo que estaba en marcha era la
ambición de un sector preponderante de los militares por el mando,
y por ello dieron lo que se llamó un golpe «frío». Es decir, sin armas,
sin resistencia, sin heridos ni enfrentamientos. El partido político que
llevó a Gallegos a la Presidencia, AD, no tenía como enfrentar a los
hombres armados. Concluía así un período de tres años en el que
dos fuerzas convivieron enfrentándose subrepticiamente: las militares
que dieron el golpe el 18 de octubre de 1945, y las civiles (AD) que
también participaron del mismo hecho. Se imponían, otra vez, las
tendencias militaristas en contra de las civilistas, dándose la extraña
paradoja de ser el comandante Delgado Chalbaud un militar civilista.
En este sentido, y en otros, el hijo de Román Delgado Chalbaud será
un personaje trágico de nuestra historia.

JUNTA MILITAR DE GOBIERNO, ENCABEZADA POR EL COMAN-DANTE CARLOS DELGADO CHALBAUD (1948-1950)

Con la extraña aclaratoria según la cual la Junta Militar sustituye
a un gobierno electo democráticamente, para disponerse a convocar
elecciones en lo sucesivo, comienza el gobierno de Carlos Delgado
Chalbaud. Entre sus primeras medidas está la de invalidar los juicios del Tribunal que condenó por peculado a los funcionarios de los
gobiernos de López Contreras y Medina Angarita. Muchos de ellos,

entre otros Uslar Pietri, recuperaron sus casas. De inmediato, además, se ilegalizó a Acción Democrática, y muchos de sus dirigentes salieron al exilio o pasaron a la clandestinidad. Al año siguiente la Junta ordenó la disolución de la CTV (Confederación de Trabajadores de Venezuela) y la de las Federaciones sectoriales, con lo que se le asestaba un duro golpe a una de las instituciones fundamentales del proyecto político de AD. También de inmediato, la Junta desconoció las disposiciones de la Constitución Nacional de 1947, y afirmó que imperaría la de 1936, salvo en los casos en los que la de 1947 fuese «más progresista», afirmación difícil de comprender en su extensión y sentido. Conviene recordar que la de 1947 fue el producto de una Asamblea Nacional Constituyente y consagró la elección universal, directa y secreta.

La obra de dos años que encabezará Delgado Chalbaud puede dividirse por áreas. Por una parte lo que Pérez Jiménez y Llovera Páez hacían en las Fuerzas Armadas, donde ejercían un liderazgo indiscutible, y por otra lo que Delgado hacía puertas afuera de los cuarteles, siempre insistiendo en que se trataba de un gobierno interino, que muy pronto convocaría a elecciones, en busca de una «democracia liberal, alternativa y representativa». En materia de obras civiles, Delgado se empeñó en la construcción de la avenida Los Próceres, a la que concebía como la avenida Los Ilustres, y que se proponía unir a la Academia Militar con la Universidad Central de Venezuela, estableciendo un símbolo de encuentro entre el mundo civil y el militar. En el área de educación, también, se creó el Instituto de Previsión y Asistencia Social del Magisterio y el Instituto Nacional de Deportes (IND), mientras se respetó la autonomía de las universidades. Por otra parte, siguió avanzándose en la construcción de la Ciudad Universitaria de Caracas, proyecto iniciado en tiempos de Medina Angarita. Se construyeron carreteras y se diseñó un Plan Nacional de Vivienda, así como se concluyó el primer tramo de la autopista Caracas-La Guaira.

En mayo de 1950 AD, desde la clandestinidad, aupó junto con el Partido Comunista Venezolano (PCV) una huelga petrolera, y esto dio motivo para que el gobierno ilegalizara al PCV, que había logrado hasta entonces no correr la misma suerte de AD. Este punto, de nuevo, significó un desencuentro entre Delgado y los otros miembros de la Junta Militar de Gobierno. Como vemos, la realidad iba deslindando posiciones. Ya cerca del 24 de noviembre de 1950, a dos años del golpe militar, el comandante Delgado le propuso a sus compañeros que con ese motivo se designara a un Presidente de la República provisional y se convocara a elecciones en diciembre de 1952. Delgado Chalbaud había pensado en el doctor Arnoldo Gabaldón, un médico sanitarista de gran prestigio en el país. Algunos pensaron que el propio Delgado aspiraría a ser electo Presidente, pero no se tienen constancias documentales de este propósito. En todo caso, una vez formulada la proposición por parte de Delgado a sus compañeros, éstos dijeron que habría que consultar con las Fuerzas Armadas tal proposición. ¿Guarda relación este hecho con el asesinato de Delgado Chalbaud el 13 de noviembre de 1950? No lo sabemos, pero no faltan analistas que señalan que podría haberla, ya que era evidente que Pérez Jiménez y Llovera Páez no tenían intenciones de convocar a elecciones, por ello le manifiestan a Delgado que consultarán con las Fuerzas Armadas, lo que para muchos pudiera ser interpretado que se preguntarían a ellos mismos. Por otra parte, para Delgado la consulta es innecesaria, porque él mismo la anunció cuando la Junta Militar dio el golpe de Estado contra Gallegos. Pero estos dilemas desaparecieron de la escena con el magnicidio de Delgado Chalbaud: nadie desde el gobierno recordó que había que cumplir con la promesa de convocar a elecciones universales, directas y secretas.

Magnicidio de Delgado Chalbaud (1950)

Han corrido ríos de tinta analizando el episodio, y sus causantes, del único magnicidio que ha ocurrido entre nosotros. Resumo los hechos: al no más salir de su casa en El Pedregal del Caracas Country Club el 13 de noviembre de 1950, el comandante Delgado y su reducida comitiva, fueron interceptados por un comando encabezado por Rafael Simón Urbina. Una vez trasladado de su vehículo al de sus captores, se dirigieron a la calle La Cinta en la urbanización Las Mercedes, en donde quedaba la casa de Antonio Aranguren, como se había convenido, pero el azar quiso que en el trayecto a uno de los seguidores de Urbina se le fuera un tiro, por impericia, y se lo pegara en el tobillo al propio Urbina, quien comenzó a perder sangre copiosamente. En situación de pánico, con Urbina malherido y los integrantes de su comando en estado de ebriedad, le cayeron a tiros a Delgado Chalbaud, una vez que habían llegado a la casa en Las Mercedes. Al parecer, éste no era el destino que se tenía previsto, sino el de obligarlo a renunciar, pero no tenemos forma de saberlo con exactitud, ya que cuando Urbina era trasladado de una cárcel a otra, después de haberse entregado, fue ultimado a balazos por una comisión de la Seguridad Nacional. En otras palabras: quien hubiera podido confesar si había un vínculo entre él y los otros integrantes de la Junta Militar, o cualquier otro interesado en la renuncia o muerte de Delgado, no estaba para confesarlo.

Testimonios de bando y bando abundan, pero lo único cierto es que el comandante Delgado murió y, de inmediato, la Junta Militar comenzó a buscarle un sustituto, ya que Pérez Jiménez se cuidó mucho de no sucederlo él para no darle crédito a la hipótesis del interés en su muerte. En los días sucesivos, se pensó que el doctor Arnoldo Gabaldón sucedería a Delgado, como había sido su voluntad, y de hecho comenzó a despachar desde Miraflores a la espera de la confirmación en el cargo por parte de la Junta Militar, pero ello no ocurrió, sino que la Junta prefirió al doctor Germán Suárez Flamerich, entonces embajador de Venezuela en Perú, quien tomó posesión el 27 de noviembre, modificándose entonces la denominación de la Junta, pasando a llamarse Junta de Gobierno, ya que el nuevo integrante era civil.

DESIGNACIÓN COMO PRESIDENTE DE LA JUNTA DE GOBIERNO DE GERMÁN SUÁREZ FLAMERICH (1950-1952)

Aunque buena parte de la historiografía simplifica los años que van de 1948 a 1958 como los de la dictadura militar de Pérez Jiménez, la verdad es que hay matices que no deben soslayarse. Uno es el de Suárez Flamerich, por más que sea unánime la opinión según la cual quien ejercía el poder era Pérez Jiménez y no el designado; ya que se trataba de una Junta de Gobierno en la que las Fuerzas Armadas tenían el mayor peso. Lo que podía hacer el civil que la encabezaba era muy poco, además de que no se cuenta con pruebas que certifiquen que pensaba distinto a los otros integrantes de la Junta de Gobierno.

El tema de las elecciones presidenciales y de los representantes al Congreso Nacional, que estaba pendiente para diciembre de 1952, la Junta de Gobierno lo resolvió decidiendo convocar a una Asamblea Nacional Constituyente que redactara una nueva Constitución Nacional, en vez de elegir nuevo mandatario. En abril de 1951 se aprobó el nuevo Estatuto Electoral, que impedía que AD y el PCV se presentaran con candidatos a la contienda, no así URD y Copei, con Jóvito Villalba y Rafael Caldera a la cabeza. La mano militar apretaba cada vez más el cuello de la disidencia, y las persecuciones contra los dirigentes de AD y el PCV arreciaban. De hecho, Alberto Carnevali, dirigente de AD, es hecho preso en mayo de 1951.

La escalada represiva

Pero la escalada represiva de la Junta de Gobierno va a incrementarse a partir del nombramiento de Pedro Estrada al frente de la Seguridad Nacional el 31 de agosto de 1951. La experiencia policial de Estrada se inició durante el gobierno de López Contreras, en 1936, cuando es nombrado Jefe de la Policía de Maracay, para luego trabajar en la Policía de Caracas durante el gobierno de Medina Angarita. Vivió en los Estados Unidos hasta que regresó en 1949.

Para octubre de 1951 el número de presos políticos asciende a cerca de dos mil, en su mayoría dirigentes de AD y el PCV, encarcelados en la Cárcel Modelo de Caracas y en las de las capitales de los estados, en particular en la Penitenciaría General de San Juan de los Morros. El campo de concentración de Guasina, una de las islas del Delta del Orinoco, se abre en noviembre de 1951, habitándolo cerca de cuatrocientos presos políticos. La libertad de prensa no tenía vigencia en Venezuela, y los periódicos que se atrevían a publicar noticias contrarias a los intereses de la Junta de Gobierno padecían severos problemas de toda índole, de modo que de la permanente violación de los Derechos Humanos en Guasina, y en todas las cárceles del país, no se informaba regularmente, y la gente se enteraba con base en relatos orales, que se pronunciaban en voz baja y corriendo todos los peligros. Las denuncias sobre la insalubridad de Guasina fueron insistentes, hasta que el campo de concentración se cerró en diciembre de

1952, fecha en la que los presos políticos fueron trasladados a la cárcel de Ciudad Bolívar.

El año electoral de 1952 comienza con problemas en la Universidad Central de Venezuela, hasta que se suspenden las actividades, yendo a parar a la cárcel muchos alumnos y profesores, mientras otros lograban salir al exilio. Las detenciones no cesan, mientras el gobierno se prepara con su agrupación electoral FEI (Frente Electoral Independiente) a participar en las elecciones de noviembre. AD y el PCV, que están ilegalizados, no pueden participar, mientras Copei y URD deshojan la margarita en cuanto a hacerlo, hasta que optan por concurrir. Tienen lugar alzamientos puntuales en los cuarteles, a la par que el juego de inventos de atentados por parte del gobierno le da pie para seguir deteniendo a dirigentes, o asesinándolos, como fue el caso de Leonardo Ruiz Pineda, jefe de AD en la clandestinidad, el 22 de octubre de 1952 en San Agustín del Sur.

Las elecciones de 1952

Los comicios tuvieron lugar el 30 de noviembre de 1952, después de una campaña en la que URD recogió un apoyo notable, al punto que la concentración que logró en el Nuevo Circo de Caracas el 27 de noviembre es la más grande que se recuerda en aquellos años. Rafael Caldera y su partido Copei recorrieron el país dando discursos. La asistencia del pueblo a las elecciones fue masiva, y las primeras cifras daban la victoria a URD, con una votación considerable de Copei, mientras el partido del gobierno, el FEI, quedaba rezagado. El 1 de diciembre ya es evidente que URD ha ganado las elecciones, y que Jóvito Villalba es el diputado electo con mayor número de votos en la Asamblea Nacional Constituyente, lo que lo convierte de hecho y derecho en el venezolano de mayor respaldo popular, pero el gobierno decide desconocer los resultados electorales. Se crea una crisis en el Consejo Supremo Electoral en donde los honestos se niegan a alterar los resultados a favor del gobierno y, su presidente, Vicente Grisanti, se refugia en la Embajada de Brasil. Once de los quince miembros del CSE renuncian junto a Grisanti, mientras el gobierno designa un nuevo CSE que sí está dispuesto a falsificar el resultado.

El 2 de diciembre el nuevo CSE entrega unos resultados falsos, en los que gana por amplio margen el FEI. Marcos Pérez Jiménez asume la Presidencia Provisional de Venezuela el mismo día, mientras el gobierno hace esfuerzos por lograr que URD acepte el resultado electoral; en vista de que no lo hacen, son montados en un avión y expulsados a Panamá el 15 de diciembre, mientras Copei no forma parte de la Asamblea Nacional Constituyente, cuando en enero condiciona su participación, y el gobierno no responde sus peticiones.

Si la Junta Militar de Gobierno presidida por Delgado Chalbaud llegó al poder infligiéndole un golpe de Estado a un Presidente electo por la mayoría, la Presidencia Provisional de Pérez Jiménez se impuso sobre un fraude electoral, perpetrado contra el mismo pueblo que veía burlada su voluntad. Habían pasado apenas cuatro años.

DICTADURA DEL CORONEL MARCOS PÉREZ JIMÉNEZ (1952-1958)

Una vez perpetrado el golpe de Estado por parte de Pérez Jiménez —ya que desconocer la voluntad popular expresada el 30 de noviembre lo era–, la Asamblea Constituyente se instala el 9 de enero de 1953. De inmediato, ratifica la provisionalidad de la Presidencia de Pérez Jiménez y se enfrasca en la redacción del nuevo texto constitucional. El 15 de abril el Presidente Provisional firma el Ejecútese de la nueva carta magna y el 17 la Asamblea Constituyente designa a Pérez Jiménez Presidente Constitucional, para el período quinquenal que correría entre abril de 1953 y abril de 1958, con elecciones en diciembre de 1957.

La Constitución Nacional de 1953

En relación con el período presidencial la nueva carta magna mantuvo el quinquenio y el sistema electoral de la Constitución de 1947, pero en otros aspectos regresó a lo pautado por la Constitución de 1936, en particular en lo relativo a los derechos de los ciudadanos. Cambió la denominación de Estados Unidos de Venezuela por República de Venezuela, con lo que se reconocía que el federalismo venezolano de mediados del siglo XIX no se había materializado. Concuerdan los constitucionalistas en que se trató de un texto diseñado para la dictadura militar que, sin embargo, recogió algunas de las pautas de la Constitución de 1947.

Bajo el «Nuevo Ideal Nacional»

Al no más iniciar formalmente su mandato, ya que de hecho venía gobernando desde hace años, Pérez Jiménez habló de «El Nuevo Ideal Nacional», suerte de espíritu programático que animaría a su gobierno, que colocaría especial énfasis en la «transformación del medio físico». Esto es: obras de infraestructura.

Por otra parte, la persecución por parte de la Seguridad Nacional contra Acción Democrática recrudece notablemente. No sólo es detenido Eligio Anzola Anzola, Secretario General de AD en la resistencia, sino que Alberto Carnevali muere en la cárcel en mayo, mientras Antonio Pinto Salinas es asesinado en junio. Quizás, debido al desconcierto de la población ante la política del terror, el gobierno decidió en enero de 1954 liberar a 400 presos políticos, dejándoles ir al exilio a la mayoría. Pero el hostigamiento no cesó, tampoco la censura severa. A don Mario Briceño Iragorry lo apalearon en Madrid, todo indica que en represalia por sus denuncias, con lo que la autocensura se instaló en la psique del venezolano. Para colmo, dentro del marco de la Guerra Fría, los Estados Unidos condecora en octubre de 1954 a Pérez Jiménez con la Legión del Mérito, entendiéndose que sus «méritos» se refieren a su anticomunismo militante. En perfecta sintonía con su proyecto político, el gobierno se retira de la OIT (Organización Internacional del Trabajo) en 1955, luego de fricciones naturales entre dos instancias de poder tan disímiles. Como vemos, en estos años las tensiones entre el gobierno y la oposición siguen creciendo, así como las persecuciones y las violaciones de los derechos humanos en contra de los presos políticos. Las torturas que muchos dirigentes de la oposición padecieron están suficientemente documentadas como para que el tema no esté en discusión.

El ingreso *per capita* venezolano en 1956 llegó a estar entre los primeros del mundo. Los recursos provenientes de la explotación petrolera eran cuantiosos para una población que no llegaba a los siete millones de habitantes. Ésta fue una de las causas por las que los flujos migratorios hacia Venezuela, después de la segunda Guerra Mundial, fuesen notables, en particular los provenientes de Portugal, España e Italia. Venezuela, más allá de la represión política, era una tierra de oportunidades para el extranjero que venía a reconstruir su vida, después de que sus países habían quedado devastados por la guerra. Este mismo año el gobierno otorga nuevas concesiones a las compañías petroleras, que presionaban para que ello ocurriese, haciendo grandes inversiones en la industria petrolera del país.

Las elecciones de 1957

El año comenzó con agitaciones, dado que sería electoral. El primer síntoma de que la dictadura no tenía a todos los factores de poder a su favor fue la Pastoral del Arzobispo de Caracas, monseñor Rafael Arias Blanco, el 1 de mayo. A ella la antecedían las reiteradas protestas estudiantiles durante los meses de febrero y marzo. La Pastoral de Arias Blanco se detiene en la reivindicación del movimiento obrero, de la necesidad de la sindicalización, muy a contracorriente de lo que pensaba la dictadura. De tal modo que el hecho fue interpretado como una delimitación franca entre el gobierno y la Iglesia Católica y, siendo ésta la institución con más antigua tradición en el país, significó mucho para la disidencia, y para el gobierno mismo, al constatar que no contaba con el respaldo de la Iglesia. La Pastoral merece ser leída en su totalidad, ya que constituye una pieza doctrinal importante, además del significado político coyuntural que tuvo. Además del tema sindical, toca el de los altísimos ingresos *per capita* del venezolano, pero la pésima distribución de la riqueza y las enormes desigualdades existentes hacían todavía más lacerantes las desigualdades. El punto es importante, ya que la deficiencia de ingresos fiscales no fue lo que llevó a la dictadura a una crisis, como veremos luego, sino factores políticos, sumados a los sociales. Otro aspecto importante señalado por Arias Blanco es el tema del cambio poblacional súbito, en la relación de los habitantes en el campo y la ciudad, variando notablemente hacia esta última.

Al mes siguiente, en junio, se constituyó la Junta Patriótica. Por iniciativa de tres dirigentes de URD, José Vicente Rangel, Fabricio Ojeda y Amílcar Gómez, se reúnen con Guillermo García Ponce, del PCV, para formar la agrupación que se propone luchar por un «gobierno democrático, mediante elecciones libres, y el logro de una amnistía general en el país». Luego, en agosto, se suman a la organización clandestina Moisés Gamero, por AD, y Enrique Aristeguieta Gramcko, por Copei. Meses después es sustituido Gamero por Silvestre Ortiz Bucarán. Desde el comienzo se valen de la publicación de boletines y manifiestos que van marcando la pauta de la resistencia al régimen. En ellos hicieron énfasis en la fractura interna en las Fuerzas Armadas en relación con el apoyo al régimen dictatorial. Esta separación entre Pérez Jiménez y los militares vino dándose marcadamente a partir de 52, cuando el dictador comenzó a confiar particularmente en su jefe de policía, Pedro Estrada, y su ministro de Relaciones Interiores, Laureano Vallenilla Planchart, ambos civiles, a quienes cierto estamento militar veía con recelo. Además, los jóvenes militares venían formándose sin la influencia de Pérez Jiménez y su generación, con lo que no podían señalarse vínculos particulares entre el Alto Mando Militar y la tropa. Como vemos, es casi una circunstancia de «manual de historia política» la de la relación estrecha que se da entre el jefe de policía y el tirano, que fundamenta parte sustancial de su apoyo en la represión y el espionaje. Esta relación fue determinante en la gramática de poder de la dictadura perezjimenista.

Hacia el 23 de enero de 1958

En noviembre de 1957 anunció el régimen que las elecciones tendrían lugar bajo la modalidad de un plebiscito, en el que los electores optarían por la continuación del gobierno de Pérez Jiménez o no. Por supuesto, el resultado de los comicios del 15 de diciembre fue abrumadoramente favorable a Pérez Jiménez, cosa que la resistencia denunció, de la manera que pudo en medio de la censura, como un fraude. El 21 de diciembre el Consejo Supremo Electoral proclama a Pérez Jiménez como Presidente de la República, y el 29 la Junta Patriótica llama a las Fuerzas Armadas a manifestarse a favor de la Constitución Nacional.

El 1 de enero de 1958 se alza la Fuerza Aérea acantonada en Maracay, con el coronel Martín Parada a la cabeza, mientras el 7 los estudiantes manifiestan en contra del gobierno. Por su parte, Hugo Trejo venía, desde 1955, tejiendo una red de conjurados que llegaba a casi cuatrocientos oficiales en contra de la dictadura. Es hecho preso, y sofocada la rebelión maracayera. Sectores de la Armada se suman a la protesta. La crisis está en marcha. El Gabinete Ejecutivo renuncia el 9 de enero, y el 13 Pérez Jiménez asume personalmente el Ministerio de la Defensa. Un sector importante de las Fuerzas Armadas le impone condiciones al gobierno, entre otras la salida de funcionarios públicos a quienes consideran inconvenientes. Salen del gobierno, y del país, Laureano Vallenilla y Pedro Estrada. A partir del 10 de enero en las cárceles no hay sitio para más nadie.

Los gremios profesionales, los intelectuales, y otros sectores de la vida nacional van manifestándose públicamente, reclamando el regreso de las formas democráticas de convivencia. El 21 de enero comienza una huelga de prensa y de inmediato una huelga general. El gobierno responde con un toque de queda. La crisis se precipita hacia su final. El 22, sectores mayoritarios de las Fuerzas Armadas se suman al clamor popular. Pérez Jiménez ha perdido todo apoyo, de modo que en la madrugada del 23 se dirige al aeropuerto de La Carlota, toma el avión que la conseja popular bautizó como «La vaca sagrada», en imitación del de Harry Truman, y alza vuelo hacia Santo Domingo: allí lo recibiría el dictador Rafael Leonidas Trujillo.

Antes de partir, los pocos militares fieles a Pérez Jiménez le manifiestan que ellos permanecerán al mando, a lo que el tachirense responde que nombren una Junta de Gobierno presidida por el oficial de mayor antigüedad y más alto rango: el contralmirante Wolfgang Larrazábal. Así fue.

UNA DEMOCRACIA PACTADA

Los demócratas que reinician el camino perdido en 1948, lo hacen en 1958 sobre la base de la experiencia acumulada. Ésta se expresó en la firma del Pacto de Puntofijo por parte de AD, Copei y URD, sobre la base de la necesidad de actuar de común acuerdo frente al factor que había demostrado no comulgar con el proyecto democrático: el militar. No se equivocaron los firmantes si tomamos en cuenta que intentonas de golpes hubo muchas hasta que el gobierno de Betancourt, en 1962, logró controlar las sediciones. De no haberse firmado el Pacto, la democracia hubiese sucumbido ante los embates del autoritarismo. Luego veremos cómo, una vez avanzado el proceso de profesionalización democrática del sector militar, la necesidad del Pacto quedó atrás, dejándole espacio al Bipartidismo.

JUNTA DE GOBIERNO PRESIDIDA POR EL CONTRALMIRANTE WOLFGANG LARRAZÁBAL UGUETO (1958)

Los primeros hechos conducen hacia una decisión equivocada: la Junta que se crea es militar, y está presidida por el contralmirante Wolfgang Larrazábal Ugueto, el coronel Carlos Luis Araque, el coronel Pedro José Quevedo y los coroneles Abel Romero Villate y Roberto Casanova. La designación de estos dos últimos motiva entre el 23 y el 24 de enero protestas callejeras, y enardecidas manifestaciones, ya que ambos estuvieron visiblemente ligados a la dictadura. Larrazábal escucha a la calle y el 24 cambia la composición de la Junta, incorporando a dos civiles: Eugenio Mendoza Goiticoa y Blas Lamberti, pasando a llamarse Junta de Gobierno.

Las puertas de las cárceles se abren y comienzan a llegar los presos políticos. Turbas enardecidas saquean las casas de Pérez Jiménez, Llovera Páez y Vallenilla Lanz. El número de muertos en las calles es difícil de precisar. La euforia es colectiva. Se vive una fiesta y un ajuste de cuentas, a la vez. Una multitud asalta el cuartel de la Seguridad Nacional: lo incendia y lincha a varios policías. Los que se salvaron del linchamiento son hechos presos en la Cárcel Modelo. La reacción de la población fue severísima en contra de la policía política, menos en contra de los funcionarios administrativos del régimen.

La Junta de Gobierno conforma un gabinete ejecutivo mayoritariamente civil, mientras crea una comisión investigadora de la conducta de los funcionarios del régimen depuesto, que conduce a las confiscaciones de los bienes de Pérez Jiménez. Comienzan a llegar los líderes políticos que estaban en el exilio. Primero Jóvito Villalba, luego Gustavo Machado, Rafael Caldera, Rómulo Betancourt. Los recibimientos son multitudinarios en todos los casos. En el país se respira un aire de esperanza por la democracia que se quiere construir. La Junta de Gobierno anuncia la inminente convocatoria de elecciones. En marzo se nombra la Comisión Redactora del Estatuto Electoral, integrada por representantes de todas las fuerzas políticas del país.

Junto con este río, corría otro subterráneo. Me refiero a las pugnas internas en las Fuerzas Armadas. Unas liderizadas por el coronel Hugo Trejo, quien habiendo sido pionero en la insurrección, no obstante no integró la Junta de Gobierno, y otra del propio ministro de la Defensa, el general Jesús María Castro León, quien creyendo interpretar el sentimiento de las Fuerzas Armadas, abogaba por un deslinde absoluto entre los militares y el poder civil. El primero aceptó la Embajada de Venezuela en Costa Rica, pero el segundo continuó con su plan conspirativo, hasta que el 23 de julio estalla la crisis, cuando el Ministro de la Defensa entrega un pliego con las condiciones que solicitan cerca de un centenar de oficiales a la Junta de Gobierno. Se pide, otra vez, la eliminación de AD y el PCV, censura de prensa, el aplazamiento por tres años de las elecciones, y la formación de un nuevo gobierno tutelado, otra vez, por las Fuerzas Armadas. En otras palabras, casi la restitución de la dictadura. Los estudiantes responden en contra, los partidos políticos también. Comienzan las negociaciones. A Castro León le quedan dos alternativas: enfrentar sus fuerzas contra las del gobierno o dimitir, prefirió lo segundo, siendo expulsado del país el 24 de julio de 1958, junto con un contingente de oficiales que lo seguían en la aventura.

Antes de estos hechos, en mayo, la visita al país del vicepresidente de los Estados Unidos, Richard Nixon, produjo reacciones de protesta contundentes. La población no olvidaba que los Estados Unidos de Norteamérica habían apoyado la dictadura de Pérez Jiménez, y ahora se lo hacía saber a Nixon. El automóvil que lo traía del aeropuerto tuvo que pasar en medio de una turbamulta que lo insultaba, corriendo un grave peligro su integridad física. Era evidente que la gente había perdido el miedo, y que de alguna manera se cobraba años de terror y desmanes. Finalmente, al día siguiente, Nixon pudo abandonar el país, no sin antes recibir las disculpas de la Junta de Gobierno en pleno, que fue a despedirlo al aeropuerto.

Un nuevo alzamiento militar tendrá lugar el 7 de septiembre. Esta vez se levantaron en armas los tenientes coroneles Juan de Dios Moncada Vidal y José Ely Mendoza Méndez. Contaban con apoyo en la Guardia Nacional y en la Policía Militar, pero no fue suficiente el respaldo y la conjura pudo ser controlada. Algunos de los alzados buscaron refugio en embajadas y otros fueron hechos presos y sometidos a la justicia militar. Esta vez la Junta de Gobierno incrementó su severidad en contra de este tipo de manifestaciones inconstitucionales, buscando dar el ejemplo y señalar un camino.

Pacto de Puntofijo, octubre de 1958

Durante los primeros días de enero de 1958, cuando las posibilidades de caída de la dictadura perezjimenista se vislumbraban probables, se reunieron en Nueva York Rómulo Betancourt, Jóvito Villaba y Rafael Caldera con el objeto de dialogar en torno a los errores del pasado, y las posibilidades de no cometerlos en el futuro. Era evidente que si los partidos políticos representados por ellos no se ponían de acuerdo en torno a un programa mínimo, la supervivencia de cualquier ensayo democrático estaría comprometida por el factor militar. Los alzamientos de Castro León y Moncada Vidal vinieron a confirmar los fundados temores que los líderes civiles albergaban desde el exilio en

Nueva York. Además de la amenaza militar latente, Betancourt había aprendido de los errores que trajo gobernar sectariamente, como lo hizo AD en el llamado trienio 1945-1948, y le proponía a los líderes de los otros partidos políticos diseñar un programa de gobierno común, e integrar un gobierno de coalición de las tres fuerzas políticas.

Con miras al logro de este objetivo comenzaron las reuniones, ya en Caracas, entre miembros de las direcciones políticas de AD, Copei y URD. Primero se pulsó la posibilidad de presentarse con un candidato único, pero muy pronto se vio que esto no era posible, e incluso muchos pensaban que era inconveniente para el futuro desarrollo de un sistema de partidos políticos. Como las reuniones tenían lugar en la casa de Caldera, en Sabana Grande, los periodistas comenzaron a llamar al pacto que se configuraba aludiéndolo con el nombre de la quinta de la familia Caldera: Puntofijo, pero no como la ciudad falconiana, sino corrido, evocando la estabilidad familiar.

El 31 de octubre de 1958 se firmó el Pacto de Puntofijo. En la base del documento asentaron sus firmas Rómulo Betancourt, Raúl Leoni y Gonzalo Barrios por AD; Jóvito Villalba, Ignacio Luis Arcaya y Manuel López Rivas por URD; Rafael Caldera, Pedro del Corral y Lorenzo Fernández por Copei. Se comprometieron a respetar el resultado electoral fuese el que fuese, y a gobernar en conjunto, sobre la base del programa mínimo común suscrito y sin desmedro de las singularidades de cada uno de los partidos firmantes. El Pacto apuntaba hacia la creación de una democracia representativa, con un sistema de partidos políticos estable, y una especificidad profesional del rol de las Fuerzas Armadas en la sociedad.

La discusión sobre la no participación del Partido Comunista de Venezuela (PCV) en el Pacto de Puntofijo es compleja y disímil. Algunos comunistas afirman que no fueron incluidos, que no fueron invitados, mientras las fuerzas integrantes del Pacto señalan que era difícil que un partido político integrante de la llamada órbita soviética formara parte de un acuerdo para instaurar una democracia representativa, sobre todo si en la URSS, y en todos los países aliados, regía un sistema de partido único, sin libertad de prensa, y sin libertades políticas y económicas. Es muy probable que las dos líneas argumentales sean ciertas, y de allí que el resultado final haya sido la exclusión de la izquierda pro-soviética del acuerdo político. Esto, por otra parte, lo dijo expresamente durante la campaña electoral el candidato Betancourt, señalando que no gobernaría en alianza con los comunistas.

Presidencia del doctor Edgar Sanabria (1958-1959)

La popularidad que fue adquiriendo Wolfgang Larrazábal lo condujo a presentarse como candidato presidencial en las elecciones convocadas para el 7 de diciembre de 1958. Renunció a la Presidencia de la República el 14 de noviembre, después de haber presentado su opción el 25 de octubre. Le sucedió en la primera magistratura el profesor universitario Edgar Sanabria, quien condujo la República hasta el 13 de febrero de 1959, día en que le colocó la Banda Presidencial a Rómulo Betancourt. El doctor Sanabria venía de desempeñarse como Secretario de la Junta de Gobierno, de modo que conocía perfectamente la marcha del Estado en aquellos meses difíciles de 1958.

Elecciones de 1958

A lo largo del año fueron definiéndose las candidaturas presidenciales. AD se presentó con Rómulo Betancourt; Copei con Rafael Caldera, y URD y el PCV con Wolfgang Larrazábal. Betancourt obtuvo el 49,18 por ciento de los votos, Larrazábal el 34,59 por ciento y Caldera el 16,19 por ciento. AD obtenía el 49,45 por ciento de los votos, URD el 26,75 por ciento, Copei el 15,20 por ciento y el PCV el 6,23 por ciento, manteniéndose con muy pequeñas variaciones la relación entre los votos partidistas y los votos presidenciales.

El mes de enero lo emplea el presidente electo para organizar su gabinete, bajo el difícil esquema del Pacto, lo que supuso una repartición equitativa de las carteras ministeriales entre los tres partidos firmantes. Además, le tocó recibir la visita de Fidel Castro que había entrado triunfante en La Habana, después de la huída del dictador Fulgencio Batista el 1 de enero. Vino en los días en que Venezuela celebraba el primer aniversario del 23 de enero de 1958, cuando el dictador venezolano alzó vuelo. La visita de Castro y la exclusión del PCV del Pacto de Puntofijo van a fijarle un camino a la izquierda en el futuro inmediato: la lucha armada que emprendió Castro en Cuba pasó a ser su inspiración, pero esto lo veremos en el próximo capítulo.

PRESIDENCIA DE LA REPÚBLICA DE RÓMULO BETANCOURT (1959-1964)

Rómulo Betancourt Bello asume la Presidencia de la República el 13 de febrero de 1959, habiendo sido electo en diciembre para gobernar durante el quinquenio 1959-1964. Antes de su asunción, el Congreso Nacional, presidido por Raúl Leoni, crea el 28 de enero la Comisión Especial encargada de redactar el proyecto de Constitución Nacional, que sería sometido a consideración de las cámaras legislativas.

El gobierno de Betancourt se caracteriza por haber sobrevivido a los intentos de derrocarlo, tanto por parte de la derecha como de la izquierda, como veremos a lo largo de estas líneas. La estructuración del Gabinete Ejecutivo, de acuerdo con los firmantes del pacto de Punto-fijo, expresaba claramente el énfasis que AD colocaba en determinados aspectos de la vida nacional. El Ministerio de Relaciones Interiores lo desempeñaba Luis Augusto Dubuc, mientras otro integrante de AD, Juan Pablo Pérez Alfonzo, encabezaba el Ministerio de Minas e Hidro-carburos: ámbito neurálgico para el proyecto político de Betancourt. Por otra parte, la Secretaría de la Presidencia de la República la ejercía un hombre con amigos en todos los sectores: Ramón J. Velásquez, a quien Betancourt había escogido para tender puentes entre el sector de la vida nacional que lo enfrentaba y el gobierno que presidía.

Este primer año de 1959 fue de reacomodos en diversos sectores de la vida nacional. Los empresarios, los obreros, los estudiantes, los militares y los partidos políticos iniciaban la aventura de una vida común. En particular, los partidos políticos vivían horas complejas. El PCV procesaba la exclusión del Pacto de Puntofijo y su actuación en la vida democrática. En AD la pugna interna por posiciones políticas enfrentadas estaba en pleno apogeo. La primera división de AD va a concretarse en 1960, cuando en julio un sector principal de la juven-tud se separe del partido y funde el MIR (Movimiento de Izquierda Revolucionaria), con Domingo Alberto Rangel, Simón Sáez Mérida, Jorge Dáger, Moisés Moleiro, Gumersindo Rodríguez, Héctor Pérez Marcano y Américo Martín, entre otros, al frente de la nueva agru-pación. Contemporáneamente con este proceso de división, el gene-ral Castro Léon, en alianza con Moncada Vidal, intentan de nuevo alcanzar el poder por la vía de las armas. Esta vez se proponen tomar el cuartel de San Cristóbal, penetrando en Venezuela desde territorio colombiano, pero el intento fracasó.

El 24 de junio el presidente Betancourt es víctima de un atentado en la avenida Los Próceres, cuando una bomba estalla muy cerca del vehículo que lo transportaba. Entonces falleció el jefe de la Casa Militar, el coronel Armas Pérez, mientras Betancourt sufrió quemaduras en las manos y la pérdida sensible de parte de la audición. El gobierno se esforzó en conseguir pruebas que apuntaban hacia el autor intelectual del atentado: el dictador dominicano Rafael Leonidas Trujillo, y lo acusó formalmente, instando a la OEA para que se pronunciara sobre el hecho.

En agosto de este año de grandes convulsiones, en la reunión de la OEA en San José de Costa Rica, el canciller Ignacio Luis Arcaya, integrante de URD, se niega a firmar la Declaración de San José en la que se señalaba indirectamente a Cuba por alentar una estrategia de subversión continental. Marcos Falcón Briceño firma en nombre de Venezuela y Arcaya regresa intempestivamente. El primero es nombrado Canciller en sustitución del segundo, y el 17 de noviembre de 1960 URD abandona el gobierno, y se deshace la composición tripartita del Pacto de Puntofijo. En sentido estricto, hasta esta fecha tuvo vigencia el Pacto de tres, quedaban gobernando AD y Copei, aunque URD no pasó en su totalidad a una oposición beligerante.

Fundación de la OPEP (1960)

La política petrolera del gobierno se había expresado en abril cuando se creó la Corporación Venezolana de Petróleo (CVP), mientras se avanzaba en las conversaciones que concluyeron con la creación de la OPEP (Organización de Países Exportadores de Petróleo). En el origen de la creación de esta organización está la necesidad de concertar políticas los países exportadores, de manera de controlar cada vez más la industria petrolera, entonces en manos de empresas extranjeras en los países árabes y en Venezuela. El 14 de septiembre se crea la OPEP en Bagdad (Irak). El presidente de la delegación venezolana es el ministro de Minas e Hidrocarburos Juan Pablo Pérez Alfonzo.

Iniciaba su trayectoria una organización de importancia planetaria en la que Venezuela no sólo ha sido protagonista sino factor principal de su creación. Hasta el día de hoy, el control de los precios del petróleo de un porcentaje determinante de la producción mundial lo detenta esta organización. En el momento de creación de la OPEP los precios del crudo están en niveles bajos, y el gobierno de Venezuela se vio en la necesidad de decretar un control de cambios y la reducción de los sueldos de los funcionarios públicos. Estas medidas, por su parte, reforzaban la política de Industrialización por Sustitución de Importaciones que acogió con renovado entusiasmo el segundo gobierno de Betancourt, ya que durante el primero (1945-1948) también se intentó un proceso de industrialización del país.

La Constitución Nacional de 1961

El 23 de enero de 1961 se promulga la nueva Constitución Nacional. Recoge muchas de las disposiciones y el espíritu de la de 1947. Proclama una Democracia Representativa, con períodos presidenciales quinquenales, por elección directa, universal y secreta, sin reelección inmediata, pero fijando esta posibilidad para diez años después del abandono del cargo. Esta disposición fue nefasta para la democracia venezolana, ya que los ex presidentes no pasaban a retiro, sino que empezaban su campaña para el regreso al poder, impidiendo el relevo generacional y la renovación de la dirigencia de los partidos políticos. Por otra parte, la Constitución Nacional de 1961 será la de más larga duración de nuestra historia, siendo suplantada por la de 1999, después de 38 años de vigencia.

Las sublevaciones no cesan, y el 20 de febrero el coronel Edito Ramírez se levanta con los suyos en la Academia Militar e intenta tomar el Palacio de Miraflores, cosa que no alcanzó a materializar. El 25 de junio se alza un conjunto de oficiales en Barcelona, pero a las pocas horas las fuerzas militares institucionales dominan la situación. Este hecho se denominó el «Barcelonazo». Por otra parte, el congreso del PCV decide enfrentar al gobierno por el camino de las armas, rechazando el rumbo electoral. Entonces comienzan a prepararse para la clandestinidad y la lucha armada. En julio el presidente Betancourt inaugura la nueva Ciudad Guayana, urbe compuesta por Puerto Ordaz y San Félix, diseñada con asistencia del MIT (Massachussets Institute of Technology), bajo modernas concepciones urbanísticas.

En otro orden de hechos, las tensiones con Cuba llegan a tal límite que Venezuela rompe relaciones con la isla en noviembre. Esto se hizo en ejercicio de la llamada «Doctrina Betancourt», según la cual Venezuela no reconocía gobiernos que no hubiesen sido producto de elecciones democráticas, buscando con ello aislar a los gobiernos de facto, como el de Trujillo, y ahora el de Castro. Esta Doctrina, muy en boga y discutida en su tiempo, fue modificada por Venezuela con la llegada al gobierno de Rafael Caldera en 1969, ya que si bien tenía fundamentos, dado el alto número de dictaduras militares en el continente para la época, la que podía quedar aislada era Venezuela, y no al contrario, como se pretendía. A su vez, otro proceso de división se gesta en AD, y se manifiesta en diciembre cuando se escinde de nuevo el partido, y los disidentes crean AD-oposición con Raúl Ramos Giménez a la cabeza.

Las evidencias de la participación de militantes del PCV y el MIR en la lucha armada conducen a que el gobierno prohíba las actividades de ambos partidos en el país. Dos nuevos hechos de fuerza van a tener lugar en mayo y junio. El primero es el llamado «Carupanazo», cuando la Infantería de Marina y la Guardia Nacional acantonados en la ciudad oriental se sublevan, pero el gobierno sofoca la insurrección. Luego, el 2 de junio se alza la Base Naval de Puerto Cabello, siendo esta conjura de mayores proporciones que la de Carúpano, y en consecuencia el enfrentamiento trajo cerca de cuatrocientos muertos y setecientos heridos.

La violencia no cesa y 1963 se inicia con el asalto al Museo de Bellas Artes y el secuestro de obras de la Exposición Francesa. En febrero la FALN (Fuerzas Armadas de Liberación Nacional) secuestran el buque Anzoátegui y se lo llevan a Brasil. En septiembre ocurre el asalto al tren de El Encanto, hecho que produjo una estremecedora impresión en la opinión pública, ya que no respetaron vidas de civiles. El gobierno, en consecuencia, arreció la represión en contra de los diputados del MIR y el PCV, y los entregó a las órdenes de los tribunales militares. La izquierda, ante el proceso eleccionario que tendría lugar el 1 de diciembre, llama a la abstención, y decide intensificar el enfrentamiento armado en contra del orden establecido.

El proceso de extradición en contra de Pérez Jiménez se materializa en agosto, cuando el ex dictador es hecho preso por orden de un tribunal norteamericano en la Florida (USA), y es luego traído a Venezuela a cumplir condena por delitos de peculado, en la penitenciaría de San Juan de Los Morros. Fue sentenciado en 1968 a cuatro años de cárcel por los delitos que se le imputaban, pero ya para entonces había cumplido más de la condena, de modo que fue liberado y se mudó a España, donde vivió hasta la fecha de su muerte en el año 2001.

Elecciones de 1963

De cara a las elecciones de diciembre de 1963 la candidatura de Raúl Leoni se impuso fácilmente dentro de AD, gracias al apoyo del Buró Sindical del partido, por más que el propio Betancourt asomó otras candidaturas. Caldera concurría respaldado por su partido Copei, Villalba con URD, y la figura extra partidos de Arturo Uslar Pietri encabezaba un conjunto significativo de sectores empresariales, independientes de la política, y de lectores y televidentes, fruto de su intensa actividad intelectual. El conjunto electoral en 1963 se dividió en seis partes. Leoni ganó las elecciones con el 32,80 por ciento de los votos, de manera tal que AD redujo su caudal electoral en cerca de 16 por ciento, ya que Betancourt alcanzó 48,80 por ciento en 1958. Caldera obtuvo el 20,19 por ciento, Villalba el 17,50 por ciento, Uslar Pietri el 16,08 por ciento, Larrazábal el 9,43 por ciento y Ramos Giménez el 2,29 por ciento. Esta composición se reflejó en el Congreso Nacional, donde Leoni tuvo que buscar coaliciones para poder gobernar con eficacia, como veremos en el próximo capítulo.

Es evidente que el gobierno de Betancourt enfrentó voluntades opuestas a la instauración del sistema democrático. Un sector de los militares intentó regresar a la situación anterior de preeminencia del estamento castrense; la izquierda optó por la guerrilla como forma de enfrentar al gobierno, y los partidos políticos democráticos, gracias al Pacto de Puntofijo, lograron sostener el sistema que se intentaba instaurar, y que era atacado por dos flancos distintos. La realidad demostró que los temores que condujeron a la firma del pacto de Puntofijo no eran infundados. Sin la solidaridad de las fuerzas políticas actuantes y firmantes, el gobierno de Betancourt probablemente se hubiese venido abajo, en medio del zumbido de las balas.

PRESIDENCIA DEL DOCTOR RAÚL LEONI (1964-1969)

El 11 de marzo de 1964 Raúl Leoni Otero prestó juramento como Presidente de la República ante el Congreso Nacional constituido para el período quinquenal 1964-1969. Integrante de la Generación de 1928, redactor del Plan de Barranquilla y fundador de AD, el abogado laboralista había obtenido la nominación de su partido en junio de 1963, con el respaldo mayoritario de la organización, y había ganado las elecciones de diciembre de 1963. Por segunda vez un militante de AD le entregaba el poder a otro, ya había pasado cuando Betancourt le entregó a Gallegos en 1948.

Durante la presidencia de Betancourt su partido había sufrido dos divisiones, de manera tal que si bien es cierto que Leoni ganó las elecciones, también lo es que AD había disminuido su caudal electoral. También, dos años después de firmado el Pacto de Puntofijo, URD había salido del gobierno de Betancourt, de modo que la administración de Leoni no se iniciaba bajo el paraguas del Pacto, pero sí era necesario formar alianzas con otras fuerzas políticas para garantizar la gobernabilidad. Sin embargo, esto no se logró de inmediato, y el gobierno de Leoni comenzó integrado por militantes de AD e independientes. Luego, en noviembre de 1964, se llegó a la formación de la llamada «Amplia Base»: un gobierno de coalición formado por AD, URD y el nuevo partido FND (Frente Nacional Democrático), integrado por las fuerzas que apoyaron a Uslar Pietri y que seguían su liderazgo. Como vemos, Leoni no formó gobierno con Copei, sino con URD, que ponía como condición que los socialcristianos no estuvieran en el gobierno para ellos participar y, además, formó gobierno con fuerzas notablemente antagónicas a su partido, como eran las del uslarismo. De tal modo se hacía evidente que quería desarrollar un gobierno de entendimiento nacional, y llamaba a la izquierda a abandonar las armas y a integrarse a la vida política democrática y pacífica. Este empeño por congregar más que por fraccionar signó todo el gobierno de Leoni, cosa que en materia económica trajo estupendos resultados, ya que la economía creció a un promedio de 6,5 por ciento por año durante su gobierno, y la explotación petrolera llegó al punto más alto de su historia, con 3.600.000 barriles diarios en el año 1968.

La alianza política para la gobernabilidad experimentó su primera baja en marzo de 1966, cuando Uslar Pietri y su equipo salen del gobierno, alegando diferencias irreconciliables, mientras URD continuaría hasta abril de 1968, acompañando al Presidente en casi todo el período. Como vemos, Leoni no gobernó bajo el esquema inicial del Pacto de Puntofijo, pero sí dentro del marco de un gobierno en alianza con otras fuerzas.

A pesar de que la guerrilla arreció durante su gobierno, y que el terrorismo y los campamentos guerrilleros se incrementaron, el espíritu de su administración no fue pugnaz, y hubo un esfuerzo en materia de construcción notable. Se construyeron muchos kilómetros de carreteras, centenares de escuelas y liceos públicos, urbanizaciones de grandes dimensiones, y todo ello dentro de la filosofía propia de un abogado laboralista, acostumbrado a conciliar entre patrones y obreros, en este caso entre empresarios y fuerzas sindicales. Por su parte, la izquierda a partir de 1965, cuando el PCV decide modificar su estrategia guerrillera, se divide, ya que el comandante Douglas Bravo no acepta el repliegue y pasa a dirigir la FALN y el FLN (Frente de Liberación Nacional), mientras Gustavo Machado, Jesús Farías y su grupo inician un cambio de estrategia para el logro del poder. Bravo es expulsado del PCV, manifestándose así una diferencia sustancial entre el camino pacífico que escogía el PCV y el armado que continuaría con el apoyo de Fidel Castro desde Cuba. De hecho, un contingente de soldados cubanos y de guerrilleros venezolanos entrenados en la isla desembarcaron en las playas de Machurucuto en mayo de 1967, con el objeto de sumarse a los comandos guerrilleros establecidos en el cerro de El Bachiller. El dirigente venezolano Moisés Moleiro encabezaba el comando, y en él estaba el oficial Arnaldo Ochoa, quien llegó a ser años después el más exitoso general del Ejército cubano, jefe de las fuerzas destinadas a África, a quien la revolución cubana fusiló en 1989, mediante un juicio sumario.

En materia internacional, el gobierno firmó en 1966 el Acuerdo de Ginebra, en el que se reconocía la reclamación venezolana sobre el territorio del Esequibo, con lo que se daba un paso importante en la reclamación y se creaba una comisión mixta para iniciar los procedimientos diplomáticos. Por su parte, el gobierno continuó invocando la Doctrina Betancourt en materia internacional. Hacia el final de su mandato, en enero de 1969, hubo una revuelta en el territorio en reclamación, se conoce como «La revuelta del Rupununi», y en ella Venezuela respaldó a los disidentes guyaneses, creándose no pocas suspicacias en cuanto a su posible participación en los hechos, desde el comienzo de los mismos.

La tercera división de AD

El año 1967 no sólo trajo una ingrata sorpresa, el terremoto de Caracas el 29 de julio, sino que fue el año del Cuatricentenario de la fundación de la ciudad, de tal modo que el regalo de la naturaleza no fue el más deseado. Con motivo de los cuatrocientos años de fundada por Diego de Losada, la urbe fue objeto de celebraciones, programas editoriales y exposiciones. Por otra parte, corría en AD un río de aguas amargas. Las futuras elecciones de 1968 colocaban al partido a decidir entre dos precandidatos: Luis Beltrán Prieto Figueroa y Gonzalo Barrios. Por un desacato de Prieto de una decisión del partido en materia de elecciones internas, el líder fue suspendido de su militancia, con lo que quedaba fuera de la organización. En el fondo, lo que ocurría era que un sector de AD no quería ir a elecciones con Prieto, y prefería la división del partido, cosa que finalmente ocurrió el 10 de diciembre de 1967, cuando Prieto y Jesús Ángel Paz Galarraga fundan el MEP (Movimiento Electoral del Pueblo). La tercera división de AD era un hecho. Esta vez, como veremos, la separación condujo a esta organización a su primera derrota electoral.

Las elecciones de 1968

La candidatura de Rafael Caldera por parte de Copei no presentó ninguna dificultad interna; la de Gonzalo Barrios, una vez ido Prieto, tampoco; la de Prieto al frente del MEP fue unánime; donde sí hubo varios nombres sobre la mesa fue en el llamado Frente de la Victoria, integrado por el uslarismo (FND), los seguidores de Larrazábal (FDP), el partido de Villalba (URD) y fuerzas de izquierda significativas, entre las que destacaba la del propietario del diario *El Nacional*, Miguel Otero Silva. El primer nombre que se contempló fue el de Ramón J. Velásquez, pero halló resistencias, hasta que surgió y se impuso el del entonces embajador de Venezuela en Londres, el diplomático y político Miguel Ángel Burelli Rivas.

El cuadro electoral se complejizó y, aprovechando la división de AD, Caldera finalmente alcanzó la Presidencia de la República por estrecho margen. Obtuvo el 29,13 por ciento de los votos, mientras Gonzalo Barrios el 28,24 por ciento, con apenas treinta mil sufragios de diferencia. Burelli alcanzó el 22,22 por ciento, mientras Prieto obtuvo el 19,34 por ciento. En el Congreso Nacional la composición fue todavía más compleja, ya que los seguidores de Marcos Pérez Jiménez habían formado un partido político, la Cruzada Cívica Nacionalista (CCN), y alcanzaron el 10,94 por ciento de los votos en el parlamento.

Los días posteriores a las elecciones fueron de grandes tensiones, dado el estrecho margen de diferencia, pero el presidente Leoni señaló que así Caldera le ganase a Barrios por un voto, él le entregaba la Presidencia al ganador, haciéndole honor al proyecto para el que había consagrado su vida: la democracia. Concluía el gobierno de Leoni y por primera vez en nuestra historia, un presidente que había sido electo encabezando un partido (AD) le entregaba a otro que encabezaba a uno distinto (Copei). Dada la tradición nacional, el hecho fue verdaderamente histórico. Por otra parte, el movimiento guerrillero había sido duramente golpeado por el Ejército Nacional, llevándolo incluso al borde de la rendición o de una negociación, cosa que ocurrió, como veremos, en el gobierno siguiente.

PRESIDENCIA DEL DOCTOR RAFAEL CALDERA (1969-1974)

Por primera vez en nuestra historia republicana del siglo XX el Presidente en ejercicio le entregaba el mando a otro electo, de un partido distinto. El hecho fue un ejemplo paradigmático de democracia. Rafael Caldera sumaba entonces cincuenta y tres años y toda una trayectoria consagrada a la vida pública, en la que se contaban ya tres intentos por llegar a la primera magistratura por la vía electoral (1947,1958, 1963), de modo que en la cuarta oportunidad llegó la victoria.

El primer dato de significación del gobierno de Caldera es el de haber gobernado sin alianzas políticas. Adelantó un gobierno monopartidista, con los integrantes de Copei y alguno que otro independiente simpatizante de su causa o de su persona. Esta decisión de gobernar en soledad expresaba que la institucionalidad democrática había superado las amenazas militares tanto de la derecha como de la izquierda, lo que hacía innecesaria la continuación de las alianzas que sustituyeron al inicial Pacto de Puntofijo. Por otra parte, habiendo obtenido Copei el 24,04 por ciento de los votos en el Congreso, se hacía indispensable un acuerdo para la conformación de las directivas de la Cámara de Senadores y la de Diputados. Después de infinidad de negociaciones, Copei logró la Presidencia del Congreso (José Antonio Pérez Díaz) en alianza con el MEP y FDP (Prieto y Larrazábal), quedando fuera del acuerdo AD, partido que conservaba la más alta votación para el parlamento: 25,57 por ciento de los sufragios.

El cuadro político después de las elecciones se recompuso a la luz de los resultados. Las fuerzas que en 1963 respaldaron a Uslar Pietri, Larrazábal y Villalba decrecieron notablemente, absorbiendo estos votos Copei y la Cruzada Cívica Nacionalista de Pérez Jiménez, mientras AD también bajaba su votación, producto de su tercera división. El resultado electoral condujo a Rómulo Betancourt a afirmar a la salida de una reunión de su partido que: «En Venezuela sólo hay dos partidos: AD y Copei», con lo que el camino del bipartidismo comenzó a asfaltarse. De hecho, en marzo de 1970 se materializó un acuerdo entre ambos partidos para la composición de las Cámaras Legislativas. El acuerdo, además, suponía una colaboración entre ambos para la aprobación de determinados proyectos de leyes presentados al Congreso Nacional para su consideración. Como vemos, se colocaba un ladrillo más en la construcción de la casa del bipartidismo, que ya veremos como se expresará plenamente en los resultados electorales de 1973, cuando los candidatos de AD y Copei obtengan el 85 por ciento de los votos.

La política de pacificación

La primera expresión de la política de pacificación del país que se proponía el gobierno fue la legalización del PCV, que venía funcionando bajo la denominación de UPA (Unión para Avanzar), y luego, ya en 1973, se legalizó el MIR; ambas agrupaciones habían sido ilegalizadas en 1962, cuando la arremetida de la lucha armada guerrillera condujo a estas decisiones de la administración Betancourt. El objetivo que perseguía Caldera era conseguir que los guerrilleros se incorporaran a la vida democrática y pacífica, que abandonaran las armas, a cambio el gobierno se comprometía a indultar a los imputados, concibiendo sus delitos como políticos y no civiles. La mayoría de los comandantes guerrilleros se acogió a la pacificación, otros tardaron en hacerlo, pero años después también se integraron a la lucha democrática. Esta política fue tan exitosa que produjo discusiones profundas en el seno de la izquierda, y trajo como consecuencia el nacimiento del MAS.

El nacimiento del MAS

La asunción de la pacificación coincidió con la aparición de dos libros de Teodoro Petkoff que avivaron la discusión dentro del PCV, me refiero a *Checoeslovaquia, el socialismo como problema* y *¿Socialismo para Venezuela?* El resultado fue la expulsión de Petkoff del partido y el proceso de deslinde que condujo a la creación del MAS (Movimiento al Socialismo) en enero de 1971. Desde entonces, este sector de la izquierda asumió la democracia como sistema político, e intentaron hacerlo compatible con las tesis económicas del socialismo. En el fondo, la verdad es que siempre fue difícil hacer el deslinde filosófico entre estas tesis y las de la socialdemocracia venezolana, que encarnaba en AD. En cualquier caso, el hecho fue sumamente importante porque incorporó a la izquierda, modernizándola, al sistema democrático. El PCV continuó su camino conservando sus filiaciones con la Unión Soviética, las mismas que para Petkoff y sus compañeros eran imposibles de mantener, dado su rechazo contundente de las prácticas stalinistas.

La crisis universitaria

Junto con los cambios que se venían dando en diversas universidades del mundo (París, Berkeley, entre otras), en sintonía con las transformaciones sociales de la juventud (el amor libre, el hippismo, la música de los *Beatles*, el descubrimiento de oriente, la guerra de Vietnam, el consumo de marihuana), la universidad venezolana entró en un proceso de renovación interno, que coincidió con la reforma a la Ley de Universidades que introdujo el gobierno. Buena parte del sector universitario consideró que la reforma resentía el principio de Autonomía Universitaria, consagrado en diciembre de 1958, cuando gobernaba interinamente la República el profesor Edgar Sanabria, y no acogió el llamado del Consejo Nacional de Universidades Provisorio que establecía la Ley. En particular Jesús María Bianco, rector de la Universidad Central de Venezuela, fue destituido por el CNUP en razón de que se negaba a asistir a este organismo recién creado. Entonces estalló la crisis que se venía gestando, y el gobierno intervino a la UCV, nombrando unas autoridades interinas en enero de 1971 (rector: Rafael-Clemente Arráiz; vicerrector académico: Oswaldo De Sola; secretario: Eduardo Vásquez), y cambiando al Rector en marzo, por renuncia del profesor Arráiz, quien se negaba a mantener la universidad cerrada y se proponía convocar de inmediato a elecciones dentro del claustro, proyecto con el que el gobierno no estaba de acuerdo. Fue nombrado De Sola. Pasaron meses antes de que se normalizaran las actividades de la UCV, mientras las protestas estudiantiles se extendieron a otras universidades y a muchos liceos del país. El gobierno tuvo que lidiar con protestas universitarias de diversa índole, tanto estudiantiles, profesorales, como de empleados administrativos. No pocos estudiantes se fueron a estudiar a otros países, mientras no se tomaba la decisión de convocar a elecciones y retomar el ritmo institucional de la UCV.

La enmienda constitucional

La votación alcanzada por la Cruzada Cívica Nacionalista en las elecciones de 1968, fue motivo de preocupación para las fuerzas democráticas. Primero la Corte Suprema de Justicia había declarado nula la elección de Pérez Jiménez como Senador en 1968, y ahora AD y Copei sumaban sus votos para aprobar la primera enmienda a la Constitución Nacional de 1961. Las encuestas señalaban que de presentarse Pérez Jiménez como candidato a la Presidencia de la República en 1973, la suma de sus votos sería considerable, por lo que la urgencia de la enmienda se hizo perentoria. En octubre de 1972 se presentó el texto de la Enmienda al Congreso Nacional, y en julio de 1973, después de que Pérez Jiménez había sido lanzado como candidato presidencial en abril, el Consejo Supremo Electoral declaró en junio nula su candidatura, con fundamento en la Enmienda que había llenado los requisitos legales en mayo, cuando ya las Asambleas Legislativas de los estados la habían aprobado.

Por otra parte, el cuadro electoral se atomizaba en cuanto al número de candidatos, ya que llegaba a doce, pero la polarización bipartidista comenzó a reflejarse como nunca antes había ocurrido entre nosotros. Puede decirse que el Bipartidismo como fenómeno comenzó en estas elecciones de 1973, cuando entre el vencedor Carlos Andrés Pérez (AD) y Lorenzo Fernández (Copei) se llevaron el 85 por ciento de los votos, mientras Jesús Ángel Paz Galarraga (MEP) obtenía 5,07 por ciento, José Vicente Rangel (MAS) 4,26 por ciento, Jóvito Villalba (URD) 3,07 por ciento, y de los otros candidatos ninguno alcanzó más del 1 por ciento de los sufragios, los enumero en orden de llegada: Miguel Ángel Burelli Rivas, Pedro Tinoco, Martín García Villasmil, Germán Borregales, Pedro Segnini La Cruz, Raimundo Verde Rojas y Alberto Solano.

Por lo menos en tres sentidos el gobierno de Caldera fue de transición. El primero en cuanto al paso hacia el Bipartidismo, que imperaría en Venezuela hasta las elecciones de 1993; y el segundo en cuanto a los precios del petróleo, que pasaron a finales de 1973 de un promedio de 3, 75 $ por barril a la astronómica cifra de 10,53 $ por barril, impulsados por la crisis del Medio Oriente (la Guerra del Yom Kippur) y otros factores. Comenzaba el boom petrolero, que le tocaría administrarlo a Carlos Andrés Pérez. La tercera condición transicional de este gobierno estriba en que la deuda externa venezolana era insignificante, y comenzó a crecer durante el gobierno de Pérez, continuó creciendo durante el de Herrera Campíns, y se detuvo cuando ya constituía un problema gravísimo para el país, en 1983. Esta paradoja no es fácil de comprender: cuando los ingresos petroleros venezolanos fueron más altos, surgió la deuda externa. Veremos.

LOS AÑOS DEL BIPARTIDISMO (1973-1993)

Este período que abarca veinte años de la vida nacional estuvo signado por la conformación natural de un sistema donde predominaron dos partidos políticos y una alternancia en el poder. Funcionó la tendencia a la polarización, por la llamada «economía del voto», y desaparecieron los llamados «fenómenos electorales». Este cuadro tuvo lugar dentro de un entorno contradictorio, signado por las variaciones de los precios del petróleo: muy altos entre 1973 y 1982, y bajos entre 1983 y 1993, manifestándose en la segunda etapa la irrupción de una realidad económica dramática. La crisis de la deuda externa, la devaluación del signo monetario, la inflación, la fuga de capitales, el control de cambios comenzaron a ser situaciones comunes, antes desconocidas para los venezolanos. Además, de la agenda pública se adueñó el tema de la corrupción, convirtiéndose en el asunto de mayor importancia para el debate político. Estos veinte años, a su vez, son los de apogeo del Bipartidismo y los de la gestación de la crisis del sistema de partidos políticos, y el futuro surgimiento de «la antipolítica», del militarismo mesiánico, y el rechazo a las instituciones partidistas.

PRIMERA PRESIDENCIA DE CARLOS ANDRÉS PÉREZ (1974-1979)

Carlos Andrés Pérez ganó las elecciones de 1973 con el 48,70 por ciento de los votos, también AD recuperó notablemente su caudal electoral, pasando de 25,57 por ciento en 1968 a 44,44 por ciento de los sufragios en 1973. Este ascenso trajo como consecuencia que

Pérez pudiera comenzar su gobierno el 12 de marzo de 1974 con gran apoyo popular, con definitivo respaldo en el Congreso Nacional, y con el impulso que traía de la campaña electoral, que se articuló sobre la base de un lema oportuno: «Democracia con energía». Esta consigna respondía a estudios de mercado electoral, que indicaban que los votantes le reclamaban a la democracia su incapacidad para tomar decisiones, mientras añoraban la dictadura militar que las tomaba en exceso. Puede afirmarse que la campaña electoral de 1973 fue la primera que utilizó métodos modernos de mercadeo político, y logró convertir a un candidato que se le asociaba con la represión, dada su participación como Vice ministro de Relaciones Interiores durante el quinquenio 1959-1964, en un hombre abierto a las grandes mayorías.

Pérez solicitó al Congreso Nacional en los primeros meses de 1974 «poderes extraordinarios» para gobernar por decretos y leyes, en materia económica y financiera durante un año, y el parlamento le concedió la «Ley Orgánica que autoriza al Presidente de la República para dictar medidas extraordinarias en materia económica y financiera». Esta concesión no sólo convertía al gobierno de Pérez en uno de los más poderosos de nuestra historia, hasta aquella fecha, sino que despertó muchas críticas de juristas que consideraban que el Poder Legislativo había claudicado sus atribuciones en el Poder Ejecutivo. En todo caso, el gobierno comenzó a hacer uso de estos poderes y a administrar el alza inusitada de los precios del petróleo y, aunque Pérez manifestó que iba a «administrar la riqueza con criterio de escasez», la verdad es que no fue eso lo que se vivió en Venezuela.

La nacionalización del hierro (1975) y la del petróleo (1976)

El 1 de enero de 1975 se nacionalizó la industria de la explotación del mineral de hierro con un acto en Puerto Ordaz. Concluía un proceso que se había iniciado en mayo de 1974, mediante el cual las concesiones que detentaban las empresas extranjeras expiraron el 31 de diciembre de ese año. En paralelo, el gobierno fue adelantando la nacionalización de la industria petrolera que, dada sus dimensiones, presentaba mayores desafíos para el Estado. Se adelantó exitosamente, y el 1 de enero de 1976 la industria petrolera pasó a manos de la República, para tal fin se creó la empresa Petróleos de Venezuela (Pdvsa), como empresa *holding* de las operadoras que sustituían a las empresas extranjeras.

Buena parte del año 1975 la agenda pública estuvo tomada por la discusión en el Congreso Nacional del proyecto de Ley de la Nacionalización Petrolera. En particular se discutía el artículo 5 que le permitía al Estado adelantar asociaciones estratégicas puntuales con empresas extranjeras, en determinado aspecto de la industria petrolera. Los críticos del proyecto de Ley consideraron que esto le abría una posibilidad tan grande a las empresas extranjeras que desvirtuaba la nacionalización misma, de allí que comenzaron a llamarla «nacionalización chucuta» para señalar su insuficiencia. En el debate intervinieron muchos oradores, incluso ofrecieron discursos los ex presidentes Betancourt y Caldera, y el primero leyó un texto que ha quedado como una suerte de resumen de lo que Venezuela hizo con su principal industria desde 1936 y hasta el año de 1975. Finalmente, con los votos de AD, la Ley se aprobó y la industria petrolera pasó a ser gerenciada por venezolanos.

El Estado empresario

El crecimiento de los precios del petróleo venezolano en los mercados internacionales había sido constante. El precio promedio de 1973 fue de 3,71 $ por barril, en 1974 pasó a 10,53 $ y siguió ascendiendo hasta 12,04 $ en 1978. De tal modo que una economía que venía funcionando con precios estables, alrededor de 2,50 $ por barril desde 1950, comenzó a experimentar una abundancia de recursos económicos que el gobierno intentó sembrar de alguna manera. Se crearon muchas instituciones en el área cultural (Biblioteca Ayacucho, Sistema Nacional de Orquestas Infantiles y Juveniles, Museo de Arte Contemporáneo de Caracas, Galería de Arte Nacional, Fundarte, Rajatabla), se dio inicio al Plan de Becas Gran Mariscal de Ayacucho, para que estudiantes venezolanos cursaran estudios en universidades del exterior y, también, el Estado comenzó a desempeñar tareas de empresario.

Durante el primer gobierno de Betancourt se creó la CVF, como vimos antes, para que el Estado prestara labores de fomento de la industria privada nacional, y ahora no sólo se mantenía y se incrementaba el sistema crediticio del Estado para con los empresarios nacionales, sino que el mismo Estado creaba empresas públicas, en particular en áreas consideradas estratégicas o de las llamadas «industrias pesadas». Todo esto se adelantaba dentro del marco de una política pública continental, la de Industrialización por Sustitución de Importaciones y, en el caso específico venezolano, dentro del V Plan de la Nación, diseñado por Cordiplan, y conocido como el plan de «La Gran Venezuela».

El modelo económico establecido en Venezuela, fundado en el proyecto de sustituir importaciones por producción nacional, se apoyaba en políticas arancelarias que tendían a gravar al producto importado, en defensa del nacional, y todo ello dentro de un sistema de control de precios fijados por el gobierno. Este modelo que venía funcionando desde finales de la década de los años cuarenta, se vio repotenciado por el incremento de los precios del petróleo, cuando no sólo hubo recursos para prestarlos a empresarios privados, sino que el Estado mismo se dedicó a la creación de empresas. Con tales niveles de ingresos en el Fisco Nacional, y gozando todas estas empresas estatales de autonomía administrativa, muchas de ellas pidieron préstamos para su crecimiento, y los obtenían con facilidad por parte de la banca internacional, ya que el respaldo de Venezuela era suficiente por sus ingresos petroleros. Para finales del gobierno de Pérez, algunos economistas señalaban que el nivel de la deuda pública era muy alto, pero la crisis, como veremos, se presentó luego, en 1983.

El tema de la corrupción en la agenda pública

Como se desprende de lo dicho, podemos observar cómo los recursos que el Estado recibía se tradujeron en su propio crecimiento, pasando a desempeñar tareas que antes no había desarrollado, con lo que el tamaño del Estado, y su presencia en la vida pública, se hizo cada día más grande. Además, como era de esperarse, al circular tal cantidad de recursos en la economía nacional, pues la tentación de la corrupción se hizo presente, y este tema fue tomando espacio en la agenda pública. No sólo por parte de los partidos de oposición al gobierno, sino por uno de los pre-candidatos presidenciales del partido de gobierno: Luis Piñerúa Ordaz. Esto, por sí solo, habla de la dimensión a la que había llegado el problema y señala, además, otro asunto. Me refiero al hecho según el cual Pérez gobernó en permanente comunicación con su partido, pero en AD muchos se resentían porque los funcionarios más destacados del gobierno no formaban parte de sus filas. Era el caso de Gumersindo Rodríguez, jefe de Cordiplan y redactor del V Plan de la Nación junto con el economista y músico José Antonio Abreu, entonces funcionario de Cordiplan; el de Carmelo Lauría, ex presidente del Banco de Venezuela, que se desempeñó primero como ministro de Fomento y luego como ministro de Estado para las Industrias Básicas; el de Diego Arria, gobernador del Distrito Federal y presidente del Centro Simón Bolívar, todos ellos ajenos a AD e, incluso, en el caso de Rodríguez, expulsado del partido cuando la escisión del MIR. Quizás estas diferencias contribuyeron con la decisión de Piñerúa Ordaz de criticar desde AD la corrupción en el gobierno: caso extraño para la Venezuela de entonces, pero explicable desde esta perspectiva.

El cuadro electoral

No obstante y esta campaña acerca de la corrupción administrativa, para la que se contaba con indicios fundamentados, la popularidad de Pérez no bajó sustancialmente durante su mandato. Por el contrario, su carisma fue creciendo y acercándose a niveles de aceptación casi legendaria. En cuanto al cuadro electoral que se avecinaba, el candidato que había escogido AD, Luis Piñerúa Ordaz, no formaba parte de los allegados a Pérez y, como vimos, buscaba desmarcarse del gobierno criticando la corrupción administrativa. Lo mismo hacía el candidato de Copei, Luis Herrera Campíns, con quien las encuestas señalaban que polarizaba Piñerúa. Al final, Herrera obtuvo una diferencia pequeña, ganando las elecciones con el 46,64 por ciento de los votos, mientras Piñerúa Ordaz obtenía el 43,41 por ciento, alcanzando entre ambos el 90 por ciento de los votos, 5 por ciento más que en la escena bipartidista de la elección anterior. Quien parecía destinado a ser un fenómeno electoral, Diego Arria, que dada su popularidad se había separado del gobierno y buscaba la presidencia, obtuvo el 1,68 por ciento de los sufragios, por debajo de

José Vicente Rangel y el MAS, partido que alcanzó el 5,17 por ciento, presentando un ínfimo crecimiento en relación con la elección anterior.

Concluía el primer gobierno de Pérez, y la verdad es que su permanente viajar por el mundo, acudiendo a foros internacionales, lo erigió como un líder latinoamericano importante, sobre todo del conjunto que geopolíticamente se identificaba como el Tercer Mundo. Pérez contribuyó decididamente con procesos democráticos en diversos países, y buscó entonar una voz propia en los escenarios internacionales, una voz que en el contexto de la Guerra Fría representaba a los No Alineados: ni con un polo ni con el otro. Su visibilidad internacional se hizo clara en estos cinco años de gobierno, sobre todo desde la tribuna de la Internacional Socialista, a la que pertenecía su partido, y de la que luego llegó a ser Vicepresidente. Una vez abandonado el cargo, a los analistas políticos les quedó claro que era muy probable que Pérez aspirara de nuevo diez años después, como lo pautaba la Constitución Nacional de 1961. Así fue.

No cabe duda de que el país cambió en muchos órdenes durante su primer mandato. Quizás el más señalado con el paso del tiempo sea el del tamaño del Estado y las esferas de influencia de la acción estatal, siempre dentro de la órbita de asignarle mayor protagonismo dentro de la vida nacional, no sólo como actor político sino como factor económico principal. También, hay que decirlo, el país se aceleró: pasó de un ritmo presupuestario sosegado a otro, prácticamente vertiginoso, y las consecuencias de este impulso, dado por los precios del petróleo y la personalidad de Pérez, todavía se discute si fue conveniente o no. En cualquier caso, a la luz de los hechos posteriores, todo el proyecto de endeudamiento público fue desastroso para la economía del país, pero hay que señalar que cuando se cuenta con altos ingresos, son pocos los que piensan en qué ocurrirá cuando no se disponga de ellos. En cuanto al trasfondo político de su gobierno, salvo que no escogió a los más conspicuos dirigentes de su partido para todos los cargos de significación, cumplió con las líneas trazadas por AD desde su fundación, y le tocó cumplir uno de los mayores sueños de su partido: la nacionalización de la industria petrolera.

También, el mandato de Pérez marcó el distanciamiento de su mentor político: Rómulo Betancourt, quien consideró probables las hipótesis de corrupción del gobierno del tachirense, y se empeñó dentro de su partido en una cruzada de saneamiento administrativo, encabezada por el candidato presidencial que Betancourt había respaldado internamente: Piñerúa Ordaz. Este distanciamiento entre Pérez y Betancourt trajo hondas consecuencias dentro del partido. Además del tema de la corrupción administrativa, es cierto que Betancourt no se sentía cercano al equipo gubernamental que Pérez había escogido para la tarea, pero Pérez ya tenía fuerza propia como para imponer su voluntad. La tensa situación dentro de AD entre Betancourt y Pérez se prolongó después del gobierno durante dos años más, hasta que la muerte le salió al paso al fundador del partido, en 1981.

PRESIDENCIA DEL DOCTOR LUIS HERRERA CAMPÍNS (1979-1984)

Luis Herrera Campíns asume la Presidencia de la República el 12 de marzo de 1979, y de inmediato conforma un Gabinete Ejecutivo en el que la mayoría de sus integrantes provienen de la región centro-occidental del país. Siendo Herrera uno de los fundadores de Copei, desde el comienzo de su vida pública logró aglutinar en torno suyo un conjunto de compañeros de visión política, en su mayoría provenientes de su estado natal, Portuguesa, y de los vecinos Lara y Barinas. Este dato es significativo, porque desde los tiempos de la hegemonía tachirense (1899-1945), en ningún gobierno se había notado un sesgo regional como en éste de Herrera Campíns que se inauguraba. Además, se trataba del primer dirigente de Copei que alcanzaba el poder sin pertenecer a la corriente de allegados a su líder fundador: Rafael Caldera. En la matriz de opinión del venezolano, Herrera se ubicaba a la izquierda de Caldera, y se le entroncaba con tradiciones venezolanas más ligadas con el campo y el interior del país, que con la capital y sus prácticas palaciegas.

En el discurso de asunción de la Presidencia de la República Herrera manifestó que «Recibo un país hipotecado», aludiendo a la deuda pública contraída por el gobierno de Pérez. Entonces los venezolanos creyeron que comenzaba un gobierno austero, de prácticas más domésticas y menos internacionales, guiado por la doctrina de la democracia cristiana, pero los hechos al final de su mandato señalan otro resultado, como veremos luego.

En junio de 1979 tuvieron lugar las elecciones municipales, con la particularidad de que fueron las primeras en mucho tiempo que se realizaban separadas de las presidenciales y, aunque la abstención fue alta, el resultado favoreció enormemente al partido de gobierno. Copei alcanzó el 49,04 por ciento de los votos, mientras AD el 30,17 por ciento, y la suma de todos los partidos de izquierda (MAS, MIR, MEP, PCV) alcanzó la cifra del 15,26 por ciento de los votos, constituyéndose en la más alta de su historia. La abstención entonces llegó al 27,01 por ciento, lo que pudo haberse interpretado como un primer llamado de atención a los partidos políticos, en cuanto al respaldo que como instituciones estaban dejando de recibir, por casi el 30 por ciento del electorado.

El caso Sierra Nevada

Las diferencias de estilo entre Herrera y Pérez significó una suerte de cambio de ritmo para el país, pero en relación con las políticas públicas de fondo, continuó el esquema del Estado empresario, y el avance del Estado como actor y factor principal de la economía. El énfasis del gobierno estaba colocado en aspectos educativos y culturales, y en seguir avanzando como fuerza política que perseguía desplazar a su adversario principal: AD. Quizás inspirado por este proyecto fue hecha la denuncia, por parte de Leopoldo Díaz Bruzual, alto funcionario del gobierno, sobre el buque Sierra Nevada. La denuncia implicaba a un ex ministro de Fomento de Pérez, al ex presidente de la Corporación Venezolana de Fomento, y la acusación versaba sobre un sobreprecio en la compra del buque. Por esta vía se pretendía imputar a Pérez. El debate público terminó decidiéndose en el Congreso Nacional en votación del 8 de mayo de 1980. Las Cámaras determinaron que sobre Pérez pesaba responsabilidad política, más no administrativa y moral. Antes, la Comisión de Ética de AD había sancionado a Pérez y a los dos funcionarios administrativamente, con lo que su partido había llegado más lejos que el parlamento.

El caso fue muy importante porque lo que se jugaba de fondo era el futuro político de Pérez, y la posibilidad real de que la corrupción administrativa se sancionara, tema que había tomado la agenda pública de manera abrumadora. Finalmente, algunos diputados independientes electos en planchas de Copei, AD, el voto de José Vicente Rangel y algunos votos del MIR, sumaron más que los votos de Copei y el MAS. Pérez se había salvado de una condena administrativa del Congreso Nacional. Entonces se dijo que muchos de los votos a favor de Pérez se habían producido porque no querían respaldar el empeño de Betancourt y Caldera por sacar a Pérez del juego político. Es innecesario abundar en que Rómulo Betancourt se había distanciado totalmente de Pérez por el asunto de la corrupción administrativa.

El llamado «Viernes Negro» del 18 de febrero de 1983

Por más que el gobierno de Herrera Campíns se propuso desacelerar la economía y bajar el ritmo de endeudamiento, la guerra en el Medio Oriente, entre Irán e Irak, disparó los precios del petróleo a niveles todavía mayores que los recibidos por el gobierno anterior. Si el precio promedio del barril venezolano en 1978 fue de 12,04 $, el de 1980 fue de 26,44 $ por barril. De tal modo que el ritmo de inversiones por parte del Estado, y la asunción de deuda, no se detuvo, hasta que México, en 1982, se declaró en mora para cumplir con sus pagos. Esto encendió la alerta roja en el mundo financiero, ya que temían que otros países comenzaran a manifestar lo mismo. La deuda en Latinoamérica más grande pesaba sobre México, luego Brasil, Argentina y Venezuela. Curiosamente, no son pocos los economistas que afirman que el origen de esta deuda está en los enormes recursos que los países árabes petroleros colocaron en la banca internacional, y ésta tuvo que salir a buscar a quién prestárselos, y halló deudores en estos países citados. En el caso de Venezuela es irónico, porque el país fue beneficiario de los precios petroleros y, también, víctima del endeudamiento.

A la crisis súbita de la deuda externa se sumó la caída leve de los precios del petróleo que comenzó a manifestarse en 1982. Esto, más el pronunciamiento de México, condujo a que los venezolanos que tenían cómo hacerlo, comenzaran a comprar divisas, alcanzándose un monto de compra, contra las reservas internacionales, que el Estado ya no pudo soportar, y se hizo necesario cerrar la venta de divisas el viernes 18 de febrero, y proceder a fijar un control de cambios diferencial y a devaluar la moneda. Entonces se creó Recadi (Oficina del Régimen de Cambios Diferenciales), que estableció un cambio a 4,30 por dólar y otro a 7,50, que luego fue moviéndose en el tiempo. Además, se le encomendó a una comisión *ad hoc* el trabajo de establecer el monto de la deuda externa venezolana, tanto la pública como la privada.

Era evidente que el modelo económico venezolano, fundado inicialmente en la Industrialización por Sustitución de Importaciones, luego con el añadido del Estado empresario, y siempre sobre las barreras arancelarias y los subsidios a los productos nacionales, había hecho crisis. La deuda y el comienzo de la caída de los precios del petróleo dejaban desnudo al modelo económico. Comenzaba otra era para Venezuela.

En materia internacional el gobierno de Herrera diseñó una política para Centroamérica que buscaba el cese al fuego y la reinstauración de la democracia. No fueron pocos los esfuerzos en este sentido. El gobierno organizó con generosidad las exequias de Rómulo Betancourt, fallecido en Nueva York el 28 de septiembre de 1981. Se organizó con esmero el Bicentenario del Natalicio del Libertador, en 1983, y se inauguró el Teatro Teresa Carreño. La primera Línea del Metro de Caracas entró en funcionamiento en enero de 1983, después de que el gobierno decidió acelerar su construcción en 1979.

Mientras transcurría la administración de Herrera, el ex presidente Caldera fue haciéndose el candidato indiscutible de Copei, al igual que Jaime Lusinchi se erigió como el candidato de AD. En las elecciones de 1983 el esquema bipartidista se mantuvo intacto. Entre Lusinchi, que obtuvo la más alta votación alcanzada hasta entonces por candidato alguno desde 1947, el 56,74 por ciento, y Caldera, con 34,54 por ciento, sumaron el 91,28 por ciento de los sufragios. Petkoff, por el MAS, y Rangel, por otros partidos de izquierda, obtuvieron cifras de 4,17 por ciento y 3,34 por ciento, respectivamente.

Fue muy difícil para Caldera recibir el respaldo de su partido y que los electores no le atribuyeran la crisis del «Viernes Negro», y el desgaste del gobierno, de tal modo que nunca remontó en las encuestas, que desde el comienzo estuvieron a favor de Lusinchi. Concluía el segundo gobierno de un democratacristiano, y regresaba al poder la socialdemocracia, pero con una situación económica cada vez más comprometida, ya que los precios del petróleo no recuperaban sus niveles de años anteriores, y el país se había descapitalizado sensiblemente, con la fuga masiva de divisas.

PRESIDENCIA DEL DOCTOR JAIME LUSINCHI (1984-1989)

El médico pediatra Jaime Lusinchi asume la Presidencia de la República el 2 de febrero de 1984. En su discurso de toma de posesión estableció tres líneas de trabajo para su gobierno: el pago de la deuda externa hasta el último centavo, la necesaria reforma del Estado, y un Pacto Social para la gobernabilidad. También, al designar su Gabinete Ejecutivo y a los gobernadores de los estados, que entonces los designaba el Presidente de la República, a los venezolanos nos quedó claro que se trataba de una administración de Acción Democrática. Muy pocos nombramientos de personalidades fuera del partido, y muchos gobernadores de estado nombrados que, a su vez, eran Secretarios Generales de AD en su región. Nada que extrañar: el respaldo que recibía la socialdemocracia era contundente. Quizás el elector pensó que lo apropiado era entregarle todo el poder a un equipo que diera respuestas para la Venezuela de «vacas flacas» que se anunciaba. Las perspectivas no eran fáciles: una deuda externa cuyo servicio se llevaba casi la mitad del presupuesto nacional, y los precios del petróleo bajando.

La crisis de la deuda externa

El cambio diferencial se diversificó aún más, y Recadi estableció un dólar a 4,30, otro a 6,00, otro a 7,50 y otro al dólar libre, mientras Lusinchi declaraba en septiembre de 1984 en la ONU que se llegaría a un acuerdo con la banca internacional. En efecto, el acuerdo de refinanciamiento de la deuda externa se alcanzó en febrero de 1986, pero ese año los precios del petróleo bajaron tanto (12,82 $) que la República no pudo honrar la deuda y se tuvo que negociar otro esquema, que se firmó en febrero de 1987. Sobre este acuerdo de refinanciamiento el presidente Lusinchi tuvo que declarar que la banca lo había engañado, ya que se trataba de un esquema notablemente peor que el alcanzado por México, es decir, con un menor período de gracia, y con intereses mayores.

Todo esto ocurría sin que el gobierno se decidiera a desmontar el modelo económico, mientras mantenía los subsidios, favorecía arancelariamente la producción nacional, en busca de otro propósito de su gobierno: mantener la paz social. Esto se logró, pero a un costo muy alto, ya que al no hacerse las reformas económicas que se requerían, se estaban sacrificando las reservas internacionales, que lejos de crecer decaían, dado que los ingresos petroleros también lo hacían y, además, se estaban acumulando presiones en la sociedad, que eran producto de no enfrentar la raíz de los problemas sino de buscarle salidas que propendieran a la paz social, pero sin tocar el fondo del asunto. Es decir: sin enfrentar el nudo que representaba seguir con un modelo económico para el que no se contaba con suficientes recursos petroleros. En otras palabras, el costo del Estado empresario seguía igual, pero con menos de la mitad de los recursos para mantenerlo, y sin posibilidad de endeudarse, ya que las líneas de crédito internacionales para Venezuela estaban cerradas.

La reforma del Estado

Junto con este panorama complejo, era *vox populi* que el aparato del Estado no funcionaba, y que se hacía necesario una reforma de todos los poderes públicos. Por ello el 17 de diciembre de 1984 el gobierno creó la Copre (Comisión para la Reforma del Estado), presidida por Ramón J. Velásquez y con Carlos Blanco como Secretario Ejecutivo.

La Copre comenzó su trabajo reuniendo a universitarios de todos los sectores y todas las corrientes políticas, haciendo énfasis en la necesidad de fortalecer el Estado por la vía de su reducción, así como de la necesidad urgente de modificar el Poder Judicial, y avanzar en la descentralización del poder central. A medida que se iban entregando los trabajos de la Comisión, pues iban encontrando mayor resistencia en el partido de gobierno, y en un amplio sector de Copei, ya que sentían que las reformas vulneraban las bases sobre las que se habían levantado sus proyectos políticos y sus organizaciones, aunque no lo manifestaban abiertamente. Tanto fue así, que ambos partidos hallaron la excusa para retrasar las reformas en la llegada del año electoral, mientras el propio gobierno le ponía muy poco cuidado a lo que hacía la Comisión. Todo este cuadro revela que en el momento de reformar el sistema político, para preservar su existencia, los factores fundamentales prefirieron postergar las decisiones, de modo tal que le tocara al próximo gobierno tomarlas. Así fue como con habilidad política, la Copre logró un acuerdo en 1988 entre los entonces candidatos principales de AD y Copei (Pérez y Eduardo Fernández) para la firma de un acuerdo para impulsar la aprobación de la Ley de Descentralización Política y Administrativa, que crearía la posibilidad de elegir a gobernadores y alcaldes de forma directa, universal y secreta. Así se implementó en 1989, cuando otro gobierno administraba el Estado.

Por otra parte, la dinámica de la denuncia de los hechos de corrupción del gobierno anterior no se detuvo, y fueron juzgados el ministro de Transporte y Comunicaciones y el Gobernador del Distrito Federal del gobierno de Herrera, así como tres ministros de la Defensa del período anterior, a quienes se les imputó por sobreprecio en la compra de armas. Por otra parte, con motivo de la primera visita que un Papa hacía a Venezuela, el presidente recibió en Maiquetía al Sumo Pontífice con su esposa, Gladys Castillo de Lusinchi, mientras el poder de su Secretaria Privada en Miraflores iba en ascenso. Este tema, que parece subalterno, se convirtió en un problema de Estado ya que Blanca Ibáñez intervenía en los asuntos del gobierno con decidido don de mando, incrementado después del divorcio del Presidente de su esposa. Irritaban enormemente al sector militar estas intervenciones públicas de la Secretaria Privada. El tema pasó de manera abrumadora a la agenda pública, sobre todo porque buena parte de la prensa se quejaba de que no recibía los dólares preferenciales para la compra de papel, si las críticas contra el gobierno eran severas desde sus páginas. La represión contra periodistas fue extrema; a Alfredo Tarre Murzi lo golpearon en la cabeza sujetos desconocidos, a José Vicente Rangel se le presionaba para que bajara el tono de sus denuncias, a RCTV se le hostigaba con frecuencia. En contrapartida a lo señalado, el trabajo de imagen que el periodista Carlos Croes hacía desde el gobierno tuvo sus frutos, ya que la administración Lusinchi concluyó con los más altos índices de popularidad que gobierno y gobernante alguno, entre nosotros, hubiese alcanzado al final de su mandato.

Las elecciones de 1988 arrojaron un resultado polarizado todavía mayor que el de los anteriores comicios. Carlos Andrés Pérez (AD), que se le sobre impuso a su partido como líder nacional, obtuvo el 52,88 por ciento de los votos, mientras Eduardo Fernández (Copei) alcanzó el 40,39 por ciento de los sufragios. Petkoff (MAS), como tercera opción obtuvo apenas el 2,71 por ciento. El esquema bipartidista estaba en su apogeo, presentándose dos fenómenos a señalar: el voto cruzado y la economía del voto. El partido de Petkoff (MAS) obtuvo el 10,14 por ciento de los votos para el parlamento, mientras su candidato la cifra señalada, lo que indica que muchos de los votos del MAS para el Congreso Nacional, migraron hacia una de las dos opciones de triunfo en las presidenciales, por razones de economía del voto o, dicho de otro modo, de búsqueda de hacer efectivo el voto, más que simbólico o doctrinario.

Es necesario señalar que el elector no identificó plenamente al candidato Pérez con el gobierno de Lusinchi, ya que Pérez tenía vida política propia, dado que su liderazgo no dependía de su partido y, en verdad, si AD no lo hubiera apoyado sus posibilidades de triunfo eran muy altas. Ya vimos como en su primer gobierno Pérez privilegió a independientes en su Gabinete Ejecutivo, y ahora se esperaba lo mismo. Además, en el imaginario colectivo se asociaba a Pérez con la abundancia, «las vacas gordas», de su primera administración, y fueron innumerables los votos que obtuvo, fundado en este recuerdo de abundancia, que brillaba mucho en tiempos de escasez. En muchos sentidos, este fue el recuerdo que invocó Pérez durante su campaña, muy distinto al que tuvo que implementar al no más llegar al gobierno: una política severa de ajustes macroeconómicos, no anunciados antes, que veremos luego.

SEGUNDA PRESIDENCIA DE CARLOS ANDRÉS PÉREZ (1989-1993)

La segunda presidencia de Carlos Andrés Pérez comenzó con un acto de toma de posesión en el Teatro Teresa Carreño el 2 de febrero de 1989, y no en el Capitolio Federal, como había sido costumbre. Así ocurrió porque el número de invitados internacionales sobrepasaba la capacidad del viejo Capitolio. Esto, además, señalaba que las relaciones internacionales de Pérez, lejos de disminuir desde que concluyó su primer mandato, habían crecido notablemente. Sin embargo, mucho se dijo entonces que la fiesta de asunción del cargo por parte de Pérez contrastaba con la situación del país, que sobrevivía con dificultad con los precios del petróleo deprimidos.

Cambio del modelo económico

El 16 de febrero el gobierno en alocución pública estableció las coordenadas del nuevo modelo económico que imperaría en el país, sustituyendo el que contaba con años de vigencia, el de Industrialización por Sustitución de Importaciones. Para quienes no habían leído el Plan de Gobierno presentado por Pérez en la campaña, es decir la inmensa mayoría de los venezolanos, el llamado «Paquete Económico» fue una sorpresa. Sobre todo para aquellos que votaron por Pérez creyendo que «por arte de magia» volverían las «vacas gordas» de su primer mandato.

El cambio en el modelo económico era sustancial. Si antes las tasas de interés las fijaba el Banco Central de Venezuela, ahora serían liberadas para que las determinara el mercado. Si antes el Estado era el gran empresario, constructor y comerciante diverso, ahora se privatizarían todas aquellas empresas de servicios públicos que pudieran estar en manos privadas prestando un servicio más eficiente. Si antes se subsidiaba la gasolina, ahora se incrementaría su precio, con miras a llegar a un precio internacional. Si antes el Estado subsidiaba a la industria privada, cubriendo los márgenes que por diversas razones ésta no podía alcanzar, ahora se eliminarían los subsidios. Si antes se protegía a la industria nacional fijando aranceles muy altos a los productos importados, ahora se eliminarían los aranceles y se abrirían totalmente los mercados, con ello se obligaba a las empresas venezolanas a competir en igualdad de condiciones con las foráneas que quisieran establecerse aquí, o traer sus productos desde fuera.

El conjunto de medidas económicas diseñaba el cuadro de una economía liberal ortodoxa, en perfecta conjunción con las medidas que el Fondo Monetario Internacional (FMI) solicitaba de los países que acudían ante sus taquillas para solicitar un préstamo, y ésa era la situación de Venezuela, ya que durante el gobierno anterior se habían agotado las Reservas Internacionales, y para poder intentar un modelo de economía de mercado, era necesario disponer de un número más elevado de reservas, que permitieran el libre juego de la economía. No obstante y la lógica de estos planteamientos, lo cierto es que Pérez había afirmado durante su campaña que no acudiría ante el FMI, mientras el diseño del Paquete Económico indicaba todo lo contrario, cosa que decepcionó muy rápido a los electores que habían oído sus discursos de campaña, pero no habían leído el Programa de Gobierno.

En el fondo, lo que buscaba el cambio de modelo económico era una revolución en el papel del Estado en la dinámica económica, pasando la iniciativa a la esfera privada, dado que los precios del petróleo habían bajado notablemente, y era imposible que el Estado cumpliera con su rol paternalista, cuando no disponía de los recursos para ello. Una vez más, Venezuela se veía obligada a cambiar de rumbo en razón de la dinámica de los precios del petróleo. Además, la modificación se inscribía dentro de un cambio general en el planeta, ya que ese mismo año el socialismo real desaparecía, con la caída del Muro de Berlín, y la convicción de que el socialismo era incapaz de generar riqueza era generalizada, y prácticamente unánime. De tal modo que muchos países del mundo pasaron a desmontar sus sistemas estatistas. Venezuela no fue la excepción.

El estallido social de 1989: «El Caracazo»

La medida que tocó más sensiblemente el bolsillo de la gente de manera inmediata fue el aumento del precio de la gasolina, que incidió de inmediato en el costo del pasaje del transporte colectivo. En Guarenas-Guatire se produjeron las primeras protestas en la mañana del 27 de febrero, pero muy pronto se extendieron a toda Caracas y a otras ciudades del país. Ya en la tarde los saqueos de comercios habían comenzado, y la televisión retransmitía las escenas de vandalismo y violencia. En la noche la situación ya era de emergencia nacional, por lo que el gobierno le solicitó a las Fuerzas Armadas que restablecieran el orden. Luego se suspendieron las garantías constitucionales, se declaró el toque de queda, y el Ejército y la Guardia Nacional reprimieron duramente a los saqueadores y francotiradores, con un resultado lamentable de centenares de muertos, muchos de ellos inocentes que no participaban de los actos vandálicos.

Nunca antes se había vivido en el país una situación como ésta, que además comprometía los planes de un gobierno que estaba comenzando. Mucho se ha especulado acerca de si se trató de un estallido espontáneo o de algo inducido a partir de un plan. Algunos militantes de la izquierda radical de aquellos años se han atribuido el origen del estallido, pero los hechos indican que la espontaneidad también estuvo presente. Quizás, como suele suceder, fue una combinación de espontaneidad con mínima planificación. En cualquier caso, el resultado fue el mismo: una gran revuelta social, que colocó al gobierno en una posición muy difícil para implementar un nuevo modelo económico, que para hacerlo se necesitaban grandes sacrificios de la población.

Pocas semanas después de estos hechos, comenzaron a surgir denuncias graves de corrupción en relación con la administración anterior y Recadi, así como con el manejo de la partida secreta para fines distintos a los establecidos. Fue el caso de la compra de una cuadrilla de vehículos rústicos para ser entregados a AD para fines electorales. El 20 de noviembre un tribunal dictó un auto de detención al ex presidente Lusinchi por el caso sustanciado en Recadi. El caso, a todas luces, incrementaba las diferencias entre un sector de AD cercano a Lusinchi y otro próximo a Pérez. Además, profundizaba aún más en la conciencia colectiva la idea de que la corrupción era un cáncer incontrolable.

La descentralización política y administrativa

El 3 de diciembre de 1989 tuvieron lugar las elecciones directas de gobernadores, alcaldes y concejales. Se daba entonces el paso democrático más importante desde los tiempos de la firma del Pacto de Puntofijo, ya que la elección directa de las autoridades locales era lo mínimo que podía aspirarse en un sistema democrático. A partir de esta fecha el cuadro político venezolano comenzó a cambiar. AD obtuvo el 39,37 por ciento de los votos en la elección de gobernadores, Copei el 32,85 por ciento, el MAS el 17,69 por ciento y la Causa R el 2,62 por ciento, con lo que quedaba claro que habían liderazgos regionales que el elector reconocía. En Aragua comenzó a gobernar Carlos Tablante (MAS); en Bolívar, Andrés Velásquez (La Causa R); en Carabobo, Henrique Salas Römer (Copei e independientes); en el Zulia, Oswaldo Álvarez Paz (Copei); en la Alcaldía de Caracas, Claudio Fermín (AD), casi todos ellos, en el futuro, candidatos presidenciales. Se trasladaba el liderazgo de las cúpulas de los partidos políticos al desempeño administrativo en las gobernaciones. Este cambio fue un golpe mortal para los organismos centrales de los partidos políticos, ya que la fuente del poder se trasladó de estas cúpulas a los electores, y los líderes comenzaron a rendirle cuentas a sus bases. Este paso, que no se ha valorado suficientemente, suponía un cambio de conducta y de estrategia de los partidos políticos establecidos, pero esto no se dio en la magnitud requerida, y seguramente fue una de las causas que trajo como consecuencia la decadencia del sistema bipartidista.

Por otra parte, la inflación en 1989, año de severos ajustes económicos, alcanzó la cifra de 80,7 por ciento, mientras las Reservas Internacionales subían. En 1990 los resultados electorales trajeron una crisis en AD, ya que muchas gobernaciones y alcaldías pasaron a manos de Copei, el MAS, y la Causa R, cosa que arreció el pleito interno entre los seguidores de Pérez y su programa económico liberal, de acuerdo con las pautas dictadas para el logro de una economía ortodoxa, por parte del FMI y el Banco Mundial, y el sector adverso que se resistía a los cambios.

Para el año 1990 comenzaron a verse los primeros resultados al crecer la economía en 5,3 por ciento, bajar la inflación a 40,7 por ciento y ascender las Reservas Internacionales a 11.700.000 millones de dólares. Además, el ministro de Cordiplan, Miguel Rodríguez, anunció una reducción de la deuda externa del 20 por ciento, con una disminución del 50 por ciento en el pago de intereses. Al año siguiente la economía creció en 9,2 por ciento y se inició el proceso de privatizaciones de empresas del Estado que prestaban servicios públicos, fue el caso de Cantv y Viasa, que al ser compradas por consorcios extranjeros en asociación con empresas venezolanas, trajeron un ingreso extraordinario al fisco nacional.

A la par de este proceso económico otro político venía avanzando. No sólo las relaciones entre AD y el gobierno eran sumamente débiles, sino que los ajustes económicos fueron notablemente severos para los estamentos sociales más pobres, que se sintieron desasistidos, creándose allí un vacío político. Además, un conjunto de venezolanos, presididos por Arturo Uslar Pietri, a quien la prensa llamaba «Los Notables» pedía reformas en la conformación de la Corte Suprema de Justicia, se quejaban del cuadro de la corrupción administrativa, y enfrentaban a las políticas del gobierno. Este grupo, junto con el desprestigio creciente de los partidos políticos, fue horadando la base de sustentación del gobierno de Pérez y, sin proponérselo, fue animando a un conjunto de conjurados militares que venía conspirando desde hacía años dentro de las Fuerzas Armadas, a intentar un golpe de Estado. En diciembre de 1991 Uslar Pietri declaró en entrevista en *El Nacional* que no le extrañaba que ello ocurriera.

Las intentonas militares de 1992

La noche del 3 de febrero en que el presidente Pérez regresaba de Davos, en Suiza, fue el día escogido por los conjurados para la insurrección militar. Comandada por tenientes coroneles, e integrada por mayores, capitanes, tenientes y tropa, se alzaron en los cuarteles de Maracay, Maracaibo y Valencia. Al teniente coronel Hugo Chávez, a quien le correspondía asaltar el Palacio de Miraflores, después de haber tomado el cuartel de La Planicie, no le fue posible hacerlo. Fue entonces cuando por televisión, en la mañana del 4 de febrero, llamó a sus compañeros de armas a entregarse, señalando que «Por ahora» no se habían logrado los objetivos. Se entregaron Francisco Arias Cárdenas, Jesús Urdaneta Hernández, Joel Acosta Chirinos, Jesús Miguel Ortiz, todos ellos integrantes del comando de conjurados. El intento había fracasado, pero el país asistía atónito a un hecho que pensaba había quedado en el pasado: el golpe de Estado y, también, había observado con estupor y hasta con admiración a un hombre que se hacía responsable por su fracaso, cosa infrecuente en la vida pública venezolana de entonces.

Una vez sofocada la rebelión, se reúne el Congreso Nacional para debatir sobre los hechos, en la mañana del 4 de febrero, y pide la palabra el senador vitalicio Rafael Caldera. Entonces condenó el intento de llegar al poder por las armas, pero justificó comprensivamente los motivos que llevaron a los insurrectos a ello. A partir de entonces, la candidatura de Caldera para las elecciones de 1993 tomó cuerpo, y muchos dicen que esa mañana ganó las elecciones. En verdad, con olfato político, supo interpretar el sentir de la gente que rechazaba el golpe, pero que quería un cambio de rumbo, y él se ofreció para encarnarlo.

En entrevista sostenida con el profesor Agustín Blanco Muñoz, publicada en 1998 (*Habla el comandante*), Hugo Chávez señala que comenzaron a conspirar en serio cuando juraron ante el Samán de Güere, el 17 de diciembre de 1982. De modo que les tomó diez años ir ascendiendo dentro de las Fuerzas Armadas, hasta tener mando de tropa y poder ejecutar una acción armada. La existencia de estos conjurados se la advirtió la DIM (Dirección de Inteligencia Militar) al presidente Pérez, pero éste la desestimó. Incluso en alguna oportunidad les quitaron mando de tropa ante los indicios, pero al tiempo el ministro de la Defensa de entonces, el general Fernando Ochoa Antich, no halló nuevos indicios conspirativos y les devolvió el mando de tropa. No puede decirse, entonces, que la intentona los tomó completamente por sorpresa.

Si el gobierno de Pérez tenía problemas, ahora tenía más, a tal punto que el presidente se propuso atemperar la política de ajustes, con base en lo escuchado en el Congreso Nacional, y el apoyo de la calle manifestado a los golpistas. Se creó un Consejo Consultivo, integrado por ilustres venezolanos, presidido por Ramón J. Velásquez, e integrado por Pedro Pablo Aguilar, Ruth de Krivoy, Domingo Maza Zavala, José Melich Orsini, Pedro Palma, Pedro Rincón Gutiérrez y Julio Sosa Rodríguez. Este Consejo hizo sus recomendaciones muy pronto, y muchas de sus propuestas iban a contracorriente de lo que venía haciendo el gobierno. A la vez, Pérez cambió su gabinete, de manera de satisfacer los reclamos e integrar a diversos sectores en la conducción del Estado, buscando con ello un mayor piso político para su debilitado gobierno. Entonces militantes de Copei integraron el gobierno, por algunos meses.

Por su parte, otro grupo de conjurados militares organizó su revuelta, que se expresó el 27 de noviembre de 1992, pero esta vez involucraba especialmente a la aviación, con lo que los caraqueños tuvimos el triste espectáculo de un bombardeo sobre lugares estratégicos de la capital y, de nuevo, el fracaso de los golpistas. Esta vez comandados por el general Francisco Visconti Osorio y el contralmirante Hernán Grüber Odremán. Cinco días después tuvieron lugar las elecciones de gobernadores, alcaldes y concejales. AD bajó su votación porcentual (37,81 por ciento), Copei subió (34,35 por ciento), el MAS bajó (12,48 por ciento) y la Causa R duplicó su votación (4,73 por ciento), incluso ganó la Alcaldía de Caracas con Aristóbulo Istúriz, quien desplazó a Claudio Fermín. Entonces repetían los gobernadores Velásquez, Tablante, Salas Römer, Álvarez Paz, entre otros. Paradójicamente, en 1992 la economía venezolana creció cerca del 10 por ciento, pero los beneficios de ese crecimiento no se sentían plenamente en los estamentos más débiles de la sociedad.

La separación del cargo

El 11 de enero de 1993 el periodista y ex candidato presidencial José Vicente Rangel denuncia ante la Fiscalía General de la República el mal uso de la partida secreta, por un monto cercano a los 250 millones de bolívares, y solicita ante el Fiscal un antejuicio de mérito contra el presidente Pérez. El Fiscal General, Ramón Escovar Salom, el 11 de marzo interpone ante la Corte Suprema de Justicia, cuya composición había cambiado, gracias a las presiones del grupo de «Los Notables», la acusación contra Carlos Andrés Pérez, el ministro de Relaciones Interiores cuando sucedió el hecho, Alejandro Izaguirre, y el ministro de la Secretaría de la Presidencia de la República del mismo momento: Reinaldo Figueredo Planchart. Se les acusa de peculado y malversación de fondos al hacer uso de la partida secreta.

El 20 de mayo de 1993 se conoció la ponencia solicitada por la Corte Suprema de Justicia al presidente del máximo cuerpo colegiado del Poder Judicial, el magistrado Gonzalo Rodríguez Corro. Entonces se declaró con lugar la solicitud de ante juicio de mérito. Al día siguiente se reunió el Congreso Nacional y autorizó el juicio, separándose a Carlos Andrés Pérez de la Presidencia de la República. A partir de entonces, en razón de que la soberanía reside en el Poder Legislativo, el presidente del Senado, Octavio Lepage, asumió la Presidencia de la República. Sin embargo, el Congreso Nacional nombró el 5 de junio de 1993 al senador Ramón J. Velásquez presidente de la República, para que culminara el período constitucional 1989-1994. Gobernaría entre esta fecha, 5 de junio y el 2 de febrero de 1994. Ocho meses exactos.

Es evidente que la segunda Presidencia de la República de Pérez fue intensa en cambios políticos (la descentralización) y económicos (el paso de una economía con fuerte presencia del Estado a otra de libre mercado), además de lo imprevisto para la mayoría: la insurgencia de una conjura militar. A esto se suma que nunca antes un presidente en ejercicio había sido separado del cargo con fundamento en el Estado de Derecho, aunque no podemos dejar de señalar que respetadísimos juristas afirman que se cometió un abuso de derecho, tanto en la solicitud de ante juicio de mérito como en la sentencia. Como vemos, la estructura política del país cambió, la democracia de partidos políticos entró en crisis y, como veremos luego, el bipartidismo desapareció. A todo esto se suma la insurgencia de nuevos actores políticos: los jóvenes militares insurrectos, que con el tiempo llegarían al poder por la vía pacífica, después de haberlo buscado por las armas.

PRESIDENCIA DEL DOCTOR RAMÓN J. VELÁSQUEZ (1993-1994)

El primer problema que confrontó Velásquez al no más asumir el mando fue uno vinculado con el proceso electoral. Los partidos políticos iban a enfrascarse en una contienda, y no estaban dispuestos a formar parte de un gobierno de poca duración, que podía incidir en la percepción de los electores sobre sus organizaciones. De tal modo que Velásquez no tuvo apoyo de los partidos políticos para gobernar, aunque sí le otorgaron en el Congreso Nacional una Ley Habilitante que le permitía administrar en materia económica y financiera por decreto. De hecho, gracias a ella se aprobó el IVA (Impuesto al Valor Agregado), en noviembre de 1993, tributo que el mismo parlamento le había negado a Pérez, en medio de la confrontación política que tenía lugar entre éste y AD.

El Gabinete Ejecutivo de Velásquez estuvo integrado por una mayoría absoluta de independientes y el impulso a la descentralización, con la creación del Ministerio de Estado para la Descentralización, a cargo de Allan Brewer Carías. También tuvo que enfrentar acciones terroristas de grupos desestabilizadores, como los que detonaron bombas en el estacionamiento de un conocido centro comercial caraqueño, así como el saboteo interno dentro del Palacio de Miraflores, donde le colocaron a Velásquez una carta para ser firmada, con la que se indultaba al narcotraficante Larry Tovar Acuña, hecho que causó conmoción en la opinión pública.

El espíritu dialogante y conciliador de Velásquez lo llevó a intentar la conformación de un acuerdo nacional, motivo por el cual tuvieron lugar innumerables reuniones en el Palacio de Miraflores, pero no se alcanzó ningún acuerdo. La circunstancia electoral pesaba demasiado en el ánimo de las fuerzas políticas.

Las elecciones de 1993 y el fin del bipartidismo

Aunque la candidatura de Caldera lucía ganadora, las cifras de las encuestadoras reflejaban un cuadro extraño, que no se observaba desde las elecciones de 1968, cuando el electorado se dividió en cuatro partes similares. La situación era impensable años antes: Caldera había sido lanzado por el MAS y un partido creado para la ocasión: Convergencia, mientras el partido histórico que había fundado en 1946 lanzaba su propio candidato: Oswaldo Álvarez Paz. La crisis de los partidos políticos ya era profunda.

Aunque Caldera ganó con el 30,46 por ciento de los votos, el partido que más sufragios recibió fue AD, con 24,07 por ciento, mientras Convergencia obtenía 13,43 por ciento, el MAS 10,87 por ciento, Copei 22,80 por ciento, la Causa R 20,78 por ciento. Después de Caldera llegaron Claudio Fermín (AD), Oswaldo Álvarez Paz (Copei) y Andrés Velásquez (LCR). Como vemos, los integrantes del bipartidismo, AD y Copei, obtenían juntos el 46,87 por ciento de los sufragios, mientras la izquierda del MAS y LCR sumaban juntas el 31,65 por ciento, dejando el centro a Convergencia. A todas luces, había ocurrido un desplazamiento de los favores electorales, dividiéndose el país en tres: la suma de los dos partidos tradicionales; una excepción temporal: Convergencia; y el crecimiento de la izquierda en dos factores: LCR y el MAS. El bipartidismo había llegado a su final. La composición del Congreso Nacional con que gobernaría Caldera obligaba a nuevas combinatorias.

La crisis bancaria

A partir de la liberación de las tasas de interés en 1989, cuando el esquema económico cambió radicalmente, los bancos fueron ofreciendo tasas que remuneraban el dinero por encima de la inflación, pero también las solicitudes de crédito bajaron, dado el ambiente económico general. Estos desequilibrios, sumados a otros, condujeron a que el Banco Latino, uno de los más grandes del sistema, saliera de la Cámara de Compensación y fuese necesario intervenirlo. Ello ocurrió el 21 de enero de 1994, a pocos días del cambio de gobierno, y creó un clima de desconfianza generalizado, que muy pronto se tradujo en una crisis de grandes magnitudes del sistema financiero en general. Era evidente, también, que los instrumentos legales con que contaba el Estado para supervisar la actividad financiera eran insuficientes, porque la crisis puso de manifiesto que algunas directivas de los bancos se prestaban dinero sin respaldo, o contraviniendo la sana práctica administrativa, perjudicando a quienes habían depositado en esas instituciones su confianza. Al gobierno de Caldera que estaba por comenzar, lo recibió en la puerta esta crisis. Velásquez, por su parte, había cumplido con el encargo de llevar al país hasta las elecciones y, además, implementó políticas económicas necesarias para el esquema vigente, que no se habían podido formalizar legalmente. El gobierno del tachirense fue muy corto como para proponerse reformas profundas.

CRISIS DE LA DEMOCRACIA DE PARTIDOS POLÍTICOS (1993 A NUESTROS DÍAS)

Tanto la alta abstención como la reducción de la votación de los partidos AD y Copei señalan claramente que el período del Bipartidismo culminó con las elecciones de 1993. Entonces la antipolítica y el rechazo a los partidos del sistema tomaban la agenda pública. La democracia fundamentada en partidos políticos comenzaba a manifestar una crisis aguda, que venía incubándose desde años antes. Paradójicamente, a uno de los artífices de la democracia pactada en Puntofijo le tocaba hacer la transición hacia otro horizonte, encarnando la idea de la voluntad suprapartidos que solicitaba la población. Luego, en las elecciones de 1998, los dos candidatos que polarizaron en la contienda venían de las canteras de la antipolítica, aunque de signo muy distinto: Henrique Salas Römer y Hugo Chávez Frías.

SEGUNDA PRESIDENCIA DEL DOCTOR RAFAEL CALDERA (1994-1999)

Rafael Caldera alcanzaba la Presidencia de la República por segunda vez en medio de un cuadro electoral cuatripartito, y con un elemento nuevo de significativa importancia: la abstención. Según la Comisión Nacional de Totalización del Consejo Nacional Electoral (CNE) la abstención a partir de 1958 se comportó de la siguiente manera:

Año electoral	Porcentaje de abstención (según el CNE)
1958	6,58%
1963	7,79%
1968	3,27%
1973	3,48%
1978	12,45%
1983	12,25%
1988	18,08%
1993	39,84%

Casi cuarenta por ciento de los electores no concurrió a votar en 1993. Esta cifra ya hizo de la abstención un actor político fundamental, sin duda indeseable para el sistema democrático, pero inevitable en los análisis. Como vemos, ya en 1988 el electorado dio su primera campanada, absteniéndose el 18,08 por ciento de los votantes, pero aún no llegaba a los niveles de 1993. Era evidente que el sistema político no gozaba del respaldo que tuvo hasta las elecciones de 1973, siempre y cuando consideremos a la abstención como un índice de falta de respaldo del sistema. En todo caso, a la dificultad política que implicaba gobernar sin mayoría en el Congreso Nacional, se sumaba la abstención, de modo que el respaldo popular con que contaba Caldera para comenzar a gobernar no era el mayor, evidentemente.

Como vimos antes, la crisis bancaria estalló antes de asumir la Presidencia de la República el yaracuyano, y tomó todo 1994 y parte de 1995 superarla. El Estado tuvo que respaldar a los ahorristas, que habían visto cómo los bancos salían de la cámara de compensación y su dinero se volatilizaba. Fueron intervenidos trece bancos, y la crisis se convirtió en la más severa que había tenido lugar en el sistema financiero venezolano. El gobierno optó por respaldar a los ahorristas, lo que supuso una erogación de grandes proporciones, que comprometió severamente el presupuesto nacional de 1994 y 1995. Los bancos que pasaron a manos del Estado, muy rápidamente fueron vendidos a empresarios financieros globales o nacionales, y todo ello se hizo dentro del marco de la Ley de Emergencia Financiera, que el Congreso Nacional le autorizó al Ejecutivo para enfrentar la crisis. Este año, además, a partir de la reforma tributaria, se creó el Seniat (Servicio Nacional Integrado de Atención Aduanera y Tributaria), designándose al frente del organismo a José

Ignacio Moreno León. Se buscaba incrementar la recaudación tributaria, para lo que era necesario modificar la conducta del venezolano en relación con los impuestos. El gobierno comprendía perfectamente que era imposible mantener un presupuesto nacional sano con los ingresos por petróleo que se tenían entonces, por lo que era indispensable recaudar más impuestos. Al cabo de pocos años, lo cierto es que el ingreso por tributos se tornó mayor que el petrolero, que no pasó de 15 $ por barril en promedio, durante el quinquenio 1994-1999.

Por otra parte, en AD expulsaron a Carlos Andrés Pérez en mayo de 1994, mientras el Tribunal Superior de Salvaguarda condenaba a Jaime Lusinchi en julio. Caldera, por su parte, implementó una política similar a la de pacificación que había adelantado en su primer gobierno y sobreseyó la causa que se seguía contra los militares insurrectos de febrero y noviembre de 1992. Así salieron de la cárcel de Yare los «comacates», con diferentes proyectos políticos personales. Arias Cárdenas se incorporó al gobierno de Caldera en un cargo de importancia media, mientras Chávez inició su recorrido por Venezuela llamando a no participar en los futuros procesos electorales. En las encuestas de entonces contaba con un respaldo ínfimo, que no pasaba del 2 por ciento de reconocimiento.

En diciembre de 1995 tuvieron lugar elecciones de gobernadores, alcaldes y concejales. En ellas se manifestó un aumento considerable de las gobernaciones y alcaldías que pasaron a manos de AD, se consolidó el poder del MAS en cuatro estados, y el de Copei en igual número. Se manifestó la fuerza de Convergencia en el estado natal de Caldera, donde Eduardo Lapi ganó las elecciones, mientras Henrique Salas Feo, hijo de Salas Römer, ganaba en Carabobo con un proyecto político propio, y Francisco Arias Cárdenas obtenía la gobernación del Zulia con el apoyo de La Causa R. Muchos de los gobernadores electos en 1989, que repitieron en 1992, no podían presentarse de nuevo porque la ley se los impedía, pero en algunos casos partidarios suyos obtuvieron los votos necesarios.

La Apertura Petrolera y la Agenda Venezuela

La política de abrir la industria petrolera venezolana a empresas extranjeras que, en asociación con Pdvsa, pudieran invertir para explotar la Faja Petrolífera del Orinoco, y otros campos, se basaba en la evidencia de contar Pdvsa con los recursos para hacerlo, ya que los precios del crudo no se lo permitían. No adelantar esta política condenaba al país a no poder explotar unos recursos que estaban en el subsuelo. Se buscaba con esto incrementar la explotación petrolera venezolana, y se preveía alcanzar la cifra de casi 6 millones de barriles diarios para 2005. Se licitaron los campos en un acuerdo de participación, en la mayoría de los casos, a medias entre Pdvsa y las concesionarias. En 1996 ingresó al Fisco Nacional una cantidad considerable por este concepto, y comenzó una nueva etapa en la industria petrolera nacional.

Pocos meses después de decidido el proceso de apertura petrolera se puso en movimiento la llamada Agenda Venezuela, de ella el principal vocero y entusiasta fue el ministro de Cordiplan, Teodoro Petkoff, quien presentó el nuevo esquema el 15 de abril de 1996. El período iniciado en 1994, signado por un control de cambios, en paralelo a la crisis del sistema financiero, cambiaba a la luz de un acuerdo con el FMI, acuerdo que brindaba confianza a los inversionistas, y permitía comenzar a superar la difícil situación económica en que se encontraba el país. Sobre la base de esta Agenda la economía nacional mejoró considerablemente durante 1996 y parte de 1997. En los meses finales de este año los precios del petróleo comenzaron a bajar estrepitosamente hasta tocar el piso de los 9 dólares por barril. Como puede imaginarse, las consecuencias para una economía petrolera como la nuestra fueron severas, y se reflejaron de inmediato en el cuadro electoral.

Las elecciones de 1998: la apoteosis de la anti-política

En septiembre de 1997, justo antes de que comenzaran a bajar los precios del petróleo, la anti-política tenía en la alcaldesa de Chacao, Irene Sáez, a una candidata que figuraba muy alto en las encuestas. Tan alto estaba el favor popular hacia ella, que parecía imposible que perdiera las elecciones de 1998, ya que el apoyo rondaba el 70 por ciento del electorado. A partir de la caída de los precios del petróleo se desplomó su candidatura, mientras subían las de dos adalides de la anti-política: Hugo Chávez y Henrique Salas Römer.

El discurso en contra de los partidos políticos, que fue campaña permanente de algunos medios de comunicación, había tenido resultados; con ello contribuyó decididamente la misma conducta de los partidos políticos: no era un invento que muchos de sus dirigentes se habían distanciado de sus electores, que no estaban en sintonía con el pueblo. A Salas Römer lo respaldaba su gestión de gobernador en Carabobo, y a Chávez la oferta de convocar a una Asamblea Nacional Constituyente y de encabezar una revolución. Lo acompañaban sectores de la izquierda y de la derecha militarista, algunos añorantes de la lejana dictadura de Pérez Jiménez pero, con el tiempo, ha ido preponderando el sector socialista en su proyecto político. El descalabro de AD y Copei en las elecciones fue abrumador, quedando el Bipartidismo en el olvido, aunque la polarización electoral no, ya que la mayoría de los votos se dividieron entre Chávez (56,20 por ciento) y Salas Römer (39,97 por ciento). Comenzaba una nueva etapa para Venezuela. La crisis del sistema de partidos políticos era severa.

PRESIDENCIA DEL TENIENTE CORONEL RETIRADO HUGO CHÁVEZ FRÍAS (1999-2001)

Hugo Chávez Frías recibe la Banda Presidencial el 2 de febrero de 1999, de manos del recién electo presidente del Congreso Nacional, el coronel retirado Luis Alfonso Dávila, ya que el presidente Rafael Caldera no quiso colocársela él mismo, y esto fue interpretado como un símbolo. Chávez, por su parte, juró sobre la «Constitución moribunda» de 1961, haciendo alusión a que se iniciaba un proceso constituyente que conduciría hacia la redacción de una nueva constitución, de acuerdo con lo que fue su oferta electoral básica.

Es necesario recordar que por decisión del Consejo Supremo Electoral (CSE) de entonces, las elecciones de diputados y senadores al Congreso Nacional, así como gobernadores y alcaldes, tuvieron lugar en noviembre de 1998, un mes antes de las presidenciales, y en ellas fue ostensible el crecimiento electoral de las fuerzas que respaldaban la candidatura de Chávez, por ello el Congreso Nacional fue presidido por uno de sus seguidores. Entonces, también, la fuerza regional de AD y Copei bajó en relación con años anteriores, pero todavía era consistente. También, conviene señalar que la abstención en las elecciones presidenciales del 6 de diciembre de 1998 fue 36,54 por ciento, experimentándose una leve baja en relación con el 39,84 por ciento de las presidenciales de 1993. No obstante la baja, los niveles de abstención seguían siendo muy altos, lo que habla de una falta de entusiasmo por parte de un sector considerable de la población. Como veremos, estos niveles se mantuvieron en elecciones sucesivas.

Las elecciones regionales de noviembre de 1998, ya reflejaron un cuadro distinto en relación con las de 1995. AD perdió varias gobernaciones, conservando 7, Copei mantuvo 4, el MAS 3, el MVR obtuvo 2, el PPT 2, Proyecto Venezuela, Convergencia y La Causa R 1 cada uno. Estos comicios ya anunciaban lo que vendría un mes después.

Asamblea Constituyente (1999)

El 25 de abril de 1999 tuvo lugar un Referéndum Consultivo Nacional que invitaba a responder a una pregunta con un sí o un no. La pregunta fue: ¿Convoca usted una Asamblea Nacional Constituyente con el propósito de transformar el Estado y crear un nuevo ordenamiento jurídico que permita el funcionamiento efectivo de una democracia social y participativa? Participó el 37,65 por ciento de los electores, y se abstuvo el 62,35 por ciento. De los que participaron, el 87,75 por ciento dijo que sí. De inmediato se convocó a elecciones para elegir a los diputados de la Asamblea Nacional Constituyente. Los comicios tuvieron lugar el 25 de julio de 1999, con el sistema nominal, y fue por ello que la mayoría de los electos, salvo seis diputados, eran afectos al gobierno, ya que el sistema nominal abolía el sistema proporcional de las minorías, produciendo un extraño cuadro, en el que cerca del 40 por ciento de la población votó a favor de los candidatos de la oposición y, sin embargo, obtuvo el 5 por ciento de los escaños (6), mientras el 60 por ciento a favor del gobierno obtuvo cerca del 95 por ciento de los diputados (125). A todas luces, la representación no reflejó la voluntad nacional en su exacta dimensión. En todo caso, constituida la Asamblea Nacional Constituyente, y presidida por Luis Miquilena, la redacción de la nueva constitución comenzó de inmediato.

La Asamblea Nacional Constituyente, haciendo uso de la soberanía que en ella había depositado el pueblo, intervino el Poder Judicial y, también, el parlamento que había sido electo en noviembre de 1998. La llamada «Reforma Judicial» comenzó a desarrollarse, causando convulsiones internas de gran peso, sin que todavía pueda sentirse que el Poder Judicial haya mejorado en relación con el que entonces imperaba. En otras palabras, la reforma de fondo sigue pendiente. El 30 de agosto de 1999 la Asamblea decreta una «emergencia legislativa» y suspende toda actividad del Congreso Nacional electo en 1998, pero será el 27 de diciembre del mismo año cuando la Asamblea Nacional Constituyente haga cesar el mandato del Congreso Nacional electo en 1998. Quedaba, pues, disuelto el Congreso Nacional. A partir de entonces, y hasta la elección de la Asamblea Nacional bajo la nueva constitución, funcionó el llamado popularmente «Congresillo», que estuvo seis meses en funciones, entre enero y agosto de 2000, funcionando como una suerte de comisión delegada, integrada por 21 miembros. Todos estos cambios tuvieron lugar en medio de las más enconadas protestas de la oposición, y dentro de un clima de grandes tensiones en el país.

La Constitución Nacional de 1999

La Constitución Nacional de 1999 introduce cambios importantes en relación con la de 1961. Desaparece la bicameralidad del parlamento, y pasa a llamarse Asamblea Nacional, con una sola cámara. Los militares adquieren la posibilidad de votar. El período presidencial se extiende a seis años con una reelección inmediata, mientras el período de los diputados se mantiene en cinco años, hasta con dos reelecciones inmediatas. A los gobernadores y alcaldes se les extiende el período a cuatro años con reelección. La democracia que persigue el texto constitucional deja de ser Representativa y pasa a ser Participativa y Protagónica. Se debilita el control civil sobre el estamento militar al despojar al Poder Legislativo del análisis de los ascensos militares. Se establece la posibilidad de convocar a Referéndum Revocatorio a mitad de mandato de todos los cargos electos por voluntad popular y, además, la República pasa a llamarse República Bolivariana de Venezuela. A los clásicos tres poderes (Ejecutivo, Legislativo y Judicial), la Constitución le sumó el Ciudadano y el Electoral. El primero está integrado por la Fiscalía General, la Contraloría General y la Defensoría del Pueblo. Por otra parte, la carta magna creó la figura del Vicepresidente Ejecutivo, designado por el Presidente de la República.

El Referéndum en el que se consultó sobre la aprobación o no de la nueva Constitución Nacional tuvo lugar el 15 de diciembre de 1999, en medio de la tragedia de Vargas. La abstención fue del 55,63 por ciento según datos oficiales del CNE, de modo que el 44 por ciento de los electores aprobaron con 71,78 por ciento la Constitución mientras el 28,22 por ciento dijo No.

Elecciones 2000

Sobre la base del nuevo texto constitucional se convocaron a elecciones presidenciales, de gobernadores y alcaldes, y de diputados a la Asamblea Nacional el 30 de julio de 2000. La oposición halló en el gobernador del Zulia, Francisco Arias Cárdenas, el contrincante de Chávez. Se dio la circunstancia de que los dos candidatos que polarizaron los comicios eran hijos de la intentona golpista del 4 de febrero de 1992. Cifras muy similares a las de 1998 arrojaron las elecciones: Chávez 59,76 por ciento, Arias Cárdenas 37,52 por ciento, Claudio Fermín 2,72 por ciento. La abstención ascendió a 43,69 por ciento. En el universo regional el cuadro cambió notablemente: el MVR obtuvo 11 gobernaciones, el MAS 4, el PPT 2, lo que sumaba un total de 17 gobernadores a favor del gobierno. AD alcanzó 2, Proyecto Venezuela 1, Copei 1, Convergencia 1, y Un Nuevo Tiempo 1. Permanecían los liderazgos locales, y desaparecían los menos fuertes. La Asamblea Nacional estaría a partir de ahora compuesta por el 44,38 por ciento de diputados de los partidos de gobierno, el 16,11 por ciento de AD, el 6,94 por ciento de PV, el 5,10 por ciento de Copei, el 5,03 por ciento del MAS, entre otros. A todas luces, venía construyéndose una nueva hegemonía política, integrada por las fuerzas afectas al proyecto político del presidente Chávez.

En la Alcaldía Mayor era elegido Alfredo Peña con el apoyo del MVR. Este partido, por cierto, fue creado con motivo de la contienda electoral de 1998, después de que Chávez se convenció de que el camino para llegar al poder era electoral. El Movimiento V República (MVR) alude desde su denominación a la llegada de la V República. Las cuatro anteriores fueron, según esta tesis, las siguientes: La República de 1811, que se pierde en 1812; la República de 1813, que se pierde en 1814; la República de Colombia en 1819, que se pierde con la separación en 1830, y la cuarta, que funda el general Páez en 1830 y que, según la versión oficial, sería sustituida por la V República, nacida en 1999.

Habiéndose juramentado Chávez de nuevo el 19 de agosto de 2000, el Tribunal Supremo de Justicia dictaminó el 4 de abril de 2001 que el período de seis años comenzaba el 10 de enero de 2001. Así fue: el sexenio se inició ese día, y concluiría en enero de 2007, con elecciones presidenciales en diciembre de 2006.

PRESIDENCIA DEL TENIENTE CORONEL RETIRADO HUGO CHÁVEZ FRÍAS (2001-2007)

Comienza un nuevo período presidencial de seis años con los precios del petróleo en franca recuperación. Son varias las causas que los analistas han apuntado como explicación al aumento de los precios a partir de 1999, muy similares a las esgrimidas para los aumentos de 2004, 2005 y 2006, cuando el precio del crudo llegó a sus más altos niveles en la historia. En todo caso, si el precio promedio del barril de petróleo venezolano fue de 20,25 $, lo que significaba un aumento en relación con años anteriores, en particular con los años 1997 y 1998, cuando cayó por debajo de los 10 $ por barril, este incremento le permitió al gobierno engrosar las reservas internacionales, y contemplar planes de mayor intervención estatal en la economía, ya que se contaba con mayores recursos para ello.

La Asamblea Nacional a solicitud del Ejecutivo aprobó una Ley Habilitante para poder legislar promulgando cerca de 49 leyes. Entre ellas la de Tierras y la de Hidrocarburos. La oposición, muy debilitada en sus estructuras partidistas, se compactó alrededor de la fuerza sindical de la Confederación de Trabajadores de Venezuela (CTV), presidida por Carlos Ortega, y Fedecámaras, comandada por Pedro Carmona Estanga, y los medios de comunicación social adversos al proyecto político del gobierno. El 10 de diciembre tuvo lugar un Paro General convocado por ambas organizaciones y el respaldo de la población fue significativo. Luego, el 23 de enero de 2002, con motivo de la celebración de los 44 años de la caída de la dictadura militar de Pérez Jiménez, la oposición organizó una marcha multitudinaria, en la que se recogía un consistente descontento de parte de un nutrido sector de la población en contra de la política del gobierno.

El ambiente político nacional venía caldeándose por distintos frentes. La crisis avanza hacia un desenlace. Se formula un acuerdo nacional por parte de diversos sectores y el gobierno no forma parte de él. La gerencia meritocrática de Pdvsa se rebela ante la nueva Junta Directiva de la empresa, presidida por Gastón Parra Luzardo, aduciendo que se viola el principio de no politización de la compañía. El 4 de abril se inicia un paro de actividades. La CTV se suma al paro el 9, después de que el 7 el presidente Chávez despidiera por televisión, y usando un pito de árbitro, a la plana mayor gerencial de la empresa. Este hecho, nunca antes visto en nuestra historia, fue reconocido por el propio Chávez, en entrevista publicada con Marta Harnecker, como un exceso inexcusable y, sin duda, contribuyó con que se sumaran al paro sectores que habían permanecido al margen de la situación. El 8 y el 9 el gobierno insiste en que la situación del país es normal, pero la calle y los medios de comunicación dicen algo distinto.

11 de abril de 2002

La marcha convocada por todos los sectores de oposición parte del parque del Este, en Caracas, y se espera que concluya en Chuao, en una de las sedes de Pdvsa. La concentración alcanzó, según cifras autorizadas, cerca del millón de personas, que se dispusieron a llegar hasta el Palacio de Miraflores, con el objeto de presionar al gobierno. El presidente Chávez, desde la sede del poder Ejecutivo, ordenó la activación del Plan Ávila, protocolo militar defensivo, diseñado para enfrentar situaciones de alta peligrosidad. El general encargado de recibir la orden del Presidente desatendió la instrucción, con lo que la cadena de mandos se deshizo y el Comandante en Jefe de la Fuerza Armada, el Presidente de la República, quedó desautorizado. Mientras tanto, los enfrentamientos armados en las inmediaciones del Palacio Presidencial iban dejando su saldo de alrededor de 20 muertos y más de cien heridos.

El no acatamiento de la orden presidencial de implementar el Plan Ávila desata una crisis militar a partir de la tarde del 11 de abril. En la madrugada del 12 el ministro de la Defensa y general de Tres Soles, Lucas Rincón Romero, le informa al país por cadena de televisión, que el Alto Mando Militar le ha solicitado la renuncia al Presidente de la República y éste ha renunciado, y que ellos mismos ponen sus cargos a la orden. No obstante lo afirmado por el general Rincón, la renuncia escrita y firmada por parte del presidente Chávez no había tenido lugar. Al parecer, el Presidente estuvo decidido a hacerlo, pero exigió que se le permitiera salir del país con su familia y allegados, pero los generales reunidos en Fuerte Tiuna no accedieron a la petición, y prefirieron dejarlo detenido en el territorio nacional, a la orden de la custodia militar. Al no recibir respuesta afirmativa a sus peticiones, Chávez no firmó la renuncia, con lo que creaba un problema constitucional del que no se advirtió su magnitud, ya que al no hacerlo, y no haber abandonado el país, no podía invocarse su abandono del cargo como expresión de renuncia.

En este limbo constitucional, asumió la Presidencia de la República, sin que nadie lo hubiera elegido para ello, el presidente de Fedecámaras, Pedro Carmona Estanga. Desde el Palacio de Miraflores disolvió a la Asamblea Nacional y al resto de los poderes públicos, rodeado por el Alto Mando Militar que había desatendido las órdenes de implementación del Plan Ávila. La situación era a todas luces inconstitucional. La carta magna dice que ante ausencia del Presidente de la República asume el Vicepresidente, que entonces era Diosdado Cabello, y éste estaba obligado a convocar a elecciones en treinta días. Si el Vicepresidente no asume por cualquier motivo, la soberanía popular pasa a la Asamblea Nacional que, como ocurrió en el pasado, podría haber tomado la determinación de designar a un presidente interino y convocar a elecciones. Nada de esto ocurrió. Por el contrario, Carmona Estanga incurrió en una extralimitación inconstitucional, sobre la base de la información dada por el general Rincón, en la que informaba de la renuncia del Presidente de la República.

El general Raúl Baduel, al mando de fuerzas leales al gobierno en Maracay, comenzó a presionar para que se respetara el hilo constitucional, y los generales que habían roto la línea de mando no hallaron mejor restitución del hilo constitucional que aceptar el regreso del presidente Chávez al poder. Entonces fue traído desde la base naval de la isla de La Orchila y le fue entregada la Presidencia de la República por parte del vicepresidente, Diosdado Cabello. Este hecho, por cierto, es muy discutido por constitucionalistas, ya que señalan que una vez asumida la Presidencia por el Vicepresidente, no es posible retornarla de la manera en que se hizo, sino mediante otros pasos constitucionales no previstos. El 14 de abril Chávez retorna al Poder Ejecutivo ante el desconcierto de la oposición y la alegría de sus seguidores.

El 14 de agosto de 2002 el Tribunal Supremo de Justicia dictó sentencia en torno a los hechos, indicando que no había tenido lugar un golpe de Estado sino un vacío de poder. Sin embargo, en 2005 la sentencia se hizo revisar, una vez que la correlación de fuerzas en el Tribunal varió, y la sentencia fue anulada, apoyándose el criterio del Ejecutivo de que se trató de un golpe de Estado y no de un vacío de poder. Los muertos se los atribuyen unos a otros. El gobierno inculpa a la Policía Metropolitana, entonces al mando del alcalde Alfredo Peña, mientras la oposición inculpa a fuerzas militares y francotiradores apostados en azoteas de edificios aledaños al Palacio de Miraflores. En todo caso, la Comisión de la Verdad que se buscó crear no se conformó como tal, y será difícil que los hechos se esclarezcan en el futuro. Fue una jornada dolorosa para el país, una crisis a la que se llegó por evidentes deficiencias del liderazgo político de quien estaba en condiciones de evitarla.

El regreso de Chávez al poder lejos de conjurar la crisis la potenció. A la Plaza Altamira comenzaron a llegar militares activos y retirados a pronunciarse en contra del gobierno, mientras éste formaba parte de una comisión presidida por el Secretario General de la OEA, César Gaviria, y representantes del gobierno y de la oposición. Los pronunciamientos de la Plaza Altamira fueron acompañados durante estos meses de 2002 con marchas y manifestaciones que hacían evidente el multitudinario apoyo de la oposición. Los resultados de la Comisión negociadora de la OEA no satisficieron al gobierno ni a la oposición. Quizás esto ocurrió porque se esperaba más de lo que ella podía dar.

Paro petrolero 2002-2003

El 2 de diciembre de 2002 comenzó un Paro Petrolero que buscaba la renuncia del Presidente Chávez, pero después de 62 días, esto no ocurrió. Al Paro Petrolero se sumó casi toda la industria nacional. La crisis era generalizada. La escasez de gasolina se tornó crónica, hasta que el gobierno pudo retomar la industria petrolera a finales de enero de 2003 y despidió a cerca de 20 mil trabajadores que se habían sumado al llamado de la huelga. Entre tanto, el país se dividía cada vez más, llegando a polarizarse de manera nunca antes vista. Los niveles de popularidad de Chávez habían bajado ostensiblemente. La oposición buscaba adelantar un Referéndum Revocatorio, pero éste sólo pudo convocarse de acuerdo con lo pautado por la Constitución Nacional para agosto de 2004. El gobierno buscaba ganar tiempo.

Las misiones 2003

Confesó el presidente Chávez por televisión que un encuestador de una firma norteamericana contratada por él, le señaló que si no hacía algo perdería el Revocatorio. Quizás por ello se diseñaron las Misiones y comenzaron a desarrollarse a mediados de 2003. Este sistema busca resolver cuellos de botella que la propia ineficacia burocrática del Estado va creando con el tiempo. La Misión Robinson, que enseña a leer y escribir a los analfabetos, es un reconocimiento de que el sistema educativo nacional ha fallado en este cometido. La Misión Ribas, que permite cursar la escuela primaria en tiempo reducido, reconoce que la deserción escolar sigue siendo altísima en el país. El programa Barrio Adentro, adelantado con médicos cubanos, es una aceptación tácita de que el sistema nacional de salud no funciona eficientemente. Otros programas, como la Misión Mercal, buscan abaratar los productos alimenticios de la dieta diaria a través de una cadena de comercialización pública, sin márgenes de ganancia. Otras misiones, como Vuelvan Caras o Sucre, nacen de esta necesidad de hacerle llegar al pueblo bienes que de otra manera es difícil que lleguen hasta los más necesitados. Por otra parte, la necesidad y aceptación de las Misiones ha sido un reconocimiento a la urgencia con que se requiere una reforma del Estado, que lejos de mejorar se hace cada vez más inoperante.

Referéndum Revocatorio 2004

Con mejores índices de popularidad, reflejados por las encuestas, el Referéndum Revocatorio tuvo lugar el 15 de agosto de 2004, y el resultado entregado por el CNE arrojó un 59,06 por ciento a favor de la permanencia de Chávez en el gobierno y un 40,64 por ciento en contra. Un sector mayoritario de la oposición denunció un fraude electoral, pero hasta ahora no ha podido demostrarlo. El Centro Carter avaló la limpieza del proceso comicial. La desmoralización de la oposición fue total.

Elecciones regionales 2004

Con la sensación de haber sido víctimas de un fraude electoral, la mayoría de la oposición se abstuvo de participar en las elecciones regionales de octubre de 2004, entregándole a las fuerzas políticas del gobierno 22 de las 24 gobernaciones y la mayoría de las alcaldías. La abstención fue enorme. La oposición siguió denunciando infructuosamente un fraude electoral o la inexistencia de condiciones mínimas para asistir a los comicios. El proyecto hegemónico, nunca desmentido por Chávez, daba un paso hacia delante.

Elecciones de la Asamblea Nacional 2005

Para las elecciones parlamentarias de diciembre de 2005 la desconfianza de la oposición en el CNE no sólo se mantuvo sino que se incrementó. Esto condujo a que los partidos de la oposición no presentaran candidatos a diputados a la Asamblea Nacional, produciéndose así la más alta abstención registrada en la historia del país, alcanzando cifras cercanas al 80 por ciento. La conducta de la oposición buscaba la deslegitimación del Poder Legislativo, ya que en ningún país del mundo funciona un parlamento en el que sólo están representadas las fuerzas que apoyan al gobierno, pero así es en Venezuela. A todas luces, los diputados de la Asamblea Nacional representan a un sector de la población, dándose así el caso de quedar amplios sectores nacionales al margen de las decisiones que toma el Poder Legislativo.

Esta situación afecta notablemente el equilibrio democrático entre los poderes públicos, ya que el poder que por antonomasia recoge la variedad nacional sólo expresa a un sector de ella. Este cuadro es consecuencia de la ruptura que pervive en el país, ya que la nación se haya dividida en dos sectores cuyos vasos comunicantes son poco eficientes. Así se expresa la crisis política que vive Venezuela desde que el sistema de partidos políticos y de convivencia democrática se rompió, y no se ha establecido un sistema alternativo, más allá de la coexistencia de dos países en un mismo territorio.

Elecciones 2006

En este cuadro de crispación nacional en el año electoral de 2006 se dirimió la escogencia del candidato de oposición entre Teodoro Petkoff, Julio Borges y Manuel Rosales, decidiéndose la candidatura a favor del gobernador del Zulia. El candidato-presidente Chávez ganó los comicios con cerca del 62,89 por ciento de los votos, mientras Rosales obtuvo 36,85 por ciento. Cifras muy parecidas a las arrojadas por las elecciones presidenciales de 1998 y de 2000, lo que indica la partición del electorado en dos toletes casi inamovibles. El período presidencial a ejercer el presidente Chávez se inicia en 2007 y concluye en 2013, de acuerdo con lo pautado por la Constitución Nacional de 1999.

CONCLUSIONES

Aunque el período histórico que trabajamos no incluye los tres-cientos años de la provincia española que fue Venezuela, la huella de esta etapa en nuestra formación como nación es evidente. Son muchos los elementos culturales y sociológicos que se fueron constituyendo en estos tres siglos, y que forman parte de la venezolanidad. A los efectos de esta historia política señalaremos dos, que perfectamente pueden ser considerados contradictorios.

La trama jurídica provincial, el llamado Derecho Indiano, instituyó un poder local bastante más considerado por la Corona de lo que suele reconocerse. Me refiero al cabildo, ámbito en el que los terratenientes del patio, y otros criollos con poder, ventilaban sus asuntos, y goberna-ban sobre ellos mucho más de lo que cierta historiografía admite. Estos criollos reunidos en cabildo durante los años provinciales serán los que en el momento de la independencia den el paso hacia la república. En el conjunto, preponderaba el civil sobre el caballero de armas, y ello se verá reflejado en los sucesos del 19 de abril de 1810, que fueron el preámbulo del 5 de julio de 1811, fechas ambas de mayoritaria sus-tancia civil y jurídica, no en balde el doctor Juan Germán Roscio será el redactor fundamental de la primera Constitución Nacional.

Si bien es cierto que ningún criollo fue designado máxima auto-ridad de la provincia, y siempre se envió un peninsular para ejercer el cargo, no es cierto que los criollos vegetaban a las órdenes del Goberna-dor o Capitán General, y tampoco lo es que éste hacía lo que le venía en gana, escapando a un marco jurídico; los juicios de residencia con que se evaluaba la actuación de estos gobernantes son prueba de ello. La anota-ción anterior sobre el papel del cabildo tiene mucha importancia, ya que los cabildantes provinciales serán los mismos que defiendan la descentralización del poder frente a la corriente centralista e, incluso, serán los mismos que se avengan circunstancialmente con formas constitucionales que incluyen tanto el centralismo como la descentralización.

El otro elemento que fue cocinándose a lo largo de los siglos provinciales será el del caudillo, el mito del hombre fuerte y providencial. En la conformación de este mito hispanoamericano, calificados autores han señalado que probablemente su origen se encuentre en los setecientos años de colonización musulmana en la Península Ibérica. Recordemos entonces que muchos de los primeros españoles que llegaron a estas tierras eran andaluces, y difícilmente la estructura mental del caudillo no anidaba en sus psiques. En cualquier caso, conviven dos elementos contradictorios en la maleta de la herencia provincial española: la institución dialogante del cabildo, y la imperativa del caudillo, del que se coloca al frente de una hueste y busca imponer su voluntad.

A lo largo de la etapa de formación de la República de Venezuela, entre 1811 y 1830, previa al período que estudiamos, se hace evidente que la tensión entre estos dos elementos llegó a tener características de dicotomía, reflejándose el conflicto en los textos constitucionales y en el forcejeo entre el Libertador, desde Bogotá o el campo de batalla ecuatoriano-peruano-boliviano, y los venezolanos que hallaron en el general Páez un abanderado de la descentralización, pero con rasgos personales caudillistas. Bolívar buscaba centralizar, y hacía de la Constitución de Bolivia su proyecto político, con presidencia vitalicia incluida, y los venezolanos paecistas buscaban la separación de Colombia la grande, y abogaban por formas parlamentarias de ejercicio del poder, sin que por ello dejaran de seguir la fuerza de un caudillo militar.

Esta tensión se resolvió a favor de Páez y el intento de creación de una república, con alternabilidad electoral, no reelección inmediata, libertades económicas, y separación de poderes. No obstante, diversos factores fueron atentando contra la institucionalización de un sistema republicano, y la alternabilidad en el poder se tradujo en que durante diecisiete años los generales Páez y Soublette se alternaron en el mando, con las breves excepciones civiles de Vargas y Narvarte. Finalmente, entre forzado por las circunstancias y convencido de la necesidad de hacerlo, el caudillo Páez le abre las puertas de la presidencia de la república a José Tadeo Monagas. A partir de entonces la Venezuela del siglo XIX pasará de manos de un caudillo a otro, se sumergirá en prolongadas guerras hasta que otro hombre fuerte, el general Antonio Guzmán Blanco, domine el espacio durante dieciocho años. Pero será el general Juan Vicente Gómez el que acabe con el caudillismo, como muchas veces se ha señalado, pero no sólo porque llevó al exilio, la cárcel o la muerte a quienes lo adversaban, sino porque creó un Ejército Nacional, institución que no pudo constituirse hegemónicamente durante el siglo XIX, y que al no hacerlo dejaba al país a merced de la voluntad de los hombres a caballo y de armas, que buscaban el poder denodadamente. Treinta y nueve alzamientos o revoluciones contabilizó entre 1830 y 1903 Antonio Arráiz en su libro *Los años de la ira*. Será Gómez el último caudillo y el primer dictador, ya que será el primero que disponga de un Ejército Nacional.

En medio de tan persistente escaramuza guerrera es difícil que «la República» de Venezuela llegara a constituir instituciones republicanas, y ante la debilidad o ausencia de éstas, se erigió la figura del caudillo, ya constituido en mito. Además, de la mano del mito del caudillo fue conformándose otra suerte de confusión paralela: la de creer que el hombre de armas estaba en condiciones de gobernar. Este cortocircuito se acentuó todavía más con la creación de un ejército profesional a partir de 1911, ya que el militar recogió en su seno el mito del caudillo, a la par que fue instituyendo unas prácticas que se tornaron en creencias populares. Me refiero a la disciplina, el orden, la obediencia debida, la verticalidad del mando, que fueron asentándose como valores fundamentales para el ejercicio del poder civil, cuando provenían de fuente militar.

Para 1928, los militares sin estudios y de campaña espontánea tenían noventa y ocho años gobernando el país, con brevísimos paréntesis. Ese año se alzó la primera generación civil que buscaba la construcción de una Venezuela democrática y, en su mayoría, estos jóvenes eran, además, socialistas. De modo que el proyecto de la democracia nacional nace de la izquierda, y después se va macerando en toneles de la socialdemocracia o de la democracia cristiana, pero su origen es ése, mientras las formas teóricas del liberalismo económico fueron acogidas por Gómez y López Contreras con igual énfasis, hasta que Medina Angarita introdujo algunos matices, que incluso apoyaban los líderes de la Acción Democrática de entonces. Para mayor contradicción, la democracia venezolana va a llegar de mano de una combinación civil-militar que llevó al poder a los muchachos socialistas de 1928, que entonces blandían lanzas en contra del imperialismo y buscaban otras formas de desempeño económico en la sociedad.

Vuelto el péndulo a tocar el extremo militar, los años entre 1948 y 1958 serán de retroceso para las formas políticas democráticas, y de menores cambios en lo económico. Será a partir del Pacto de Puntofijo que los partidos políticos que buscaban el juego democrático puedan contener la impronta militar, evitar la autodepredación a que dio lugar el sectarismo de 1945-1948, y se exprese a partir de las elecciones de 1973 un sistema bipartidista, que tendrá vigencia hasta las elecciones de 1993, cuando ya el ensayo de la democracia de partidos hacía aguas por todas partes. La segunda presidencia de Rafael Caldera, uno de los creadores de la democracia representativa y de partidos, será la de la antipolítica: último esfuerzo de un coautor del sistema de salvarlo por la vía de la separación de una de sus columnas fundamentales: el partido Copei.

Luego, la crisis de la democracia representativa, como todas ellas asentada sobre la institución de los partidos, se hizo indetenible, y los venezolanos elegimos a quien ofrecía enterrar el sistema: el teniente coronel retirado Hugo Chávez. Con las banderas de Bolívar, Zamora, Simón Rodríguez y la elección de una Asamblea Constituyente, alcanzó el poder en las elecciones de 1998, y alentó la redacción de una nueva Constitución Nacional que buscara pasar de la Democracia Representativa a la Directa, que en Venezuela es llamada «participativa o protagónica». Ahora busca pasar del liberalismo económico al socialismo, así como a la reelección indefinida, mediante una reforma constitucional. Todo esto ha podido hacerse gracias a los altísimos precios del petróleo, que ha permitido la instauración de una retórica izquierdista que no se oía en el planeta desde hace años, desde que se comprobó que el socialismo autoritario, que negaba la propiedad privada, después de setenta años en la URSS nunca alcanzó a ser productivo, y sumió a la enorme nación en la pobreza, al igual que a sus satélites de la Europa del Este.

De la historia política venezolana puede decirse que está determinada por dos factores principales: el militar y el petrolero. El primero ha dificultado la instauración de una práctica democrática, aunque también puede decirse que ha sido expresión de un espíritu autoritario de tradición histórica. El segundo ha terminado por hacer del Estado venezolano un Leviatán que cada día deja menos espacio para la iniciativa particular, dificultándole gravemente a la nación la diversificación de su economía. Además, ha conducido a que al elegir presidente de la república en Venezuela estemos prácticamente seleccionando un monarca, con muy pocos contrapesos democráticos, ya que dispone de la llave de la principal industria del país.

¿Cómo salimos de este laberinto? No lo sé, pero estoy seguro que por el camino que nos lleva el gobierno de Hugo Chávez cada día somos más dependientes del petróleo, hay menos actividad económica productiva y menos espacio para la libertad, ya sea individual o colectiva. Nadie puede decir que ahora los venezolanos somos menos pobres, más libres, y que construimos una república con certezas. Es cierto que ahora hay más recursos que repartir, dado el precio del petróleo, pero las fuerzas económicas productivas, las que pueden construir una economía independiente no gozan de las condiciones mínimas de funcionamiento. Las importaciones crecen día a día. Todo se sustenta sobre el precio del petróleo. El día que baje, constataremos una vez más que fuimos gobernados por un «hombre fuerte» que no entendió que su tarea era preparar al país para las vacas flacas, mientras estaban gordas.

BIBLIOGRAFÍA

Acedo de Sucre, María de Lourdes y Carmen Margarita Nones Mendoza, *La generación venezolana de 1928. Estudio de una élite política*. Caracas, Ediciones Ariel, 1967.

Agudo Freites, Raúl, *Pío Tamayo y la vanguardia*. Caracas, Universidad Central de Venezuela, 1969.

Archivo de la familia Leoni-Fernández, *Cartas, documentos originales*.

Archivo de Rómulo Betancourt, *Tomos I, II, III, IV, V.* Caracas, Editorial Fundación Rómulo Betancourt, 2002.

Arcila Farías, Eduardo, *Evolución de la economía en Venezuela*. Caracas, Academia Nacional de la Historia, Libro Breve, 2004.

Arráiz, Antonio, *Los días de la ira*. Caracas, Vadell Hermanos Editores, 1991.

Arráiz Lucca, Rafael, *Arturo Uslar Pietri o la hipérbole del equilibrio*. Caracas, Fundación para la Cultura Urbana, 2006.

_____, *Raúl Leoni (1905-1972)*. Biblioteca Biográfica Venezolana, Caracas, El Nacional / Banco del Caribe, 2005.

_____, *Arturo Uslar Pietri (1906-2001)*. Biblioteca Biográfica Venezolana, Caracas, El Nacional / Banco del Caribe, 2006.

_____, *Episodios, obras y personajes singulares de la historia de Venezuela*. Caracas, Editorial Comala, 2005.

Aveledo, Ramón Guillermo, *El poder político en Venezuela*. Caracas, Los Libros de El Nacional, 2007.

Avendaño, Astrid, *Arturo Uslar Pietri: entre la razón y la acción*. Caracas, Oscar Todtmann Editores, 1996.

Betancourt, Rómulo, *Venezuela, política y petróleo*. Caracas, Monte Ávila Editores Latinoamericana, 2001.

Betancourt, Rómulo y Otero Silva, Miguel, *En las huellas de la pezuña*. Santo Domingo, Edición de autores, 1929.

Boersner, Demetrio, *Relaciones internacionales de América Latina.* Caracas, Editorial Nueva Sociedad, 1996.

Caballero, Manuel, *Dramatis personae. Doce ensayos biográficos.* Caracas, Alfadil Ediciones, 2004.

——————, «El pacto de Punto Fijo», entrada correspondiente en el *Diccionario de Historia de Venezuela.* Caracas, Fundación Polar, 1997.

——————, *Las crisis de la Venezuela contemporánea.* Caracas, Monte Ávila Editores Latinoamericana, 1998.

——————, *La gestación de Hugo Chávez.* Madrid, Los Libros de la Catarata, 2000.

——————, *De la pequeña Venecia a la gran Venezuela.* Caracas, Monte Ávila Editores Latinoamericana, 1999.

Carrillo Batalla, Tomás Enrique, *Quién derrocó a Pérez Jiménez.* Caracas, Fondo Editorial Universidad Santa María, 2001.

Castro Leiva, Luis, *El 23 de enero de 1958.* Caracas, El Centauro Ediciones, 2002.

Cordero Velásquez, Luis, *Betancourt y la conjura militar del 45.* Caracas, Edición del autor, 1978.

Catalá, José Agustín, *23 de enero de 1958: reconquista de la libertad.* Caracas, Ediciones Centauro, 1982.

——————, *Golpes militares en Venezuela 1945-1992.* Caracas, Ediciones Centauro, 1998.

Cortés, Santos Rodolfo, *Antología documental de Venezuela 1492-1900.* Caracas, Edición del autor, 1960.

Fombona de Certad, Ignacia, *Armando Zuloaga Blanco: voces de una Caracas patricia.* Caracas, Academia Nacional de la Historia, 1995.

Gabaldón Márquez, Joaquín, *Memoria y cuento de la generación del 28.* Caracas, Concejo Municipal del Distrito Federal, 1978.

Gil Fortoul, José, *Historia constitucional de Venezuela.* Caracas, Parra León Hermanos Editores, 1930.

González Guinan, Francisco, *Historia contemporánea de Venezuela.* Caracas, Ediciones de la Presidencia de la República, 1954.

Jiménez Arráiz, José Tomás, *Recuerdos.* Caracas, Litografía Vargas, 1961.

Leoni, Raúl, *Discurso del doctor Raúl Leoni, presidente de la Cámara del Senado, en el acto de instalación de la Cámara.* Caracas, Congreso Nacional, 1959.

_____, *Folleto publicado por la Presidencia de la República con motivo de su toma de posesión.* Caracas, 1964.

_____, *Primer mensaje del presidente Leoni.* Caracas, Publicaciones de la Secretaría General de la Presidencia de la República, 1964.

_____, *Mensaje especial presentado por el ciudadano presidente da la República, Dr. Raúl Leoni, al Congreso Nacional.* Caracas, 11 de mayo de 1964.

López Contreras, Eleazar, *Libro Rojo.* Caracas, Ediciones Centauro, 1985.

McKinley, Michael, *Caracas antes de la independencia.* Caracas, Monte Ávila Editores, 1993.

Méndez Serrano, Herminia, *Cinco siglos de historia en Venezuela.* Caracas, El Centauro, 1997.

Mondolfi Gudat, Edgardo, *Mudar derrotas.* Caracas, Editorial Comala, 2006.

_____, *Textos fundamentales de Venezuela.* Caracas, Fundación para la Cultura Urbana, 2001.

Morón, Guillermo, *Historia de Venezuela.* Caracas, Italgráfica, 1974.

Otero Silva, Miguel, *Escritos periodísticos.* Caracas, Los Libros de El Nacional, 1998.

Pacheco, Emilio José, *De Castro a López Contreras.* Caracas, Domingo Fuentes Editor, 1984.

Pino Iturrieta, Elías, *Las ideas de los primeros venezolanos.* Monte Ávila Editores Latinoamericana, Caracas, 1993.

_____, *Fueros, civilización y ciudadanía.* Caracas, Universidad Católica Andrés Bello, 2000.

_____, *La mentalidad venezolana de la emancipación.* Caracas, Eldorado Ediciones, 1991.

_____, *Venezuela metida en cintura: 1900-1945.* Caracas, Cuadernos Lagoven, 1988.

Rey, Juan Carlos, *El futuro de la democracia en Venezuela.* Caracas, Serie Estudios, Colección IDEA, 1989.

Salcedo Bastardo, José Luis, *Historia fundamental de Venezuela.* Caracas, Universidad Central de Venezuela, 1970.

Sanín (Alfredo Tarre Murzi), *Rómulo*. Caracas, Vadell Hermanos Editores, 1984.

Silva Michelena, Héctor, *El pensamiento económico venezolano en el siglo XX. Un postigo con nubes*. Caracas, Fundación para la Cultura Urbana, 2006.

Sosa Abascal, Arturo, *Rómulo Betancourt y el partido del pueblo (1937-1941)*. Caracas, Universidad Católica Andrés Bello, 2001.

Sosa Abascal, Arturo y Legrand, Eloi, *Del garibaldismo estudiantil a la izquierda criolla*. Caracas, Ediciones Centauro, 1981.

Suárez, Naudy, «La oposición a la dictadura gomecista. El movimiento estudiantil de 1928, antología documental», en *El pensamiento político venezolano del siglo XX: documentos para su estudio*. Caracas, Congreso de la República, 1983.

Stambouli, Andrés, *La política extraviada. Una historia de Medina a Chávez*. Caracas, Fundación para la Cultura Urbana, 2005.

Uslar Pietri, Arturo, *Sumario de economía venezolana para alivio de estudiantes*. Caracas, Centro de Estudiantes de Derecho, Universidad Central de Venezuela, 1945.

_____, *Obras selectas*. Madrid, Editorial Edime, 1953.

_____, *Pizarrón*. Caracas-Madrid, Ediciones Edime, 1955.

_____, *Materiales para la construcción de Venezuela*. Caracas, Ediciones Orinoco, 1959.

_____, «Política para inocentes», en *Revista Nacional de Cultura*, nos 151-152, marzo 1962.

_____, *La palabra compartida*. Caracas, Pensamiento vivo Editores, 1964.

_____, *Fechas, fichas y fachas*. Caracas, Editorial del Ateneo de Caracas, 1982.

_____, *Golpe y Estado en Venezuela*. Caracas, Editorial Norma, 1992.

_____, *Del cerro de la plata a los caminos extraviados*. Bogotá, Editorial Norma, 1994.

Varios autores, *Diccionario de Historia de Venezuela*. Caracas, Fundación Polar, 1997.

_____, *Entrevista con Uslar Pietri en el Cendes*. Caracas, 1964, aún inédita.

_____, *Conversación con Arturo Uslar Pietri.* Cedice, nº 61, Caracas, 1997.

_____, *El valor humano de Arturo Uslar Pietri.* Caracas, Academia Nacional de la Historia, 1984.

_____, «El debate político en 1936», en *El pensamiento político venezolano del siglo XX: documentos para su estudio,* tomo 15. Caracas, Congreso de la República, 1985.

_____, «Gobierno y época de la Junta Revolucionaria», en *El pensamiento político venezolano del siglo XX: documentos para su estudio,* tomo 68. Caracas, Congreso de la República, 1985.

_____, *Discursos académicos,* tomo IV. Caracas, Academia Venezolana de la Lengua, 1983.

_____, *Venezuela en Oxford. 25 años de la Cátedra Andrés Bello.* Ediciones del Banco Central de Venezuela, Caracas, 1999.

_____, *Diccionario de Historia de Venezuela.* Caracas, Fundación Polar, 1997.

_____, *Leoni, una condición humana.* Caracas, José Agustín Catalá Editor, 1972.

_____, *Pensamiento político venezolano del siglo XX: documentos para su estudio,* tomos 12, 13, 15, 19, 52, 53, 54, 55, 56, 61, 62. Caracas, Congreso de la República, 1985.

_____, *Leoni, una condición humana.* Caracas, Avilarte, 1972.

_____, *Presencia de Raúl Leoni en la historia de la Democracia venezolana.* Caracas, Edición homenaje del Congreso de la República, 1986.

_____, *Diario de debates del Congreso Nacional,* tomo I, nºs 1-27, Caracas, 1959.

Velásquez, Ramón J., «Aspectos de la evolución política de Venezuela en el último medio siglo», en *Venezuela moderna 1926-1976.* Caracas, Fundación Eugenio Mendoza, 1976.

_____, *Documentos que hicieron historia 1810-1989.* Caracas, Ediciones Presidencia de la República, 1989.

_____, *La caída del liberalismo amarillo.* Bogotá, Editorial Norma, 2005.

_____, *Pensamiento político venezolano del siglo XIX: documentos para su estudio.* Caracas, Congreso de la República, 1983.

ÍNDICE ONOMÁSTICO

P

Y

Z

Esta edición de

VENEZUELA: 1830 A NUESTROS DÍAS. BREVE HISTORIA POLÍTICA

se terminó de imprimir en el mes de octubre de 2014,

en los talleres de Editorial Melvin, S.A.

CARACAS, VENEZUELA